주역상경(周易上經)

重天乾	重地坤	水雷屯	山水蒙	水天需
중천건	중지곤	수뢰둔	산수몽	수천수
1	2	3	4	5

天水訟	地水師	水地比	風天小畜	天澤履
천수송	지수사	수지비	풍천소축	천택리
6	7	8	9	10

地天泰	天地否	天火同人	火天大有	地山謙
지천태	천지비	천화동인	화천대유	지산겸
11	12	13	14	15

雷地豫	澤雷隨	山風蠱	地澤臨	風地觀
뇌지예	택뢰수	산풍고	지택림	풍지관
16	17	18	19	20

火雷噬嗑	山火賁	山地剝	地雷復	天雷无妄
화뢰서합	산화비	산지박	지뢰복	천뢰무망
21	22	23	24	25

山天大畜	山雷頤	澤風大過	重水坎	重火離
산천대축	산뢰이	택풍대과	중수감	중화리
26	27	28	29	30

周易
계사전

국립중앙도서관 출판예정도서목록(CIP)

(주역) 계사전 연의 : 설괘전·잡괘전·공자의 생애 / 공자
지음 ; 최인영 편역. ― 서울 : 상원문화사, 2014
   p. ; cm

원표제: 周易 繫辭傳 演儀
원저자명: 孔子
중국어 원작을 한국어로 번역
ISBN 979-11-85179-06-3 03140 : ₩18000

주역(삼경)[周易]

141.2-KDC5
181.11-DDC21   CIP2014023456

周易
계사전

공자 지음 ┃ 최인영 편역

祥元文化社

《계사전》을 번역하면서

『주역』을 공부한 사람을 비롯하여 상수象數역을 공부하는 사람도 누구나 한번쯤 만나보아야 하는 책이 《계사전》입니다. 《계사전》은 上·下로서 상전 12장·하전 12장으로 되어 있습니다. 〈계사전 上〉은 역易의 도道와 본체를 말했다면 〈계사전 下〉는 역의 도와 현상을 말하였습니다. 특히 대연수 부분이나 외의 몇몇 부분, 그리고 마지막 부분은 시대의 흐름에 따라 새롭게 삽입된 부분이라고 하지만 필자는 따로 필자의 사견을 달면서 설명하지 않았습니다.

《계사전》의 지은이가 확실하게 공자라고 말을 할 수 없다는 분들도 계시지만 일단 〈십익十翼〉에 속해 있고 〈십익_역전易傳〉을 공자가 지었다고 내려오는 설이 중론으로 모아지고 있으므로 필자는 당연히 공자가 지은이라 생각합니다. 그러나 공자 혼자서 처음부터 끝까지 하신 것은 아니겠지요. 춘추전국시대와 진나라, 한나라를 거쳐 내려오면서 공자학단의 문도들이 모으고 쓰고 정리하였다고 보며, 학단의 대표자로 공자를 내세웠다고 생각합니다.

십익(十翼)이란?

〈대상전_괘상〉, 〈소상전_효상〉, 〈단전〉, 〈문언전(乾·坤)〉, 〈계사전(上·下)〉,

〈설괘전〉, 〈잡괘전〉, 〈서괘전〉을 일러 〈십익〉이라 하고, 그중에서도 《계사전》을 중요시하여 연구하고 강의하시는 분들도 많이 계신다고 알고 있습니다.

학문의 제왕이라고 불리어지는 『주역』은 통치자의 덕목德目이요 리더자의 비목備目이기도 합니다. 그래서 시대적으로 요즈음은 CEO 최고경영자들이라면 누구라도 꼭 거쳐야 하는 인문 과정이 되어 있습니다.

《계사전》은 『주역』의 점서적인 측면을 부인하지 않지만 담겨 있는 사상적인 면과 행실行實적 측면에 더 주안점을 두고 있습니다. 더하여 운율적인 리듬을 겸비하여 매우 간결하면서도 함축적으로 성인이 지은 易과 역의 말씀을 익혀 몸에 지닌 군자의 덕을 칭송하였습니다.

또한 《계사전》은 천·인·지 삼재사상을 바탕하여 인간은 자연의 일부이며 자연과 함께 순응하며 존재한다는 우주철학을 논論한 『주역』의 내용을 쉽고 명확하게 설명하며 격찬하였습니다. 특히 천지의 덕을 살펴 올바르게 다스려야 하는 군자는 언제나 몸가짐을 단정히 하여 『주역』을 배우고 익혀 백성들이 무엇을 원하는지 그 소리를 듣고 보는 즉시 조짐을 바로 알아 해결할 수 있도록 준비하고 있어야 한다는 것입니다.

　내외 문제의 핵심을 밝히고 백성의 수고로움을 덜어주기 위하여 군자는 잠시도 긴장의 끈을 놓지 않고 조그마한 것에서도 그 의미를 찾을 수 있어야 합니다. 그렇게 하려면 『주역』을 익히고 있어야 가능할 수 있다고 공자는 말씀하셨습니다. 특히 특징 있고 감동어린 괘사와 효사를 소개하면서 『주역』을 만든 고대 성인들의 노고를 한껏 높이 받들어 놓았습니다.

　『성경』의 〈시편〉이나 『불경』의 〈법구경〉처럼 《계사전》은 역경의 경이로움을 담아놓은 전서로서 세월을 넘어 널리 애독될 것입니다.

　이렇게 심오한 고전을 번역하게 되어 필자 스스로 조심스런 마음을 금할 길이 없습니다. 다른 분들의 책들도 살펴보았습니다만 역시 필자가 소신 있게 하는 것 이상의 좋은 의미는 없다는 생각 하에 마음껏 하였습니다만, 내용이 성기고 빠뜨린 곳을 면하기 어려운 바 잘못된 부분에서 현명하게 통달하신 높은 분들이 바로잡아 주신다면 천만다행으로 여기고 마음이 편하겠습니다. 그리고 이 작은 역할이 연구하는 학도들의 청량제가 되고 불씨가 되어 더욱 매진해 나갈 수 있는 계기가 되기를 간절히 소망하는 바입니다.

   끝으로 저에게 심오한 『주역』에 눈을 뜨게 해 주시고 《계사전》을 가르쳐 주신 훌륭하신 신성수 교수님께 감사드립니다. 교수님, 고맙습니다. 또한 심혈을 기울이며 어려운 수고도 마다하지 않은 상원문화사 문해성 사장님과 김영철 실장님 그리고 관계자 여러분의 노고에 심심深深한 감사의 말씀을 전합니다. 진심으로 고맙습니다.

                                    2014년 갑오년 여름
                                       최 인 영

《추천사》1

내가 이 세상에서 쓰는 마지막 추천사가 될 것이다.

누워서 듣자 하니 최인영 선생이 이번에 《계사전》을 번역하여 출간한다고 한다.

〈십익+翼〉에 속하는 《계사전》은 어떤 책인가.

공자가 우주의 원리와 인간의 원리를 같은 맥락에 놓고 天 人 地 삼재로 격찬한 글이 아닌가. 이는 광범위하게 펼쳐진 『주역』의 의미를 일목요연하게 정리하고 더불어 점占이라는 차원을 한층 더 높게 다루고 있다. 『주역』은 유가 철학의 근간을 이루고 있는 인륜 도덕적 관점에서 볼 때 義와 理를 설명한 책이기도 하다.

광활한 우주가 돌아가며 생기는 사계절을 變이라 하고, 봄이 여름이 되고 여름은 가을이 되고 가을은 겨울이 되고 또한 겨울이 봄이 되는 것을 通으로 정리하였다. 선천적인 자연의 이치와 후천적인 사람의 이치를 동시에 함께 묶어 놓고 인간의 얻음과 잃음을 길흉이라 말하며 모든 만물을 되게 하는 보이지 않는 인자를 神이라 하였다.

이렇게 우리가 함께 하고, 쓰고 살아가는 역易이지만 깨닫기 어려운 만큼 군자의 도는 드물다고 말한 것이 《계사전》이다. 매우 치밀하게 논리적이고 체계적으로 만사를 잇대어 설명하는 공자의 인문적 특징이 확연하게 드러나는 서책인 것이다. 애지간한 학문적 소양으로는 감히 건드릴 수 없는 깊고 심오한 의미를 품고 있기 때문에 쉽게 접근하기 어려운 글에 속한다.

몰라서도 못하지만 알아도 끈기가 없으면 못한다. 그래서 삶의 철학과 학문적 자질에 더하여 굴하지 않는 인내와 끈기로 결실을 맺는 최인영 선생의 노고를 노구老軀인 내가 감히 치하하는 바이다. 이러한 포기하지 않는 끈질긴 작업 근성은 역학도 여러분들의 끊임없이 탐구하는 자세에 귀감이 될 수도 있지 않을까 나는 생각한다.

이 책은 누구나 읽어도 좋은 고문古文에 속하지만 특히 우리 역학 분야에 몸을 담고 있는 분들은 꼭 읽어 보아야 하는 글로서 일독一讀을 권하는 바이다.

甲午년 1月 추운 겨울에
白愚堂 韓重洙

《추천사》 2

《계사전》은 『주역』을 공부한 사람들이 많이 읽는 전서이다. 공자가 지었다는 《계사전》은 언제 어디서 어떻게 만들어졌는지에 대한 내역은 명확하지 않다. 하지만 동양사상 연구의 핵심 인물로 알려진 주렴계, 주희, 육상산을 비롯하여 수많은 학자들이 《계사전》을 암송하면서 연구하여 온 것을 보면 그만큼 중요한 내용인 것을 알 수 있다.

《계사전》의 구절인 일음일양지위도一陰一陽之謂道를 박사논문 주제로 하여 학위를 받은 사람이 있을 만큼 《계사전》은 논문 주제로도 많이 연구되고 있다. 그러나 상당히 까다로운 부분이 여기저기 도사리고 있어 전체적인 맥락에서 흐트러짐 없는 번역을 감행하려면 여간 어렵지 않은 것 또한 사실이다.

중국 고대의 지혜를 담고 있는 《계사전》은 『주역』을 공부하지 않는 사람이라도 읽어볼 필요가 있다. 《계사전》을 읽으면 삭막해져 가는 우리의 감정이 더욱 풍요롭게 변하게 될 수 있을 것이고, 특히 활인活人의 사명을 품부稟賦받은 우리들이 더 넓은 범위에서 삶에 필요한 대화를 할 수 있도록 만들어줄 것이다.

이번에 최인영 선생이 《계사전》을 번역 출판하시게 된 것은 오랫동안 해오신 『주역』 공부의 결실이며 크게 경사스러운 일이고 축하할 일이다.

최인영 선생은 관상법의 주서主書인『마의상법』도 번역하여 많은 독자층을 보유하고 계시는데 이번에《계사전》까지 펴내게 되셨으니, 바쁘게 활동을 하시면서 틈을 내어 연구와 집필을 하시는 근면함과 성실함에 더욱 존경심을 느끼게된다.

『주역』에 대한 좋은 안내서가 될《계사전》의 출간을 축하드리며, 많은 역학인들의 일독一讀을 권하는 바이다.

2014년 5월

글로벌사이버대학교 동양학부장

박 영 창 배상

Contents
차례

Contents

차례

【용마하도龍馬河圖】

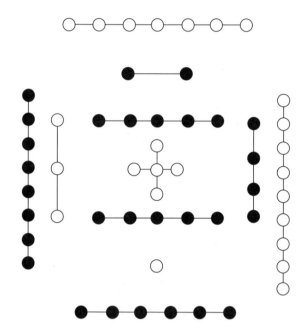

【선천팔괘도先天八卦圖】

兌澤	乾天	巽風
離日		坎月
震雷	坤地	艮山

【신구낙서神龜洛書】

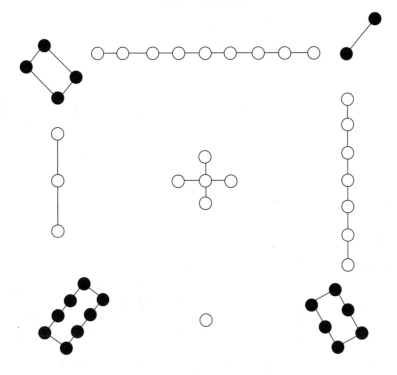

【후천팔괘도後天八卦圖】

☴ 巽風	☲ 離火	☷ 坤地
☳ 震雷		☱ 兌澤
☶ 艮山	☵ 坎水	☰ 乾天

일러두기

◉ 원문을 번역하고 번역한 내용을 쉽게 이해할 수 있도록 필자의 사견을 피력(披瀝)하였습니다.

◉ 『주역』을 배우지 않은 사람도 《계사전》을 편안하게 읽을 수 있도록 해당하는 괘를 소개하면서 최선을 다하였습니다.

◉ 예문을 선별하여 소개하며 이해하는데 도움이 되도록 하려고 최선을 다하였습니다.

◉ 시대적으로 확실하게 정리되지 않은 부분은 그대로 둔 상태에서 풀이하였습니다.

◉ 글귀 마지막 어조사 耶와 邪가 책마다 달라서 부정적 의문감탄사일 때는 邪, 긍정적 의문감탄 사일 때는 耶를 취하였습니다.

◉ 『 』부호는 책이름을 뜻합니다.

◉ 〈공자의 생애〉는 공자의 심리적 속앓이에 중점을 두었습니다.

◉ 공자가 《계사전》과 〈십익(十翼)〉의 저자로 알려진 연유에 대하여 다음과 같이 정리하였습니다.
　　① p4 〈계사전의 저자〉　　② p349 〈십익의 저자〉

◉ '子曰'과 '孔子曰'의 차이점
　　'자왈'은 공자 학단의 문도들이 스승(공자)의 말씀을 옮길 때이고 '공자 왈'은 다른 이외 학단 문도들이 공자의 말씀을 옮길 때이다.

周易

계사전

上

원문

天尊地卑 乾坤定矣. 卑高以陳 貴賤位矣.

動靜有常 剛柔斷矣.

方以類聚 物以群分 吉凶生矣.

在天成象 在地成形 變化見矣.

是故剛柔相摩 八卦相蕩. 鼓之以雷霆 潤之以風

雨. 日月運行一寒一署 乾道成男 坤道成女.

乾知大始 坤作成物 乾以易知 坤以簡能.

易則易知, 簡則易從 易知則有親, 易從則有功.

有親則可久 有功則可大 可久則賢人之德 可大

則賢人之業. 易簡而天下之理得矣. 天下之理得

而成位乎其中矣.

聖人設卦觀象繫辭焉而明吉凶 剛柔相推而生變

化. 是故 吉凶者 失得之象也.

悔吝者 憂虞之象也. 變化者 進退之象也.

剛柔者 晝夜之象也. 六爻之動三極之道也.

是故 君子所居而安者 易之序也. 所樂而玩者

爻之辭也. 是故 君子居則觀其象而玩其辭.

動則觀其變而玩其占. 是以 自天祐之 吉无不利.

象者 言乎象者也. 爻者 言乎變者也.

吉凶者 言乎其失得也. 悔吝者 言乎其小疵也.

无咎者 善補過也.

是故 列貴賤者存乎位 齊小大者存乎卦.

辯吉凶者存乎辭 憂悔吝者存乎介.

震无咎者存乎悔. 是故卦有小大 辭有險易.

辭也者 各指其所之.

易與天地準 故 能彌綸天地之道. 仰以觀於天文

俯以察於地理. 是故 知幽明之故.

原始反終 故知死生之說 精氣爲物

游魂爲變. 是故 知鬼神之情狀.

與天地相似 故不違. 知周乎萬物而道濟天下

故不過. 旁行而不流 樂天知命, 故不憂.

安土敦乎仁 故能愛

範圍天地之化而不過 曲成萬物而不遺 通乎晝

夜之道而知. 故神无方而易无體.

一陰一陽之謂道 繼之者善也. 成之者性也.

仁者見之謂之仁. 知者見之謂之知.

百姓日用而不知 故君子之道鮮矣.

顯諸仁 藏諸用. 鼓萬物而不與聖人同憂 盛德大業

至矣哉.

富有之謂大業 日新之謂盛德, 生生之謂易.

成象之謂乾 效法之謂坤 極數知來之謂占.

通變之謂事 陰陽不測之謂神.

夫易廣矣大矣. 以言乎遠則不禦 以言乎邇則靜

而正. 以言乎天地之間則備矣.

夫乾其靜也專, 其動也直, 是以大生焉. 夫坤其

靜也翕, 其動也闢, 是以廣生焉

廣大配天地 變通配四時 陰陽之義配日月.

易簡之善配至德.

子曰 易其至矣乎! 夫易聖人所以崇德而廣業也.

知崇禮卑 崇效天 卑法地.

天地設位而易行乎其中矣 成性存存 道義之門

聖人有以見天下之賾而擬諸其形容. 象其物宜

是故謂之象.

聖人有以見天下之動而觀其會通 以行其典禮.

繫辭焉以斷其吉凶 是故謂之爻.

言天下之至賾而不可惡也.

言天下之至動而不可亂也.

擬之而後言 議之而後動. 擬議以成其變化

鳴鶴在陰 其子和之. 我有好爵 吾與爾靡之.

子曰 君子居其室 出其言善 則千里之外應之.

況其邇者乎! 居其室 出其言不善 則千里之外

違之. 況其邇者乎! 言出乎身 加乎民 行發乎邇,

見乎遠. 言行 君子之樞機 樞機之發 榮辱之主也.
言行, 君子之所以動天地也. 可不愼乎!

同人先號咷而後笑. 子曰 君子之道或出或處 或
默或語 二人同心 其利斷金. 同人之言 其臭如蘭.

初六藉用白茅无咎. 子曰 苟錯諸地而可矣,
藉之用茅 何咎之有! 愼之至也.

夫茅之爲物薄而用可重也. 愼斯術也以往
其无所失矣.

勞謙君子有終吉. 子曰 勞而不伐 有功而不德
厚之至也. 語以其功下人者也.

德言盛 禮言恭. 謙也者 致恭 以存其位者也.

亢龍有悔. 子曰 貴而无位 高而无民. 賢人在下位
而无輔 是以動而有悔也. 不出乎庭 无咎. 子曰 亂
之所生也 則言語以爲階. 君子不密則失臣 臣不密
則失身. 幾事不密則害成 是以君子愼密而不出也.

子曰 作易者其知盜乎

易曰 負且乘 致寇至. 負也者 小人之事也. 乘也
者 君子之器也. 小人而乘君子之器 盜思奪之矣.
上漫下暴 盜思伐之矣. 慢藏誨盜 治容誨淫.
『易』曰 "負且乘, 致寇至" 盜之招也.

天一 地二 天三 地四 天五 地六 天七 地八

天九 地十. 天數五 地數五 五位相得而各有合,

天數二十有五 地數三十. 凡天地之數五十有五

此所以成變化而行鬼神也.

大衍之數五十 其用四十有九. 分而爲二以象兩

掛一以象三.

揲之以四以象四時 歸奇於扐以象閏. 五歲再閏

故再扐而後掛.

乾之策二百一十有六, 坤之策百四十有四.

凡三百有六十當期之日.

二篇之策萬有一千五百二十 當萬物之數也.

是故四營而成易 十有八變而成卦. 八卦而小成

引而伸之. 觸類而長之 天下之能事畢矣.

顯道神德行 是故可與酬酢 可與祐神矣

子曰 知變化之道者 其知神之所爲乎!

易有聖人之道四焉, 以言者尙其辭, 以動者尙其

變, 以制器者尙其象 以卜筮者尙其占.

是以君子將有爲也. 將有行也. 問焉而以言

其受命也如嚮. 无有遠近幽深 遂知來物.

非天下之至精 其孰能與於此.

參伍以變 錯綜其數 通其變 遂成天地之文. 極其

數 遂定天下之象. 非天下之至變 其孰能與於此.

易无思也 无爲也. 寂然不動. 感而遂通天下之故

非天下之至神. 其孰能與於此.

夫易聖人之所以極深而硏幾也. 唯深也. 故能通天

下之志 唯幾也 故能成天下之務 唯神也. 故不疾

而速 不行而至.

子曰 易有聖人之道四焉者 此之謂也

子曰 夫易何爲者也. 夫易開物成務 冒天下之道
如斯而已者也. 是故聖人以通天下之志 以定天
下之業 以斷天下之疑.

是故蓍之德圓而神 卦之德方以知. 六爻之義易
以貢. 聖人以此洗心退藏於密 吉凶與民同患.

神以知來 知以藏往. 其孰能與於此哉. 古之聰
明叡知神武而不殺者夫!

是以明於天之道 而察於民之故. 是興神物 以前
民用. 聖人以此齋戒 以神明其德夫.

是故闔戶謂之坤 闢戶謂之乾.

一闔一闢謂之變 往來不窮謂之通.

見乃謂之象 形乃謂之器 制而用之謂之法.

利用出入 民咸用之謂之神.

是故易有太極, 是生兩儀. 兩儀生四象, 四象生
八卦. 八卦定吉凶, 吉凶生大業.

是故法象莫大乎天地 變通莫大乎四時. 懸象著
明莫大乎日月 崇高莫大乎富貴.

備物致用 立象成器以爲天下利 莫大乎聖人.

探賾索隱 鉤深致遠 以定天下之吉凶.

成天下之亹亹者 莫大乎蓍龜.

是故天生神物 聖人則之. 天地變化 聖人效之.

天垂象 見吉凶. 聖人象之. 河出圖, 洛出書.

聖人則之

易有四象 所以示也. 繫辭焉 所以告也.

定之以吉凶 所以斷也.

易曰 自天祐之 吉无不利.

子曰 祐者助也 天之所助者順也.

人之所助者信也. 履信思乎順 又以尚賢也.

是以自天祐之, 吉无不利也.

子曰 書不盡言 言不盡意 然則聖人之意其不可見

乎! 子曰 聖人立象以盡意 設卦以盡情僞 繫辭焉

以盡其言. 變而通之以盡利 鼓之舞之以盡神.

乾坤其易之縕耶. 乾坤成列而易立乎其中矣.

乾坤毁則无以見易. 易不可見, 則乾坤或幾乎息矣

是故形而上者謂之道 形而下者謂之器.

化而裁之謂之變 推而行之謂之通.

擧而措之天下之民 謂之事業.

是故夫象 聖人有以見天下之賾 而擬諸其形容.

象其物宜 是故謂之象.

聖人有以見天下之動 而觀其會通 以行其典禮.

繫辭焉以斷其吉凶 是故謂之爻.

極天下之賾者存乎卦 鼓天下之動者存乎辭.

化而裁之存乎變. 推而行之存乎通, 神而明之存

乎其人. 默而成之 不言而信存乎德行.

周易

계사전

下
원문

八卦成列 象在其中矣. 因而重之 爻在其中矣.

剛柔相推 變在其中矣.

繫辭焉而命之 動在其中矣.

吉凶悔吝者 生乎動者也. 剛柔者 立本者也.

變通者 趣時者也.

吉凶者 貞勝者也. 天地之道 貞觀者也.

日月之道 貞明者也. 天下之動 貞夫一者也.

夫乾確然示人易矣 夫坤隤然示人簡矣. 爻也者

效此者也. 象也者 像此者也. 爻象動乎內 吉凶

見乎外. 功業見乎變. 聖人之情見乎辭.

天地之大德曰生 聖人之大寶曰位. 何以守位曰仁,

何以聚人曰財 理財正辭 禁民爲非曰義.

古者包犧氏之王天下也. 仰則觀象於天 俯則觀

法於地. 觀鳥獸之文 與地之宜. 近取諸身 遠取

諸物 於是始作八卦. 以通神明之德 以類萬物

之情.

作結繩而爲網罟 以佃以漁 盖取諸離.

包犧氏沒 神農氏作 斲木爲耜 揉木爲耒.

耒耨之利以敎天下 盖取諸益.

日中爲市 致天下之民. 聚天下之貨交易而退

各得其所 盖取諸噬嗑.

神農氏沒 皇帝堯舜氏作. 通其變 使民不倦

神而化之 使民宜之. 易窮則變 變則通 通則久

是以自天祐之 吉無不利. 皇帝堯舜垂衣裳而天

下治 盖取諸乾坤.

刳木爲舟 剡木爲楫 舟楫之利. 以濟不通 致遠

以利天下 盖取諸渙.

服牛乘馬 引重致遠以利天下 盖取諸隨.

重門擊柝以待暴客 盖取諸豫.

斷木爲杵 掘地爲臼 臼杵之利. 萬民以濟 盖取諸

小過. 弦木爲弧 剡木爲矢 弧矢之利. 以威天下

盖取諸睽.

上古穴居而野處 後世聖人易之以宮室.

上棟下宇 以待風雨 盖取諸大壯.

古之葬者 厚衣之以薪. 葬之中野 不封不樹

喪期无數. 後世聖人易之以棺槨 盖取諸大過.

上古結繩而治 後世聖人易之以書契. 百官以治

萬民以察 盖取諸夬.

是故易者 象也. 象也者 像也. 彖者 材也.

爻也者 效天下之動者也. 是故吉凶生而悔吝著也.

陽卦多陰 陰卦多陽. 其故何也

陽卦奇 陰卦耦. 其德行何也

陽一君而二民 君子之道也.

陰二君而一民 小人之道也.

易曰 憧憧往來 朋從爾思. 子曰 天下何思何慮

天下同歸而殊塗. 一致而百慮 天下何思何慮.

日往則月來 月往則日來 日月相推而明生焉.

寒往則署來 署往則寒來 寒署相推而歲成焉.

往者屈也 來者信也 屈信相感而利生焉.

尺蠖之屈 以來信也. 龍蛇之蟄 以存身也.

精義入神 以致用也. 利用安身 以崇德也.

過此以往 未之或知也. 窮神知化 德之盛也.

易曰 困于石 據于蒺藜. 入于其宮 不見其妻 凶.

子曰 非所困而困焉 名必辱. 非所據而據焉

身必危 旣辱且危. 死期將至 妻其可得見耶

易曰 公用射集于高墉之上 獲之 无不利.

子曰 隼者禽也. 弓矢者 器也射之者人也.

君子藏器於身 待時而動 何不利之有. 動而不括

是以出而有獲. 語成器而動者也.

子曰 小人不恥不仁 不畏不義. 不見利不勸

不威不懲. 小懲而大誡 此小人之福也.

易曰 屨校滅趾 无咎 此之謂也.

善不積不足以成名 惡不積不足以滅身.

小人以小善爲无益而弗爲也.

以小惡爲无傷而弗去也. 故惡積而不可掩

罪大而不可解. 易曰 何校滅耳凶.

子曰 危者, 安其位者也. 亡者, 保其存者也.

亂者, 有其治者也.

是故君子安而不忘危, 存而不忘亡. 治而不忘

亂, 是以身安而國家可保也.

易曰, 其亡, 其亡, 繫于苞桑

子曰 德薄而位尊 知小而謀大. 力小而任重

鮮不及矣. 易曰 鼎折足覆公餗 其形渥凶

言不勝其任也.

子曰 知幾其神乎. 君子上交不諂 下交不瀆

其知幾乎. 幾者 動之微 吉之先見者也. 君子見

幾而作 不俟終日. 易曰 介於石 不終日 貞吉.

介如石焉 寧用終日 斷可識矣. 君子知微知彰

知柔知剛 萬夫之望.

子曰 顏氏之子 其殆庶幾乎. 有不善 未嘗不知

知之未嘗復行也. 易曰 不遠復 无祗悔 元吉.

天地絪縕 萬物化醇 男女構精 萬物化生. 易曰

三人行則損一人 一人行則得其友 言致一也.

子曰 君子安其身而後動 易其心而後語 定其交

而後求. 君子修此三者故全也.

危以動 則民不與也. 懼以語 則民不應也. 无交

而求 則民不與也.

莫之與 則傷之者至矣. 易曰 莫益之 或擊之 立

心勿恒 凶.

子曰 乾坤其易之門耶. 乾 陽物也. 坤 陰物也.
陰陽合德而剛柔有體 以體天地之撰 以通神明
之德.

其稱名也雜而不越 於稽其類. 其衰世之意邪.

夫易彰往而察來 而微顯闡幽. 開而當名辨物
正言斷辭 則備矣.

其稱名也小 其取類也大. 其旨遠 其辭文. 其言曲
而中 其事肆而隱. 因貳以濟民行 以明失得之報.

易之興也 其於中古乎 作易者其有憂患乎

是故履 德之基也, 謙 德之柄也. 復 德之本也.

恒 德之固也. 損 德之修也. 益 德之裕也.

困 德之辨也. 井 德之地也. 巽 德之制也.

履和而至 謙尊而光, 復小而辨於物 恒雜而不厭.

損先難而後易 益長裕而不設. 困窮而通 井居其

所而遷. 巽稱而隱.

履以和行 謙以制禮. 復以自知 恒以一德. 損以

遠害 益以興利. 困以寡怨 井以辨義 巽以行權.

易之爲書也 不可遠. 爲道也屢遷 變動不居.

周流六虛 上下無常 剛柔相易.

不可爲典要 唯變所適.

其出入以度 外內使知懼. 又明於憂患與故 無有

師保, 如臨父母. 初率其辭而揆其方 旣有典常.

苟非其人 道不虛行.

易之爲書也 原始要終以爲質也. 六爻相雜 唯其
時物也. 其初難知 其上易知 本末也. 初辭擬之
卒成之終.

若夫雜物撰德 辨是與非. 則非其中爻不備 噫亦
要存亡吉凶. 則居可知矣.

知者觀其象辭 則思過半矣.

二與四同功而異位 其善不同. 二多譽四多懼
近也, 柔之爲道不利遠者. 其要無咎 其用柔中也.

三與五同功而異位. 三多凶 五多功. 貴賤之等也.
其柔危 其剛勝邪.

易之爲書也 廣大悉備. 有天道焉 有人道焉

有地道焉. 兼三才而兩之故六 六者非他也 三才

之道也.

道有變動 故曰爻. 爻有等 故曰物 物相雜

故曰文. 文不當 故吉凶生焉.

易之興也 其當殷之末世 周之盛德邪. 當文王與
紂之事邪. 是故其辭危 危者使平 易者使傾.
其道甚大 百物不廢. 懼以終始 其要無咎.
此之謂易之道也.

夫乾天下之至建也 德行恒易以知險. 夫坤天下
之至順也 德行恒簡以知阻.

能說諸心 能研諸侯之慮. 定天下之吉凶 成天下
之亹亹者.

是故變化云爲 吉事有祥. 象事知器 占事知來天
地設位 聖人成能. 人謀鬼謀 百姓與能. 八卦以
象告 爻象以情言. 剛柔雜居而吉凶可見矣.

變動以利言 吉凶以情遷. 是故愛惡相攻而吉凶
生. 遠近相取而悔吝生 情僞相感而利害生.

凡易之情, 近而不相得, 則凶, 或害之, 悔且吝.

將叛者其辭慙 中心疑者其辭枝. 吉人之辭寡

躁人之辭多. 誣善之人其辭游

失其守者其辭屈

天尊地卑 乾坤定矣. 卑高以陳 貴賤位矣.
천존지비　　건곤정의　　비고이진　　귀천위의

動靜有常 剛柔斷矣.
동정유상　　강유단의

하늘은 높이 있어 우러러보고 땅은 낮게 있어 가까이 친한다.

하늘을 건이라 하고 땅은 곤이라 한다. 높고 낮음이 뚜렷하니

귀貴와 천賤의 자리도 그러하다. 움직임과 고요함이 늘상 따라 생겨나니

강하고 부드러움을 결단한다.

하늘은 높고 땅은 낮다는 사실을 모르는 사람이 어디 있겠습니까? 그러나
그 하늘과 땅이 우리 인간에게 다가와 존재하는 의미는 인간이 존재하는 그
날부터 다하는 그때까지 전부가 되고 마는 것입니다. 인류는 높은 모든 것
은 하늘에 비유하여 가장 존귀한 존재로 그 고귀함을 찾아 기리고 낮고 친
한 것은 땅에서 찾아 비유하면서 높은 것과 낮은 것이 이루는 조화로운 균
형을 자연이라고 말하였습니다.

| 天 | 尊 | 乾 | 高 | 貴 | 動 | 剛 |
| 地 | 卑 | 坤 | 卑 | 賤 | 靜 | 柔 |

우리는 하늘을 '건'이라 부르고 땅을 '곤'이라 부르기로 하였습니다.

또한 높은 것과 낮은 것이 귀하고 천함의 자리를 매기고 있다는 말은 우리의 삶 속에서 다각적으로 나타나고 있는 현상이기도 합니다.

자연적으로 나열된 높고 낮음 그 속에는 끊임없는 움직임과 고요함을 간직하고 있고 이것은 누구나 없이 모든 동작에서 반복되어 나타나는 움직임과 멈춤에서 강하고 부드러움이 나타난다는 사실을 말하고 있습니다.

方以類聚 物以群分 吉凶生矣.
방이류취　　물이군분　　길흉생의

在天成象 在地成形 變化見矣.
재천성상　　재지성형　　변화견의

어느 곳이든 같은 종류가 모여 있고 어떤 물건이든 무리를 지어 나누어져 있으니 여기서 길함과 흉함이 생겨난다. 하늘에서는 상을 이루고 땅에서는 형을 이루니 우리는 여기서 변화를 본다.

| 天 | 象 | 變 |
| 地 | 形 | 化 |

『여씨춘추』 13-2에 보면 다음과 같은 내용이 담겨 있습니다.

類固相召류고상소, 氣同則合기동즉합, 聲比則應성비즉응. 鼓宮而宮動고궁이궁동, 鼓角而角動고각이각동. 平地注水평지주수, 水流溼수류습. 均薪施火균신시화, 火就燥화취조. 山雲草莽산운초망, 水雲魚鱗수운어린, 旱雲煙火한운연화, 雨雲水波우운수파, 無不皆類其所生以示人무불개류기소생이시인.

류類는 진실로 서로 부르며 기가 같으면 합하고 소리가 유사하면 서로 응한다. 궁음을 울리면 궁음이 동하고 각음을 울리면 각음이 동한다. 평지에 물을 대면 물은 습한 곳으로 흐르고 고르게 쌓여 있는 땔감에 불을 놓으면 불은 마른 곳을 취한다. 산 구름은 우거진 풀 모양이고 물 위의 구름은 물고기 비늘 모양이며 가무는(旱) 구름은 연기 모양이고 비구름은 물결 모양이니 사람에게 보이는 모든 류類는 곳에 맞게 생겨나지 않는 것이 없다.

유사한 것들끼리 모여서 이루어진다는 것은 너무나도 자연스러운 것이라 하였으며 순자는 '류類'에 대하여 다음과 같이 말하였습니다.

君子潔其身而同焉者合矣군자결기신이동언자합의, 善其言而類焉者應矣선기언이류언자응의. 故馬鳴而馬應之고마명이마응지, 牛鳴而牛應之우명이우응지, 非知也비지야, 其勢然也기세연야, 故新浴者振其矣고신욕자진기의, 新沐者彈其冠신목자탄기관. 人之情也인지정야. 其誰能以己之潐潐人之掝掝者哉기수능이기지초초인지혹혹자재

군자가 몸가짐을 단정히 하면 그와 같은 자가 함께 하고 말을 착하게 하면 같은 류類인 자가 대답한다. 그러므로 말이 울면 말이 그에 답하고 소가 울면 소가 그에 답하니 알아서가 아니라 기세가 그러한 것이다.

몸을 깨끗하게 씻은 자는 먼지를 털고 머리를 깨끗하게 감은 자는 모자를 두드려 터는 것은 사람이 타고난 성정이다.

자신의 몸이 깨끗하고 단정한 사람은 누구나 타인이 지저분한 사람인지 똑똑히 살피는 것부터 할 것이다.

⊙ 噍噍**초초**   똑똑히 살피는 모양

류類의 무리에는 네 가지 의미가 있습니다.

> **첫째**, 같은 것끼리 모입니다.
>
> **둘째**, 유사성을 알아보고 접근합니다.
>
> **셋째**, 하나를 기본으로 나머지를 유추할 수 있습니다.
>
> **넷째**, 행위의 결과와 인과관계가 맺어집니다.

지구 어느 곳이든 같은 종족이 모여 살고 같은 동물끼리 모여 있으며 식물 또한 생지生地의 높이, 기온, 먹이의 조건에 따른 그 범주를 벗어나지 않습니다. 바다 속이든 강물 밑이든 하늘의 영역도 구분되어 있어 다니는 길과 장소 할 것 없이 알게 모르게 나름대로 정해져 있을 것입니다.

법조인, 경제인, 정치인, 예술인, 교육인 등 인간 세상도 마찬가지로 이러한

⊙ 象 코끼리 **상**, 모양 **상**, 조짐, 징조 ☞ 보이지 않는 모양(날씨)
⊙ 相 서로 **상**, 볼 **상**, 모양 **상** ☞ 부피를 가진 보이는 모양(사람을 비롯한 물건 등)
⊙ 像 모양 **상**, 형상 **상**, 본떠 그린 그림 모양 **상** ☞ 초상화 같은 모양
⊙ 想 모양 **상**, 생각 **상** ☞ 머릿속에 그려지는 모양

현상 속에서 같은 무리들이 모여 있으면 그 가운데서 법칙이 존재하게 되고 어기는 무리가 생겨나게 되며 또한 다툼이 일어나게 마련으로 성패가 갈리게 되어 저절로 길함과 흉함으로 이어지게 됩니다.

하늘에서 이루어지는 상象은 상(相·像)이 아닙니다. 그러므로 눈에 보이지는 않지만 분명히 존재하여 우리에게 덥고 추움, 그리고 써늘함과 따뜻함이 사계절을 이루게 하고 땅에서는 하늘에서 생겨나는 기류에 따라 생물들의 다양한 삶이 형성됩니다. 우리는 이러한 현상 속에서 같은 무리들끼리 모여 살고 있는 가운데 일어나는 다양한 길흉吉凶의 변화를 보게 되는 것입니다.

是故剛柔相摩 八卦相蕩. 鼓之以雷霆 潤之以
시고강유상마　　팔괘상탕　　　고지이뢰정　　윤지이

風雨. 日月運行 一寒一署 乾道成男 坤道成女.
풍우　일월운행　　일한일서　　건도성남　　곤도성녀

그러므로 강하고 부드러운 것 서로가 비비고 스쳐 팔괘를 서로 움직이게 한다. 격렬하게 울리는 천둥과 번개, 바람과 비로 만물을 윤택하게 적신다.

태양과 달의 운행으로 한 번 추우면 한 번 더워진다. 건의 도는 남자를 이루고 곤의 도는 여자를 이룬다.

하늘에서 이루어지는 상에 따라 땅에서의 모양이 형성되는 것은 강하고 부드러운 것이 서로 만나 스치고 마살되는 교류됨에서 비롯된다고 하였습니다.

자연의 모든 생물은 하늘에서 일어나는 격렬한 천둥과 번개 그리고 바람과 비로 윤택함을 이루고 태양과 달의 운행으로 한 번 추우면 한 번 더워집니다. 그러므로 건의 도는 남자를 이루고 곤의 도는 여자를 성숙시킵니다.

《계사전》은 사람이 중심되는 천지 자연의 이치를 그대로 담아 나타낸『주역』을 바탕으로 하여 쓰여져 있으므로 남자로 여자로 이해하여도 잘못됨은 없겠지만 좀 더 포괄적으로 말해 본다면 양은 곧 수컷이며 음은 곧 암컷일 것입니다. 그래서인즉, 건은 거대한 우주의 형체에서 솟아난 기운을 닮은 양으로서 수컷의 도를 이루고 곤은 우주의 내부에서 만들어지는 음으로서 암컷의 도를 이루어 간다고 이해하면 쉬울 것입니다.

시공을 초월한 보편적 진리의 가르침이라 말하는 도〔道_길·방법〕란 의미에는 태어날 때부터 타고난 특질에 따라 주어진 생生의 길을 헤쳐나갈 때 끊임없이 반복하여 결심을 이루게 하는 닦아 나가는 과정의 의미를 포함하고 있습니다.

그래서 도를 닦는다고 말하고 있지 않습니까?

바람이 불고 비가 오고, 한 번 추워지고 한 번 더워지는 반복되는 과정이 모든 만물을 성숙하게 만드는 것처럼 남성은 남성으로서의 반복되는 과정을 통해, 여성은 여성으로서의 반복되는 과정을 통해 이루어 가는 그것이 바로 자강불식自剛不息하는 남자의 건도성남, 후덕재물厚德載物하는 여자의 곤도성녀일 것입니다.

● 自剛不息**자강불식**　스스로 강하여 쉬지 않음
● 厚德載物**후덕재물**　두터운 덕으로 만물을 실음

乾知大始 坤作成物 乾以易知 坤以簡能.
건지대시　　곤작성물　　건이이지　　곤이간능

易則易知, 簡則易從易知則有親, 易從則有功.
이즉이지　　간즉이종이지즉유친　　이종즉유공

有親則可久 有功則可大 可久則賢人之德 可大
유친즉가구　　유공즉가대　　가구즉현인지덕　　가대

則賢人之業. 易簡而天下之理得矣. 天下之理得
즉현인지업　　이간이천하지리득의　　천하지리득

而成位乎其中矣.
이성위호기중의

건은 대도大道의 비롯됨을 알게 하고 곤은 만물을 길러 완성하니, 건에서 알
수 있는 것은 쉽다는 법칙이고 곤에서 알 수 있는 것은 간단하다는 법칙이다.
쉽다는 것은 곧 알기 쉬운 것이고 간단하다는 것은 곧 쉽게 따른다는 것으로
써 알기 쉽다는 것은 친밀함을 일으키고 쉽게 따르는 것은 곧 공덕이 생긴
다. 친함이 있은 즉 오래 가야 할 것이요 공덕이 있은 즉 커야 할 것이다.
오래 한다는 것은 어진 사람의 덕이요 크다 할 수 있는 것은 어진 사람의 사
업이다. 이렇게 쉽고 간단한 천하의 이치를 터득하였다. 천하의 이치를 얻었
으므로 자신이 이룬 지위 거기에 맞게 한다.

●易 바꿀 역 쉬울 이
'易역'이라는 말은 우주만물이 변화하는 이치 혹은 변화하는 규율이란 뜻으로 쓰인다.
'易역'이라는 글자에는 해〔日〕와 달〔月〕의 조화로 이루어진 日月 일월설(日月說)과
해〔日〕를 거역하지 말라〔勿〕 日勿 는 관측설(觀測說)과
변화무쌍한 인간사에 보호색을 자주 바꾸는 도마뱀 을 비유한 식식설(蜥蜴說)이 있다.

| 天下 | 乾 | 知大始 | 易 | 易知 | 親 | 久 | 德 | 成位乎 |
| 之理 | 坤 | 作成物 | 簡 | 易從 | 功 | 大 | 業 | 其中矣 |

시작始作이라는 말이 乾知大始건지대시의 始와 坤作成物곤작성물의 作에서 나온 듯합니다. 팔괘에서 '건'은 하늘입니다. 끝없이 펼쳐진 하늘을 보면 과연 크게 시작되었다는 것을 실감할 수 있습니다. '곤'은 땅입니다. 땅에서는 모든 물건들이 만들어져 가는 것을 볼 수 있습니다.

한없이 넓게 펼쳐진 하늘은 우리가 어떻게 하지 않아도 저절로 움직여 象象〔바람, 구름, 비, 눈 등〕을 이루어 가므로 쉽다는 것을 알 수 있고 땅에서는 주어지는 하늘의 상에 따라 맞는 물건이 이루어져 가고 있으므로 따른다는 것은 간단하다는 것 또한 알 수 있습니다.

어렵다는 것에는 거리감이 느껴지지만 쉽다는 것에는 가까이 느껴지는 친함이 있습니다. 친밀함은 물건들을 쉬이 따르게 하여 만물을 만들어내는 공덕이 있게 하므로 친함은 오래 유지되어야 마땅합니다. 왜냐하면 친함은 만물의 감화를 충분히 불러일으켜 대지大地로 하여금 풍성하게 만들어 가도록 하기 때문입니다.

만물의 중심이 되는 사람 중에서도 어진 사람의 덕이라면 오래 갈 것이고 어진 사람의 사업이라면 크게 될 것입니다. 그것은 다름 아니라 현인은 쉽고 간단한 천지의 이치를 터득하여 때와 상황에 따라 자신이 이룬 지위에 맞게 하기 때문입니다.

하늘은 쉽고 땅은 간단하다는 이치를 터득하였다면 아버지는 아버지의 위치에 맞게 어머니는 어머니의 위치에 맞게 사회에 나가면 또한 그 지위에 맞는 역할을 해야 합니다.

자기보다 높은 지위를 자행하는 월권이나 아랫사람이라 하여 함부로 멸시하는 것은 쉽고 간단한 이치에서 벗어나 모든 만물을 어렵게 하는 요인이 되고 맙니다.

聖人設卦觀象繫辭焉而明吉凶 剛柔相推而生變
성인설괘관상계사언이명길흉 　　　　　강유상추이생변

化. 是故 吉凶者 失得之象也.
화　시고　길흉자　실득지상야

悔吝者 憂虞之象也. 變化者 進退之象也.
회린자　우우지상야　변화자　진퇴지상야

剛柔者 晝夜之象也. 六爻之動三極之道也.
강유자　주야지상야　육효지동삼극지도야

성인이 괘를 세우고 조짐을 자세히 살펴 달아놓은 말씀에 있는 분명한 길흉
은 강하고 부드러움이 서로 밀고 되미는 변화에서 생겨난 것이다.

그러한 고로 길흉이라는 것은 잃어버리거나 얻는 모양이다.

뉘우치고 한탄한다는 것은 근심하고 걱정하는 모양이다. 변화라는 것은 물러
나고 나아가는 징후이다. 강하고 부드럽다는 것은 밤낮의 모습이다.

여섯 개의 효가 움직인다는 것은 삼극의 도이다.

『주역』은 천도를 미루어 인사를 밝힙니다〔推 天道 明人事〕.

성인이 세운 괘에는 각 괘마다 천도를 미루어 인사를 밝혀놓은 말씀이 있습

니다. 그 말씀을 자세히 살펴보면 길흉吉凶이 분명하게 나타나 있죠. 그런 고로 길흉이란 것은 잃어버리거나 얻는 모양으로서 강하고 부드러운 기운이 서로 얽힌 가운데 주고받는 변화에서 생겨난다고 하셨습니다.

뉘우치거나 한탄한다는 것은 걱정하고 근심하는 모양이지만 뉘우쳐 반성〔悔〕한다면 다가올 재난이 가벼울 것이요 나아가 다시는 근심하는 모양을 되풀이 하지 않을 수도 있지만 뉘우침에 인색〔吝〕하여 반성하지 않으면 다가올 재난뿐 아니라 계속 이어지는 화근을 갖고 있다는 뜻에서 매우 우려되는 상황이라 하겠습니다.

변화라는 것은 바뀌어 된다는 의미를 갖고 있습니다. 바뀌려면 기운이 나아가든 물러나든, 달라져야 하겠지요. 강유라는 것은 강하고 부드러운 것을 말합니다. 밤과 낮의 뚜렷한 모양이 강유의 모양이라고 했습니다.

지금까지의 말씀을 요약해 본 즉, 여섯 개의 효 가운데 어느 것이 움직인다는 것 자체가 바로 삼三극의 도라는 말씀입니다. 삼극의 도란 天천 人인 地지 三才삼재의 도를 말합니다.

도표를 그려보면 다음과 같습니다.

길흉지도 (吉凶之道)	육효지동 (六爻之動)	=	삼극지도 (三極之道)
吉=得	悔吝회린	=	憂虞우우
	變化변화	=	進退진퇴
凶=失	剛柔강유	=	晝夜주야

● 憂 근심 우 ☞ 喪 슬픔 상 의 의미가 있는 근심
● 虞 근심 우 ☞ 娛 즐거워할 오의 의미가 들어 있는 근심

성인께서 세운 괘에는 각 괘마다 매겨놓은 말씀이 있습니다(괘사). 한 개의
괘는 여섯 개의 효로 이루어져 있는데 각 효마다 매겨놓은 말씀도 있습니다
(효사). 그 말씀들에는 길과 흉, 회와 린, 무구가 명확하게 드러나 있습니다.
다음의 도표를 보면 쉽게 이해할 수 있습니다.

예 澤風大過택풍대과 卦괘 _ 【주역 상경 28번째】

┃ 卦辭괘사 ┃

大過棟橈대과동요 利有攸往이유유왕 亨형.

너무 지나치다는 것은 마치 집의 마룻대(기둥)가 구부러지는 것과 같다.

갈 곳이 있으면 형통하리라.

┃ 設卦설괘 ┃

맨 위의 효가 음이라는 의미	▬ ▬	上六	양효(陽爻 : ▬)는 9로,
다섯 번째 효가 양이라는 의미	▬▬	九五	음효(陰爻 : ▬ ▬)는 6으로 나타낸다.
네 번째 효가 양이라는 의미	▬▬	九四	왜냐하면 생수(生數) 1, 2, 3, 4, 5 중
세 번째 효가 양이라는 의미	▬▬	九三	〈홀수-천수(天數)〉: 1, 3, 5를 더하면 9
			가 되어 양(陽)을 대표하고
두 번째 효가 양이라는 의미	▬▬	九二	〈짝수-지수(地數)〉: 2, 4를 더하면 6이
			되어 음(陰)을 대표한다.
첫 번째 효가 음이라는 의미	▬ ▬	初六	

上六 ▬ ▬ 過涉滅頂과섭멸정 凶흉 无咎무구

九五 ▬▬▬ 枯楊生華고양생화 老婦得其士夫노부득기사부 无咎无譽무구무예

九四 ▬▬▬ 棟隆동융 吉길 有它吝유타린

九三 ▬▬▬ 棟橈동요 凶흉

九二 ▬▬▬ 枯楊生梯고양생제 老夫得其女妻노부득기여처 无不利무불리

初六 ▬ ▬ 藉用白茅자용백모 无咎무구

세운 괘가 택풍대과괘라면 효의 위치에 따라 吉길, 凶흉, 悔회, 吝린, 无咎무구가 있음을 알 수 있습니다.

| 吉길 凶흉 悔회 吝린 无咎무구의 결단 |

上六 흉하지만 허물이 없다 凶흉, 无咎무구

九五 허물도 없고 명예도 없다 无咎无譽무구무예

九四 길하지만 다른 생각이 있으면 부끄럽다 吉길, 吝린 (吉하지만 다른 짓하면 부끄러워질 수 있다)

九三 흉 凶

九二 无不利무불리 (이롭지 않음이 없다 = 吉길)

初六 허물이 없다 无咎무구 (吉하진 않지만 허물이 없으니 凶하지 않다)

위의 卦괘에는 悔(뉘우칠 회)의 의미가 있는 효는 없습니다.

是故 君子所居而安者 易之序也. 所樂而玩者
시고　　군자소거이안자　　　　역지서야　　　　소락이완자

爻之辭也. 是故 君子居則觀其象而玩其辭.
효지사야　　　시고　　군자거즉관기상이완기사

動則觀其變而玩其占. 是以 自天祐之 吉无不利.
동즉관기변이완기점　　　시이　　자천우지　　　길무불리

그러한 고로 군자가 몸을 둔 곳이 편안하여야 하는 것은 역을 살피는 첫 번
째 순서이다. 걱정없이 편안하게 살아가는 경우 진귀하게 다루고 익혀야 하
는 것이 효의 말씀이다.

그러므로 군자는 살아가는 즉 그 조짐을 자세히 살피고 그 말씀에 능숙하도
록 깊이 새겨 음미하고 있어야 한다.

움직이는 즉 그 변하는 이치를 자세히 살펴서 점을 치는데 익숙하여야 한다.

그럼으로써 하늘도 스스로 도우니 길하여 이롭지 않음이 없다.

회린·진퇴·강유는 삼극의 도로서 여섯 개의 효에 나타나므로 항상 가까이
하며 살펴야 하는 군자는 그 몸과 마음을 안정되게 거하는 것이 역을 살피
는 사람으로서의 첫 번째 순서라 하였습니다.

그렇습니다. 예를 들어 술을 많이 마셔서 생활의 리듬이 자주 깨어진다면
효효를 정밀하게 살필 수가 없을 뿐 아니라 괘를 세울 수도 없을 것입니다.
군자는 효효의 말씀을 익숙하게 익히고 있어야 하며 언제라도 효효를 세밀
하게 살필 수 있는 맑고 안정된 정신을 유지하고 있어야 합니다.

군자는 효효의 말씀에 익숙하여야 거처하는 곳에서 자세하게 상을 살피며
불안에 떨고 있는 백성들을 잘 다스릴 수 있을 것입니다.

간절히 필요하여 점괘를 내었을 때 효사를 익숙하게 익히고 있어야 움직이는 이치를 잘 살필 수 있습니다.

"주역은 통치자의 학문이다."라는 구절이 여기에 잘 나타나 있습니다.

많은 백성의 시시비비를 가려야 하며 또한 외적으로부터의 침입에서 편안하게 잘 다스리려면 군자 또는 통치자는 『주역』의 효사를 잘 익혀둠이 바람직할 것입니다. 그렇게 익혀둠으로써 하늘이 가리키는 바를 이행하게 되므로 이롭지 않음이 없다는 말씀입니다.

●悔 뉘우칠 **회**　　　●吝 아낄 **린**, 인색할 **린**
●剛 강할 **강**　　　　●柔 부드러울 **유**
●憂 근심 **우**　　　　●虞 헤아릴 **우**
●進 나아갈 **진**　　　●退 물러날 **퇴**
●无 없을 **무**　　　　●咎 허물 **구**

象者 言乎象者也. 爻者 言乎變者也.
단자　　언호상자야　　　효자　　언호변자야

吉凶者 言乎其失得也. 悔吝者 言乎其小疵也.
길흉자　　언호기실득야　　　회린자　　언호기소자야

无咎者 善補過也.
무구자　　선보과야

단이란 것은 상을 말한 것이요 효라는 것은 변하는 것을 말한 것이다.

길흉이란 잃어버리고 얻는 것을 말한 것이다.

회린이란 것은 작은 결점을 말한 것이다.

무구라는 것은 조금 더 정성스러워야 한다는 것이다.

옛날에 아무리 질기고 단단한 쇠줄도 끊을 수 있는 튼튼한 치아를 가진 단彖
이라는 동물이 있었습니다. 그래서 『주역』에서의 단사는 괘사를 풀이한 글
이며 단호하게 잘라서 말한다는 의미를 갖고 있습니다.

'효爻'라는 말에는 서로 사귄다는 의미가 있으며 여섯 개의 각 효가 두루두
루 관계가 있습니다. 이것은 바로 주위 환경과 어우러지는 관계를 나타내고

있으며 변화를 주도하는 입자粒子가 됩니다.

'길흉'이란 것은 아끼는 물건이나 재물 그리고 애지중지하는 사람을 잃어 버리면 흉이고 획득하여 얻으면 길이라 말합니다.

회린悔吝이라는 것은 우리에게 작은 결점이 생겼을 때 뉘우칠 일은 회悔가 되고 인색하면 린吝이 됩니다. 그래서 회悔는 뉘우칠 일이 있으니 조심하라 는 의미로 이어지고 린吝은 반성하지 않으면 부끄러워질 수 있다는 의미로 이어집니다. 이것은 바로 길과 흉으로 이어지는 연유가 되며

무구无咎란 것은 그냥 허물이 없다는 것으로 쓰일 때는 어딘가 잘못이 있어 아쉬움은 있지만 재앙은 없다는 말이며 더 많은 정성이 필요하다는 의미로 안다면 어긋나지 않을 것입니다. 그러나【p60 참조】대과괘 上상 九구의 凶흉, 无咎무구는 벌을 받아 흉하지만 받을 것을 받으므로 억울함이나 원망을 할 수도 없음을 말하고 있습니다.

길, 무구, 회 그리고 린, 흉의 차이점을 쉽게 정리해 보았습니다.

是故 列貴賤者存乎位 齊小大者存乎卦.
시고　　열귀천자존호위　　　　제소대자존호괘

辯吉凶者存乎辭 憂悔吝者存乎介.
변길흉자존호사　　　우회린자존호개

震无咎者存乎悔. 是故卦有小大 辭有險易.
진무구자존호회　　　시고괘유소대　　　사유험이

辭也者 各指其所之.
사야자　　각지기소지

그런 고로 나열된 자리에는 귀천이 있고 갖춘 것이 작다 크다는 괘에 있구나.

길흉을 변별하는 것은 말씀에 있고 근심과 뉘우침(悔), 인색(吝)하다는 의미
는 그 사이에 있구나.
진震괘의 두려움에 허물이 없다는 것은 뉘우침에 있구나.
그러므로 괘에는 크고 작음이 있고 말씀에는 험난함과 평탄함이 있다. 말씀
이라는 것은 각각 매겨서 달아놓은 바를 가리키는 것이다.

아래에서 위를 향하여 하나 하나의 효들이 차례대로 여섯 개가 쌓여 있습니
다. 초효는 가장 낮은 힘이 없는 백성의 자리라면 두 번째 효는 동장이나 면
장 정도의 자리입니다. 세 번째 효는 도지사나 군수 정도의 자리라면 네 번
째 효는 장관이나 총리 정도의 자리이고, 다섯 번째 효는 최고 통치권자인
실권자의 자리가 되겠습니다. 여섯 번째의 효는 실권이 있었다가 지금은 권
좌에서 물러나 있는 상왕의 자리라고 생각한다면 적당할 것입니다.
그래서 효의 어느 위치에 있느냐에 따라 높고 낮음이 있으며 귀함과 낮음이
자연적으로 나타나게 됩니다. 예를 들면 강아지도 똑같은 강아지가 아닙니
다. 먹을 것이 없어 이 골목 저 골목을 배회하며 쓰레기통을 뒤지는 강아지
가 있는가 하면 따뜻한 사람의 품속이나 안방을 드나들며 온 가족의 귀함을
독차지하는 강아지도 있으니, 곧 어디에 있느냐에 따라 존재의 가치가 달라
진다는 말이기도 합니다.

	사 회	가 족	신 체	동 물	연령(시간)
상효	無位(上王·國師)	조부	머리	머리	60 (戌·亥)
오효	天子(王)	부	어깨	앞발	50 (申·酉)
사효	公·卿(宰相·大臣)	형(자)	몸통	몸 앞부분	40 (午·未)
삼효	大夫(지방장관)	제(매)	넓적다리	몸 뒷부분	30 (辰·巳)
이효	士(하급관리)	모	정강이	뒷발	20 (寅·卯)
초효	民(백성)	손(孫)	발	꼬리	10 (子·丑)

괘에 크고 작음이 있다는 것은 건乾, 곤坤, 산천대축山川大畜, 화천대유火天大有의 괘처럼 큰 괘가 있고 화택규火澤睽, 뇌산소과雷山小過, 풍천소축風天小畜 괘와 같이 작은 괘가 있음을 말합니다.

그렇지만 원래 건乾괘나 곤坤괘처럼 그 바탕은 크다 하더라도 자리가 적합하지 못하면 신고 있는 나막신에 못이 올라와 있는 것처럼 그 삶이 얼마나 불편하겠습니까! 이 말이 바로 괘 안에서 자리에 따라 길흉吉凶이 나누어지고 있으므로 우(憂:근심), 회(悔:뉘우침)나 린(吝:인색함)은 말씀 속 사이사이에 스며들어 있다고 하였습니다.

두려움에 허물이 없다는 말은 이 세상에 제일 무서운 사람은 두려운 것이 없는 사람입니다. 최소한 하늘을 두려워할 줄 알아야 하늘에 빌 수가 있습니다. 즉, 자신마다 두려운 게 있어야 바로 설 수 있습니다. 그래서 두려워할 줄 안다는 것은 허물이 되지 않는다고 했습니다.

진震괘의 두려움은 천둥과 번개 그리고 땅이 갈라지는 천재지변의 재앙이므로 사람이라면 당연히 두려워해야 할 대상을 두려워하므로 허물이 되지 않습니다. 나아가 잘못이 있지나 않았는지 돌이켜 반성하고 뉘우쳐 자신을 바로잡을 수 있는 기회가 되기도 합니다.

이런 까닭으로 괘에는 작고 큰 괘가 있고 말씀에는 어려워 안타까운 내용도 있고 수월하게 잘 되어가는 내용도 있으니 각 효마다 달아놓은 말씀은 길吉 흉凶 회悔 린吝 무구无咎를 알려주고 있습니다.

중뢰진괘를 소개하면 다음과 같습니다.

예 **重雷震**중뢰진 _【주역 하경 51번째】

║卦辭괘사║

震진 亨형 震來진래 虩虩혁혁 笑言소언 啞啞아아 震驚百里진경백리
不喪匕鬯불상시창
진震은 형통하니 우레가 오면 놀라고 두려워 웃음 짓던 말이 막혀서 나오지 않는다. 놀라는 우레가 백리를 가니 술과 숟가락을 잃지 않는다.

上六 ━ ━ 震진 索索삭삭 視시 矍矍확확 征정 凶흉 震不于其躬진불우기
궁 于其隣우기린 无咎무구 婚媾혼구 有言유언
지진이 흩어지고 흩어지는 것을 두리번거리며 보니 가면 흉하다. 지진이 그 몸에 미치지 않으니 이웃과 함께 하면 허물이 없을 것이다. 혼인을 구한다는 말이 있다.

六五 ━ ━ 震진 往來왕래 厲려 億억 无喪有事무상유사
지진이 가고 오매 위태로우나 편안히 하여야 일을 하는데 슬픔이 없다.

九四 ━━━ 震진 遂泥수니

지진이 빠져나간다.

六三 ━━ ━━ 震蘇蘇진소소 震行진행 无眚무생

지진이 안절부절 깨어나니 지진이 가고 있다. 재앙이 없으리라

六二 ━━ ━━ 震來厲진래려 億喪貝억상패 躋于丘陵제우구릉 勿逐무축 七日
得칠일득

위태로운 지진이 오고 있으니 재물 잃을 것을 헤아려 구릉에 오
르면 좇지 않아도 칠일이면 얻는다.

初九 ━━━ 震來虩虩진래혁혁 後후 笑言啞啞소언아아 吉길

지진이 오는 것에 놀란 뒤에는 웃음소리가 두려워 떠는 소리로
길하다.

※ 중뢰진괘의 괘사나 효사의 구체적인 풀이 설명은『주역』을 배우면

　반드시 학습하는 과정이므로 여기서는 괘 소개만 하였습니다.

易與天地準 故 能彌綸天地之道. 仰以觀於天文
역여천지준　　　고　　능미륜천지지도　　　　앙이관어천문

俯以察於地理. 是故 知幽明之故.
부이찰어지리　　　시고　　지유명지고

　역은 천지의 법도와 같은 까닭으로 천지의 도를 능히 두루 다스리니 우러러
천문을 살피고 구부려 지리를 살핀다. 이런 고로 어둠과 밝음의 까닭을 안다.

천지의 법도를 역이라 하므로 역의 이치는 천지 자연의 이치로서 하늘과 땅
사이를 두루 흐르는 준칙이라 할 수 있습니다. 그러므로 위로는 하늘에서
일어나는 갖가지 현상을 살피고 아래로는 땅에서 일어나는 갖가지의 이치
를 살필 수 있습니다. 이러한 까닭으로 보이는 것이나 보이지 않는 것이나
그 까닭을 알 수 있습니다.

즉, 역易을 알면 하늘의 변화나 땅의 변화나 하늘과 땅 사이에서 일어나는 모
든 변화를 알게 되는데 그것은 하늘과 땅의 준칙을 알기 때문에 살필 수 있게
되는 것입니다. 이는 곧 음양의 이치에 통달할 수 있다는 말과도 같은 것으

로, 하늘은 양이요 땅은 음이요 밝은 것은 양이요 어두운 것은 음이 됩니다. 움직이는 자체도 우러러 위를 본다는 것은 양이요 굽혀 아래를 본다는 것은 음이 됩니다. 삼라만상에 존재하는 모든 것은 음양의 이치에 귀속되지 않은 것이 없으므로 음양의 이치에 통달했다는 것은 하늘과 땅 사이에 두루 흐르는 역의 준칙에 통달한 것이나 다를 바 없는 것입니다.

천문이란 주로 하늘의 별자리와 기후 변화에 관한 것인 바 동서양을 막론하고 연구 대상이 되어 왔고 지리란 지리에 음양의 이치를 접목시킨 풍수라는 학문으로 오늘날까지 이어지고 있습니다.

음양의 이치를 터득한다는 것은 하늘과 땅의 이치를 터득하는 것이고 더불어 모든 만물을 싣고 있는 땅과 모든 만물을 덮고 있는 하늘이 주고받는 기운의 교류에 의해서 변화되어 나타나는 이치를 터득한다는 말로서 막힘이 있을 수 없습니다.

〈노자〉『도덕경』 제25장에서

人法地인법지**하고 地法天**지법천**하며 天法道**천법도**하니**

道法自然도법자연**이니라.**

사람은 땅의 준칙을 본받고 땅은 하늘의 준칙을 본받으며 하늘은 도의 준칙을 본받고 도는 스스로 그러한 자연의 이치를 본받는다.

복희씨도, 문왕도, 주공도, 공자도, 노자도……, 예전의 성인들은 천지의 준칙을 깨달으셨으니 하늘을 원망치 않은 이유를 알 수 있습니다.

原始反終 故知死生之說 精氣爲物
원시반종　　　　고지사생지설　　　　정기위물

游魂爲變. 是故 知鬼神之情狀.
유혼위변　　　시고　　지귀신지정상

시작의 근원은 마침으로 돌아오는 고로 삶과 죽음의 뜻을 아니 신령스런 정
신과 기력이 된 물건이 변하여 떠도는 혼이 되었다.
그러한 연고로 귀신鬼神에 대하여 실제의 사정과 형편을 안다.

원을 그리면 시작점에 마침점이 오듯 삶과 죽음 또한 마찬가지라는 것입니다.
태어난 순간 태어난 그곳을 향해 끊임없이 돌아 태어난 그곳으로 돌아가긴 하
지만 그때 태어난 그곳이 기다리고 있는 것은 아니겠지요. 그러므로 살면서
죽음을 생각해 본다면 오늘 살아 있음이 얼마나 고귀한 삶이겠습니까.

저는 많은 분들이 '생과 사는 하나이다' 라는 말씀을 하셨다고 해서 태어남과
죽음이 같다고는 생각지 않습니다. 그것은 엄연히 태어남과 죽음은 독특한
차원의 특징이 따로 존재한다고 저는 보고 있기 때문입니다. 살아 있다는 것
은 그 자체가 고귀한 감동의 연속이요 죽었다는 것은 영원으로의 회귀를 위
해 소중한 머뭄이 되는 시간이라고 저는 생각합니다.

정신과 기력이 응결된 신령스런 기운은 자신을 움직이게 하는 보이지 않는
영혼이 되어 보이는 세계를 잘 살아 갈 수 있도록 변화를 주도하므로《계사
전》의 **귀신지정상**鬼神之情狀에서 **귀신**이란 귀와 신을 나누어서 말한 것이 아
니라 보이는 것, 보이시 않는 것, 음과 양, 모든 것을 변화시키는 근원적 에너
지 측면에서 귀신을 바라보는 것이 바람직스럽지 않을까 생각해 봅니다.

죽음의 세계는 음의 세계요 삶의 세계는 양의 세계입니다. 죽음의 세계를 떠

돌며 주재하는 보이지 않는 혼이 살아 움직이는 자신 몸의 주인이 되어 변화를 주재합니다. 그러므로 보이는 세계와 보이지 않는 세계를 동시에 품고 있는 혼魂은 삶의 세계와 죽음의 세계를 주도하는 영원 선상에 놓이게 됩니다. 모든 만물에 내재되어 있다고 보는 혼은 정기精氣가 바탕이 된 물건이라 하였습니다.

●精氣정기 만물을 생성하는 원기(元氣)

『중용』 제16장

子曰자왈 鬼神之爲德귀신지위덕 其盛矣乎기성의호 視之而弗見시지이불견 聽之而弗聞청지이불문 體物而체물이 不可遺불가견.

공자가 말씀하시길 귀신의 덕 됨이 참으로 성대하도다!
보아도 보이지 않고 들어도 들리지 않지만 귀신은 모든 사물을 체현시키며 하나도 빠뜨리지 않는다.

귀신의 덕이라 함은 음양의 덕을 말합니다. 그런데 우리의 의문을 계속 부추기고 있는 귀신鬼神이란 무엇인가입니다. 필자는 앞에서 귀신을 모든 만물을 변화시키는 근원적 에너지 측면에서 바라보았습니다. 눈에 보이지 않습니다. 바람처럼…… 소리를 들어보면 확실히 바람은 있습니다. 또한 아이가 어른이 되고 노인이 됩니다. 분명히 사람 내면에서 작용하여 변하게 하는 것이 있습니다. 그런데 보이지는 않습니다. 분명히 열매는 맺었습니다. 그러나 꽃가루가 바람에 날아와 앉는 것도, 날아와 앉아 씨방이 되는 것도 눈에는 보이지 않습니다. 이러한 신비롭고 오묘한 세계, 즉 분명히 있기는 있는데 그 형체가 분명히 드러나지 않는 영적인 힘의 세계를 신

神의 세계라 하였습니다.

與天地相似 故不違. 知周乎萬物而道濟天下
여천지상사　　　고불위　　　지주호만물이도제천하

故不過. 旁行而不流 樂天知命, 故不憂.
고불과　　　방행이불류　　　낙천지명　　　고불우

安土敦乎仁 故能愛
안토돈호인　　　고능애

서로 다른 하늘과 땅이 화합하여 어긋나지 않는다. 만물은 두루 알아서 천하
를 구하는 고로 지나침이 없다. 두루 돌아 흐르거나 흐르지 않거나 하늘의
뜻을 알아 즐거이 따르니 고로 근심하지 않는다. 그 땅을 편안히 다스리니
인자하구나. 고로 능히 천하를 사랑할 줄 안다.

『주역』은 천지의 이치를 그대로 담고 있으므로 어긋나지 않습니다.
『주역』을 익히면 만물을 두루 통하여 천하를 구제할 줄 아는 고로 엉뚱한
데로 치우치거나 지나치지 않습니다. 즉 천문이면 천문, 지리면 지리, 인사
면 인사에 대해 막힘이 없으므로 천·인·지를 통해 버린다는 것입니다. 두
루 돌아 흐르던지 막혀서 흐르지 못하던지 어떻든 간에 근심을 하지 않고
그대로 즐겁게 살아가는 명을 알게 됩니다.
얼마나 즐겁습니까. 오늘날에 이르는 많은 종교는 자기 종교를 믿었을 때
살아서의 안녕을 상소하고 죽으면 천국과 극락을 말하고 있지만 실로 천지
의 이치에 통달하는 기쁨에 버금가지는 못할 것입니다. 이러한 경지는 죽
어서가 아니라 살아서 누리는 경지로서 최고의 즐거움이며 최대의 기쁨이

라 아니할 수 없습니다.

그러므로 두려움과 걱정 근심이 없으니 마음이 편안하고 편안한 마음을 그대로 유지할 수 있어 두터운 덕으로 인자함이 더욱 빛나게 됩니다. 이로써 『주역』을 익힌 군자는 천하를 능히 사랑하는 방법을 알고 있다는 말씀입니다.

 예문 孟子曰맹자왈

「莫之爲而爲者天也 莫之致而至者命也」
막지위이위자천야   막지치이지자명야

맹자가 말하길 그렇게 함이 없는데도 그렇게 되는 것은 천天이고 나아가지 않아도 다다르는 것은 명命이라고 하였다.

맹자의 인생관을 볼 수 있는 말입니다.

맹자는 모든 일이 천명이 아닌 것이 없다고 했습니다. 그러면서 천명을 아는 자는 무너져가는 담장 밑에 서지 않는다고 말씀하셨습니다. 할 수 있는 도리를 다하고 죽는 것은 올바른 천명이며, 죄를 지어 형벌을 받고 죽는 것은 올바른 천명이 아니라고 했습니다. 이것은 즉, 올바른 천명을 순리로 받아들여야 한다는 말씀일 것입니다.

필자가 왜 맹자의 말씀을 예로 들었느냐 하면, 천지의 도를 아는 사람은 흉한 것이 뻔히 보이는 곳에는 몸을 두지 않으며 또한 하늘의 뜻을 알았을 때는 즐거이 명命을 따를 줄 아는 군자君子임에 틀림없다는 말씀을 드리고자 함입니다. 한 바는 없어도 세월이 가면 저절로 쇠약해지고 명命이 다하여 죽기 마련이므로 죽음에 의미를 둘 줄 아는 사람은 군자일 것입니다.

範圍天地之化而不過 曲成萬物而不遺 通乎晝
범위천지지화이불과　　곡성만물이불류　　　통호주

夜之道而知. 故神无方而易无體.
야지도이지　　　　고신무방이역무체

하늘과 땅 사이에서 되어가는 것은 지나친 것이 없다. 만물은 굽어서 이루어
지니 한도를 넘지 않으며 밤과 낮이 통하는 것에서 도를 깨닫는다.
그런 고로 신은 방소가 없고 역은 본체가 없다.

하늘과 땅 사이에 있는 모든 만물은 자신 스스로 저절로 변해 가는 조화를
이루고 있으므로 이러한 조화를 벗어난 것은 하나도 없습니다. 강물도 굽이
굽이 흘러가고 산도 굽이굽이 휘어지고 나뭇가지도 굽으며 자랍니다. 굽은
모습은 지나치지 않은 모습입니다. 어느 것 하나 굽지 않고 완성되어지는
것은 없습니다.

밤과 낮이란 어둠과 밝음을 의미하며 어둠은 밝음을 낳고 밝음은 어둠을 낳
습니다. 어둠은 음陰이요 밝음은 양陽입니다. 밤과 낮의 통함을 안다는 것
은 음양의 이치를 깨달음이요 끊임없이 반복하여 풍요롭게 하는 천지의 도
가 통하는 것입니다.

또한 형체가 없는 신神은 존재하는 일정한 방향과 일정하게 머무는 자리가
없으니 그러므로 신은 분별할 바가 없습니다. 역에 본체가 없다는 것은 역
은 저절로 그렇게 되어가는 것이지 이렇다 할 고정된 방법이 없다는 말씀입
니다.

一陰一陽之謂道 繼之者善也. 成之者性也.
일음일양지위도   계지자선야   성지자성야

仁者見之謂之仁. 知者見之謂之知.
인자견지위지인   지자견지위지지

百姓日用而不知 故君子之道鮮矣.
백성일용이부지   고군자지도선의

한 번 음이 되고 한 번 양이 되는 것을 도라 이르니 계속 이어져 나가는 것은
묘하기도 하다. 이루어져 가는 것은 성품이다. 어진 사람은 그것을 보고 어질
다 이르고 지혜로운 사람은 그것을 보고 지혜라 이르니 백성들은 날마다 쓰
면서도 알지 못한다. 그런 까닭으로 군자의 도는 드물다.

중국 역사상 최고로 학문이 발달하여 절정기를 이루었던 남송시대의 주자
와 육상산 사이 치열한 논쟁이 되었던 대목이 一陰一陽之謂道일음일양지위도
와 〈제11장〉의 易有太極역유태극 그리고 〈제12장〉의 形而上者謂之道형이상자
위지도 등입니다.

음양陰陽은 대립과 교감의 모순이 근본 특징으로서 한 번 음이 되고 한 번

양이 되는 것은 인간이 살아가는 데 생겨나는 당위의 법칙이라 생각합니다. 한 번 음이 되고 한 번 양이 되는 당위의 법칙이 계속 이어진다는 것은 균형이 갖추어지는 올바른 것이지 이상한 것이 아닙니다.

일음일양一陰一陽의 변화가 끊이지 않고 계속 이어지는 것은 자연의 법칙이요 인간의 법칙이요 역사의 법칙이기도 합니다. 양이 극에 달하면 음이 되고 음이 극에 달하면 양이 되는 이것은 곧 절대적인 상태가 없음을 나타내고 있습니다. 선과 악도 시간과 공간이 달라지면 이것 역시 기준이 달라지므로 절대적인 선과 악도 없는 그 자체가 **선야**善也라며 묘하기 그지 없다고 했습니다.

하늘이 명命하고 부여해 준 것을 본성이라 하는데 각자가 타고난 본성대로 사물을 보고 있습니다. 어진 사람이 보면 인이라 이르고 지혜로운 사람이 보면 지혜라 이르듯이 말입니다. 그러나 백성들은 매일매일 밤낮이 변하고 계절이 변하는 것처럼 **일음일양지도**一陰一陽之道의 반복되는 생활을 하면서도 **일음일양지도**를 깨닫지 못하고 있습니다. 그러므로 군자의 도는 드물다고 했습니다.

顯諸仁 藏諸用. 鼓萬物而不與聖人同憂
현제인   장제용   고만물이불여성인동우

행하는 모든 것은 감추어져 있다가 인仁으로 모두 드러난다.
모든 만물을 두드리고 살펴 성인은 근심거리가 될 것과는 더불지 않는다.

장제용藏諸用 글귀 앞에 도道라는 글자가 있어야 되는 문장인 것 같습니다. 예를 들어보면 어떤 사람이 숨어서 봉사를 많이 하여 상을 받는다고 해 봅

시다. 받는 상도 크기에 따라 태극기 상, 무궁화 상 등 여러 가지가 있다면 받게 되는 상은 어짊으로 드러나는 유덕함의 도이고 그 상을 받기까지 숨어서 행하던 착한 일들은 작용 속에 숨어 있었던 도가 됩니다.

도는 만물의 기운을 충만하게 하며 만물 속에 잠재되어 있으니 성인은 근심을 하지 않습니다. 만물은 지혜를 얻는 근원이 되어 성인은 만물을 두들겨 보고 살펴보아 지혜를 얻어 근심거리를 만들지도 남겨두지도 않습니다.

만물을 두드린다는 것은 돌도 두드려 보고 쇠도 두드려 보고 나무도 두드려 보아 풀지 못하는 어려운 문제들의 답을 만물로부터 구하여 바로바로 처리하고 해결하여 백성들을 편안하게 돌보아 줍니다. 작은 것도 마다하지 않고 한 개 한 개 차곡차곡 정성들여 쌓은 덕행들은 큰 사업도 능히 이루어 갈 수 있게 합니다.

● 鼓 두드릴 고   사고한다, 연구한다, 관찰한다는 의미로써
　　　　　　　　어떤 사물을 궁구하는 모습으로풀이하였습니다.

그래서 쓰임(用)은 항상 그 자체로 숨어 있다가 때가 되어 덕행으로 드러나는 것은 당연한 귀결이므로 지극한 대업을 이루어야 할 때는 모두의 희망과 바람으로 뭉쳐져 한마음이 되니 지극하다고 했습니다.

《계사전》 글귀에는 없지만 필자의 견해를 덧붙인다면 성인은 아마도 편애하지 않았을 것입니다.

태양과 달이 비출 때도 차별하여 비추는 것이 아니요 비와 눈이 내릴 때도 편애하여 내리는 것도 아니요 바람이 불 때도 가려서 부는 것이 아니기 때문에 골고루 받는 은혜로움으로 이루어지는 만물의 풍성함은 지극한 대업을 더욱 빛나게 할 것입니다.

盛德大業至矣哉.
성덕대업지의재

富有之謂大業 日新之謂盛德, 生生之謂易.
부유지위대업　　　일신지위성덕　　　　생생지위역

成象之謂乾 效法之謂坤 極數知來之謂占.
성상지위건　　　효법지위곤　　　　극수지래지위점

通變之謂事 陰陽不測之謂神.
통변지위사　　　음양불측지위신

지극하도다 덕으로 채워 이룬 대업이여! 재물이 풍부하도록 가지게 하는 것을
대업이라 이르고 나날이 새로워지는 것은 천지의 왕성한 덕이라 이른다. 생하
고 생하는 것을 역이라 하고 다 되어 갖추어진 상을 건乾이라 이른다.
본받는 법을 곤坤이라 하며 설시*에서 나온 수로 올 것을 미리 아는 것을 점
이라 이른다. 변화의 이치에 통하여 아는 것을 일이라 이르고 음양을 예측할
수 없는 것을 신神이라 이른다.

●**揲蓍설시**　시초를 헤아림

오늘날에 와서 아무리 기발한 아이디어를 개발하여 온 국민을 먹여 살리는
큰 사업을 이룬 사람이 있다 하더라도 하늘과 땅만큼 큰 사업을 일으킬 수
는 없습니다.

만물을 낳고 실어 기르는 그 성덕은 지극한 대업이라! 넉넉하게 소유한 사
람을 우리는 부자라 하지만 여기서 말씀하신 넉넉한 대업이라는 것은 통상
적인 부자를 일러 말하는 것은 아닙니다. 낳고 또 낳아, 주고 또 주어도 자
꾸만 줄 것이 있고 먹고 또 먹어도 먹을 것이 있어 온갖 생명체들을 살리며

영원히 존재하게 하는 하늘의 넉넉한 대업을 말하는 것입니다. 이렇게 성대한 사업을 이루려면 날마다 새로운 덕이 이루어져야 가능할 것입니다.

토끼가 풀을 뜯어먹고 나면 다음날 또 새로운 풀잎이 돋아나게 하고, 올해 과일을 따 먹고 나면 내년에 또 과일이 열려 풍요롭게 하는 것은 날마다 새롭게 갖추는 온전한 하늘의 덕입니다. 낳고 또 낳고 생겨나고 또 생겨나는 것을 역易이라 이르며 하늘은 모든 만물을 덮어 먹여 살리는 공덕을 이루었습니다. 그러한 하늘을 건乾이라 부르며 ☰ 으로 하늘의 상을 나타냅니다.

본받는 법이란 하늘이 비를 내리면 비를 받아들이고 눈이 내리면 눈을 받아들이며 태양이 내리쬐면 태양을 그대로 받아들이는, 하늘이 하는 대로 순하게 따르고 받아들이는 것을 말함으로서 세 개의 효가 음으로 이루어진 ☷ 곤괘의 상이 이러한 의미를 잘 나타내고 있습니다.

유학은 근원적 원리인 역易을 점占의 세계로 확대하여 받아들임으로써 단순한 일상적, 윤리적 학설에서 우주론의 체계를 확보한 복합적 형이상학으로 도약하여 종교적으로 발전할 수 있는 계기를 맞이할 수 있었습니다.

점占이라는 의미는 거북이 등껍질을 태우는 의식을 통해서 나타나는 복卜에 미래를 묻는다는 말입니다.

설시에서 나온 극수極數는 미래를 알려주는 점을 위한 지극한 수로서 결과적으로 길과 흉, 회〔뉘우침〕와 린〔인색함〕, 그리고 무구〔허물이 없음〕를 알려주는 수를 가리킵니다.

●**極數극수**　이희승 국어대사전에는 장기간에 걸쳐 나타난 최고치 또는 최저치라고 되어 있으며, 여기서는 시초를 헤아리(설시)는 과정을 거쳐서 얻은 수를 말한다

역易은 태극에서 음과 양이 나누어지고 음양에서 사상이 나오고 사상에서

세 개의 효로 이루어진 소성괘가 됩니다. 소성괘와 소성괘가 上下로 만나면 여섯 개의 효로 이루어진 대성괘가 되고, 여섯 개의 효로 이루어진 대성괘는 중천건重天乾괘와 중지곤重地坤괘가 주축이 되어 육십사괘가 성립됩니다. 사상에서 나온 팔괘는 생겨난 순서가 있습니다. 이 부분을 학자들은 자연적으로 순서가 매겨졌다고 하여 자연발생 순서라고 말을 합니다.

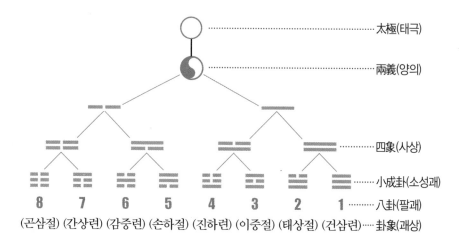

위의 순서가 가장 기본이 되는 괘의 순서가 되며 태극수 1에서 분류된 음은 2가 되고 양은 3이 됩니다. 우리가 양음이라 하지 않고 음양이라 하는 연유는 음이 먼저 나왔기 때문이기도 합니다.

그러므로 세 개의 순 양효(—)로 이루어진 건괘(☰ $\frac{3}{3}$)는 9가 되고 세 개의 순 음효(--)로 이루어진 곤괘(☷ $\frac{2}{2}$)는 6이 되어 음양의 기운을 나타내는 대표수가 됩니다. 그래서 흔히들 남녀의 관계를 six nine 관계로 말하고 있습니다. 효를 지칭하여 말할 때에도 음효는 6으로, 양효는 9로 나타냅니다. 6과 9의 수는 생수 중 양수의 습은 9가 되고 음수의 습은 6이 되는 연유로 설명하기도 합니다【p63 참조】.

지천태地天泰괘를 예로 음양의 대표수를 붙여 자리를 말하면 다음과 같습니다.

또 팔괘와 팔괘가 만나면 육십사괘가 되는데 설시를 하여 세워진 괘는 변효에 의해 지之 卦가 생겨날 것입니다〔변효가 없다면 之卦는 생겨나지 않습니다〕. 여기서 더 이상 열거한다면 수습하기가 어려울 것 같으므로 아쉽지만 접어두고, 최소한 팔괘와 육십사괘는 알고 괘를 내어야 하며 괘를 낼 수 있다고 하여 통변을 할 수 있는 것은 아닙니다.

옛날 육효六爻점의 대가인 야학노인●을 찾아오는 문점자問占者들은 집에서 괘를 내어 노인에게 가지고 와 보여주며 통변을 부탁하는 예가 나옵니다.

● 야학노인　옛날부터 내려오는 육효점(六爻占)의 대가로, 정확한 시대와 그 이름은 밝혀져 있지 않다

이렇듯 역과 수는 함께 가는데 "수의 원리는 존재하는 모든 것의 원리이

다.”라고 한 피타고라스의 말을 상기해 보면서 점이라는 글자에 대해 잠시 설명을 드리겠습니다.

'점占' 이란 글자는 卜복 + 口구로 이루어져 있습니다. 복卜이란 글자는 옛날 고대에서 주로 행해진 거북이 등껍질을 태워 갈라진 모양을 본뜬 글자라고 합니다. 그래서 태워진 거북이 등껍질에 나타난 종횡의 균열상 무늬를 보고 앞으로의 일을 묻는 것에서 점이라는 용어로 발전되었다고 전해지고 있습니다. 그러므로 점占을 묻는다는 것은 매우 신성한 의식과 바르게 행하려는 엄숙한 행사로 진행되었습니다.

점占을 묻는 의식이 들어 있는 글자 중 정貞이란 卜점 복 + 貝조개 패 = 貞으로 이루어져 있습니다. 즉, 고대시대에는 조개껍질이 화폐로 사용되었으므로 예물을 올리면서 점복을 물었다는 것을 알 수 있으며, 점복을 할 때에는 지극히 바르지 않으면 안 되므로 '바르다' 의 뜻으로 貞을 사용하다가 바를 정正이 생기면서 곧을 정貞으로 발전하게 되었다고 합니다.

제정일치祭政一致 시대에는 제사를 올리고 점을 치는 신성한 행위를 주재한 자가 백성을 다스리는 시대였습니다. 그후 제정이 분리되면서 교단을 형성하고 오늘날까지 맥을 이어온 기존의 종교들은 점이라는 의미를 매우 나쁘게 생각하는 경향이 강하게 뿌리내렸습니다. 그것은 점에 대한 인식이 잘못되어져 왔다고 지적하고 싶습니다. 점을 친 결과가 자신의 마음에 흡족하지 않을 때는 점을 치는 행위를 몇 번이고 반복하여 남용한다거나 어려움을 극복하고자 의논해 오는 사람에게 두려움을 조장해 자신의 사욕을 채우기 위하여 '혹세무민'하거나 또는 자신만이 최고라는 오만에서 오는 무분별함 그리고 음귀를 불러들이는 암매暗昧함들이 나쁜 인식을 심어주게 되어서이지 점이라는 것이 본시 나쁜 작용만 해온 것은 아닙니다. 점을 쳐서 좋은 점點이 있다면 과용을 부리고 싶은 마음을 잠재울 수 있으며 또한 자기의 복분을 알아서 분수에 맞게 행할 수 있는 유익한 점點도 있습니다.

단, 염려되는 일이 있다면 어떤 메세지도 받아들이고 수용할 줄 아는 마음의 자세입니다. 좋게 나올 것만 생각하고 있는데 나쁘게 나왔다면 수용하지 못하고 계속 미련을 가지고 자꾸 반복한다거나 의심하여 현실을 망각하는 행위를 하기 때문에 점의 부정적인 면에 지배를 받아 헤어나지 못하므로 먼저 점을 쳐도 되는 인격 수양이 된 후에 하는 것이 중요합니다. 그래서 스스로 수용할 수 있는 품격을 갖추지 못했을 때는 점占을 치지 마시기 바랍니다.

점을 치는 행위를 하지 않고도 미리 짐작해서 아는 선견지명先見知明이나 〈대학〉에 나오는 '격물치지'와 같은 의미도 거북이 등껍질을 태우거나 점대를 헤아리는 행위는 하지 않지만 자연의 징조를 보고 미래를 미리 알아 지혜를 일으키므로 점이라는 의미와 유사한 면을 갖고 있습니다.

『주역』이 학문의 제왕이라고 말을 할 수 있는 연유는 자신이 연마한 학문이 어떤 학문이든 『주역』을 배우고자 하는 사람에겐 『주역』을 배울 수 있는 바탕이 되기 때문이라 생각합니다. 하여 군자라면 남에게 자신의 점을 의뢰하기보다는 자신 스스로 자신의 점을 칠 줄 아는 소양을 평소에 갖추고 있으므로 해서 조금이라도 과실을 줄일 수 있다면 얼마나 도움이 되겠습니까.

자신의 점을 칠 줄 안다는 것은 미래를 알아서 좋으냐 나쁘냐를 아는 것보다는 길이든 흉이든 자신이 수용할 수 있는 마음의 준비를 할 수 있다는 데 매우 큰 의의를 둘 수 있습니다.

이렇게 지극한 수를 구하여 미래에 올 것을 헤아릴 수 있는 것을 점이라 합

니다. 통변이란 점에서 나온대로 일러주는 일(事:일 사)이라고 하였습니다
【계사전 上 제9장 참조】.

변통과 통변은 단어의 앞뒤가 다르듯이 뜻에도 차이가 있습니다. 막힘없이 변하여 이어 가는 것을 변통이라 말을 하며 통한 뒤에 일어나는 변화를 소통시키는 것을 통변이라 합니다. 쉽게 설명해 보면, 봄이 가면 여름이 오고 여름이 가면 가을이 오고 가을이 가면 겨울이 오는 거침없이 반복되는 양상을 변통이라 한다면 봄과 여름, 가을과 겨울에서 독특하게 나타나고 일어나는 현상을 나타난 점사에 접목시켜 분석하고 소통시키는 것을 통변이라고 이해함이 옳을 것입니다.

또한 음인지 양인지 짐작할 수 없는 것을 신이라 한다는 것은 참으로 맞는 말씀인 것 같습니다. 개신교에서 얘기하는 하나님도 하나님 아버지라 부른다고 해서 남자라고 할 수 없습니다. 그렇다고 여자라고도 할 수 없습니다. 무엇인지 보이지도 나타나지도 않는 존재를 사람들의 생각과 입으로 양성화시켜 믿게 하는 것, 이것이 우리가 알고 있는 신의 존재가 아니겠습니까.

그러나 여기에 나온 **음양불측지위신**陰陽不測之謂神의 **신**神은 종교적인 유일신을 가리키고 있는 것이 아니라 변화작용을 야기하는 근원을 말하고 있습니다.

모든 만물은 태양에 의해 자라고 늙어간다고 합니다. 그렇다면 하나의 태양은 모든 만물을 비추는 데 사람은 사람 모습으로 늙어가고 동물도 식물도 제각각 본래의 모습을 벗어나지 않은 채 자라고 늙어 갑니다. 이렇게 각 종류대로 변화하게 하는 득유의 근원적으로 발현되는 힘을 신神이라 하며 확연하게 보이지 않으므로 양陽이라 할 수 없고 그러나 만물을 자라게 하는 역동성을 생각하면 음陰이라 할 수도 없습니다. 이런 맥락에서 陰陽不測之

謂神음양불측지위신의 신神을 설명할 수 있고 또 하나는 신神이 음陰인지 양陽인지 모른다는 말이 아니라 근원적인 신神의 작용이 음陰으로 발현될지 양陽으로 발현될지 예측할 수 없다는 말도 되는 것입니다.

즉, 아이를 잉태하면 자라게 하는 근원적인 신神의 힘이 아들로도 나타나고 딸로도 나타나므로 예측할 수 없다는 말로 설명하시는 분도 계십니다.

또 하나는 귀신鬼神의 의미를 음귀陰鬼, 양신陽神을 나누어 신神을 양陽이라 말을 하며 우리 사람이 살아가는 이 세계를 음陰의 세계인 저승에 비유하여 양陽의 세계로 인식할 때 신이란 모든 만물에 존재하여 살아 움직이게 하므로 양陽에 속한다고 말을 하는 분도 계십니다.

●陰陽不測之謂神에서 神이란?

❶ 陰인지 陽인지 예측할 수 없는 것

❷ 陰으로도 나타나고 陽으로도 나타난다

❸ 鬼神으로 보면 神은 陽이다

《계사전》에서 말하는 신神의 의미는 아마도 ❶, ❷ 이 두 부분에 해당된다고 볼 수 있습니다.

夫易廣矣大矣. 以言乎遠則不禦 以言乎邇則靜
부역광의대의　　　　이언호원즉불어　　　　이언호이즉정

而正. 以言乎天地之間則備矣.
이정　　　이언호천지지간즉비의

무릇 역은 넓고 크구나! 막는 것이 없는 즉 멀다 말하고 바르게 고요한 즉
가깝다 말하는구나.
이로써 하늘과 땅 사이 모든 것을 어김없이 갖추고 있다고 말하는구나.

『주역』은 천지의 이치를 담고 있습니다. 하늘은 넓어서 그 끝이 보이지 않
으므로 멀다는 말을 하게 되며 멀다는 것은 막고 있는 것이 없어야 멀 수 있
습니다. 하늘과 땅을 이어 중간에 가로막는 것이 있다면 결코 먼 하늘이라
말할 수 없습니다. 그래서 중간에 가로막는 것이 없는 하늘과 땅은 멀고 넓
으며 멀고 넓은 하늘과 땅의 이치를 담고 있는 『주역』 역시 넓고 크다고 말
했습니다.
가까이 있는 것은 바로 고요함과 바름이라고 말했습니다. 멀기를 말하면 끝

이 없고 가깝기를 말하면 바로 곁에 함께 있는 고요하고 바른 것이 역이라고 했습니다. 바른 고요함이란 머리 끝을 세우는 기분 나쁜 음산함이 아니라 안정된 기운이 감도는 밝은 고요함입니다.

이로써 한도 끝도 없는 하늘과 땅 사이는 모든 생물이 살아갈 수 있도록 필요한 것들을 골고루 갖추고 있으므로 태어난 대로 스스로 찾아가며 살아가기 마련인가 봅니다.

易이 광대하고 거침없이 멀고 소리없이 가깝고 천지지간에 모든 것을 갖출 수 있는 것은 易이라는 테두리 안에서 삼역이 공존하고 있기 때문이라 생각합니다. 삼역三易은 變易변역, 簡易간역(이), 不易불역을 말합니다.

◦ 變易**변역**　모든 삼라만상은 변한다.
◦ 簡易**간역**　변하는 이치는 쉽고 간단하다.
◦ 不易**불역**　변하는 이치에 변화를 주체하는 것은 변하지 않는다.
　　　　　　변하는 데도 어길 수 없는 법칙이 있다는 말임.
　　　　　　즉, 어른이 아이로 변하지 않는다, 해가 서쪽에서 뜨는 일은 없다 등.

夫乾其靜也專, 其動也直, 是以大生焉. 夫坤其
부건기정야전　　　　기동야직　　　　시이대생언　　　　부곤기

靜也翕, 其動也闢, 是以廣生焉
정야흡　　　기동야벽　　　시이광생언

무릇 건은 오로지 고요하다는 것이요 그 움직임은 줄곧 나아감이요 이로써 크게 낳는 것이다. 무릇 곤은 고요함에 합하는 것이요 그 움직임은 열리는 것이니 이로써 넓게 생겨나는 것이다.

卦\象	靜정	動동	生생
乾건	專전	直직	大生대생
坤곤	翕흡	闢벽	廣生광생

노자는 매우 큰 소리는 듣지 못한다고 했습니다. 세인들 중에서도 과학적으로 지구가 돌아가는데 엄청난 굉음을 내며 돌아가기 때문에 우리의 귀에 들리지 않는다는 말도 들어 보았습니다만 허공은 오로지 고요하기만 합니다. 너무 조용하여 적적해지는 가운데 있어 보면 어디론가 빨려 들어가는 듯하면서 자신의 존재가 매우 작고 유약해지는 순간을 느껴보신 적이 있으십니까. 그때가 움직임이 시작되는 시점이 아닐까 여겨지기도 했으며 음陰이 극대화되면 양陽이 되는 과정의 순간을 꼭 붙잡아 보고 싶은 적이 필자에게는 있었습니다.

세월은 물처럼 그렇게 흘러가고 쉼 없이 나아가지만 소리가 나지 않습니다. 밤이 가고 낮이 가며 세월은 가지만 돌아오는 법도 없습니다.

날짜가 미래로는 가되 과거로는 흐르지 않는다는 것입니다. 지구가 계속 굴러서 궤도 그대로 나아가며 돌아가는 것, 이것을 직直이라 말씀하신 것 같습니다. 즉, 직直이라 하여 직선으로 나아가는 것을 의미하는 것이 아니라 둥글게 생긴 자체 그대로 돌며 나아가는 것을 말씀하신 것이라 생각합니다. 이렇게 고요하면서 쉬지 않고 끊임없이 나아가는 성정은 곧 건乾괘의 성정으로서 순 양으로 이루어진 건乾괘의 효가 가장 잘 나타내고 있습니다.

우리는 일반적으로 시끄러운 것을 양성이라 하고 조용한 것을 음성이라 하지만 생명의 번식은 고요함에서 이루어지고 모든 창의와 수행도 고요함 가운데 생기고 닦아가므로 고요함이란 만물을 낳고 낳고 또 낳게 하여 존재하는 모든 생명의 원동력이 됩니다. 그래서 순 양陽으로 이루어진 건괘乾卦는 말없는 노고勞苦의 대명사가 되어 하늘의 강건함, 건乾의 위대함을 북이 울리듯 울려서 알려주고 있습니다.

무릇 곤坤이 고요함에 합한다는 것은 다음 장에 나오는 짝이 된다는 의미입니다.

건이 위대하게 낳고 낳는 원동력이 된다면 곤은 건과 합하여 실제로 탄생된 생명을 건과 함께 길러서 또 낳게 하는 충만한 기쁨을 온 누리에 가득 채웁니다.

그러므로 곤은 건에 합하니 고요함에 합하는 것이요 고요함에 합하여 열리는 것은 태어날 생명을 안태하는 것이요 태어난 생명의 번성과 창성함을 이루기 위하여 열리는 것은 곤의 움직임이 되어 넓게 퍼져 나가는 것입니다.

廣大配天地 變通配四時 陰陽之義配日月.
광대배천지　　변통배사시　　음양지의배일월

易簡之善配至德.
이간지선배지덕

크고 넓은 것은 천지의 짝이요 변하여 통하는 것은 사계절의 짝이라. 태양과 달은 음양의 맞는 짝이며 쉽고 간단함은 지극한 덕과 좋은 짝이 되는 것이다.

부처님 말씀에는 항하사라든지 무량대수 그리고 마하, 나유타, 불가사의, 억겁 등 여러 가지 무한적인 단위가 많이 나오는 것을 볼 수 있습니다만 『주역』에서는 단위가 나오지 않고 대소大小, 다소多少, 광협廣狹 그리고 지〔至:매우 가깝다〕와 극〔極:매우 멀다〕 등으로 간단하게 크기와 다함을 표현해

놓았습니다.

우리가 그냥 넓고 크다면 어디에 기준을 두고 생각할 수 있겠습니까.

최대의 표현으로 넓고 크다는 것으로 우리는 하늘만큼 땅만큼이란 말을 일상적으로 많이 쓰고 있습니다. 바로 우리 눈에 보이는 부분만 해도 광활함을 느낄 수 있고 이어져 있지만 보이지 않는 부분도 수긍이 감으로 아무도 부정할 수 없습니다. 그래서 크고 넓다는 의미에 하늘만큼 땅만큼처럼 크고 넓음을 반영해 주는 것은 없을 것이므로 넓고 크다는 의미는 천지의 넓고 큰 것에 딱 맞는 짝이 된다는 말입니다.

변하여 통하는 것 중에서 시간과 사계절만큼 뚜렷하고 분명한 것도 없습니다. 모두가 알고 인정하는 시간과 사계절은 그 어떤 변화보다도 확실하게 나타나는 것이기도 합니다. 그래서 변통의 뜻을 몰라 알고자 할 때는 시간과 사계절을 보면 어떤 설명보다도 분명하게 알 수 있으므로 변통의 짝은 시간과 사계절이라고 말했습니다.

시간과 사계절의 변통을 깨달을 수 있다면 인생의 변통도 알 수 있게 되겠죠.

봄의 생기가 사람이 태어나 자라는 모습이라면 여름의 무성한 모습은 한창 씩씩하게 힘이 넘쳐 오르는 청년기가 되겠습니다. 청년기가 지나 결혼하고 자녀를 낳고 2세를 위하여 준비하는 기간은 가을과 같으며 태어난 사명을 다하고 자라나는 새싹을 그리며 흐뭇한 감동에 젖어 있을 때는 겨울로서 갈 때가 되어 다음에 오는 봄에 자리를 내주어야 합니다.

태양이 떠오르면 어둠은 물러갑니다. 어둠을 사라지게 하는 태양의 강렬한 기운은 어느 것에 비길 바 없는 양 중의 양이라 하므로 양의 대표적인 물상이 됩니다.

태양이 지고 나면 기온이 내려가며 어둠이 깔릴 때는 달이 떠올라 비추어 주니 달을 음이라 하는 것은 당연합니다. 달빛의 느낌 또한 싸늘함이 전해와 한여름 밤의 달빛도 뜨겁지 않은 것은 참으로 신기합니다. 그래서 태양과 달을 음과 양의 대표적인 물상으로 맞추어 짝이 된다고 하였습니다.

지극한 덕의 좋은 짝이라는 말은 건괘는 쉼 없이 묵묵히 노고를 다하며 덮어서 만물을 낳고 곤괘는 순하게 건괘를 따라 받아들이고 싣는다면 음과 양, 아내와 남편 사이에 쌓여가는 덕은 참으로 지대至大하다는 말입니다. 그래서 지극한 덕을 쌓는다는 것은 낳고 덮는 乾을 싣고 거두는 坤이 쉽고 간단하게 따르기만 하면 되므로 쉽고 간단하게 따르기만 하면 되는 이치는 지극한 덕을 이루는 묘한 짝꿍이 된다는 의미입니다.

廣大 광대	配 배	天·地 천지
變通 변통	配 배	四時 사시
陰陽 음양	配 배	日·月 일월
易簡 이간	配 배	至德 지덕

子曰 易其至矣乎! 夫易聖人所以崇德而廣業也.
자왈　　역기지의호　　　　부역성인소이숭덕이광업야

知崇禮卑 崇效天 卑法地.
지숭례비　　숭효천　　비법지

天地設位而易行乎其中矣 成性存存 道義之門
천지설위이역행호기중의　　　　성성존존　　　도의지문

공자께서 말씀하시길 지극한 그것은 역이라! 무릇 주역은 성인이 덕을 숭상

하는 바 넓고 큰 사업이다.

높이 공경할 줄 알고 예로써 낮출 줄 안다. 숭상함은 하늘을 본받고 낮춤은

땅의 법에 맞게 한다. 하늘과 땅의 자리가 세워지니 역의 흐름이 그 가운데

있구나.

이루어진 천성을 보존하고 자라나게 하는 옳은 도道로 들어가는 문이다.

공자께서는 건괘와 곤괘를 매우 중시했습니다. 그러므로 『주역』을 배운다

면 먼저 건괘와 곤괘를 익히고 분석하면서 연구해야 합니다.

계속해서 건괘와 곤괘의 덕을 높이 예찬하며 우리가 본받아 지닌다는 것은 바로 천성을 보존하게 하는 옳은 도로 들어가는 문이 된다고 하셨습니다.

성인이 역을 지은 연유는 천지를 본받아 덕을 숭상하여 넓고 큰 사업을 일으키기 위한 것이라 하셨습니다.

하늘을 본받는 덕은 높이 공경할 줄 아는 덕이며 땅을 본받는 덕은 예로써 낮출 줄 아는 덕입니다. 공경할 줄 알고 낮출 줄 아는 덕 사이에 삶의 흐름이 그 가운데 있다는 말씀으로 안다면 어긋나지 않을 것입니다. 왜냐하면, 하늘을 본받아 공경할 줄 아는 덕은 건〔중천건〕괘의 덕이요 땅을 본받아 낮출 줄 아는 덕은 곤〔중지곤〕괘의 덕입니다. 건〔중천건〕괘와 곤〔중지곤〕괘의 사이에 62괘의 기운이 흐르고 있으니 건〔중천건〕괘와 곤〔중지곤〕괘 사이에 역의 흐름이 그 가운데 있다는 것입니다. 64괘 가운데 건괘와 곤괘를 뺀 나머지 62괘는 건괘 또는 곤괘와 관련이 없는 괘는 없습니다. 이 말은 하늘과 땅을 의존하지 않는 삼라만상은 없다는 뜻입니다.

하늘과 땅 사이에 흐르는 기운은 하늘을 상징하는 중천건 괘와 땅을 상징하는 중지곤 괘 사이를 흐르는 기운과 동일하게 보고 있습니다. 그래서 『주역』은 사람이 마땅히 행하여야 할 도덕과 의리로 들어가는 문으로서 命명에서 나온 性성을 이루어 존재하게 합니다.

⦁性성   희(喜), 노(怒), 애(愛), 비(悲)의 기(氣)

사실 **성성존존**成性存存 **도의지문**道義之門, 이 구절은 학문이 높은 선생님들께서도 풀이하기 어려운 대목이라고 말씀들 많이 하셨지만 필자는 편안하고 알기 쉽도록 짧게 요약하여 말씀드렸습니다.

학문이 낮은 필자라고 많은 질타를 주신다 해도 감수하겠습니다.

聖人有以見天下之賾而擬諸其形容.　象其物宜
성인유이견천하지색이의제기형용　　　　　　상기물의

是故謂之象.
시고위지상

聖人有以見天下之動而觀其會通　以行其典禮.
성인유이견천하지동이관기회통　　　　이행기전례

繫辭焉以斷其吉凶　是故謂之爻.
계사언이단기길흉　　　　시고위지효

성인은 하늘 아래의 깊숙하고도 오묘한 도리와 모양에서 드러나는 모든 것
을 헤아려 보아 알아차린다. 물건마다 마땅한 생김새가 있기에 그런 고로 상
象이라 이른다.

성인은 하늘 아래에서 일어나는 일체의 모든 움직임과 하나로 모여 통하는
이치를 자세히 살펴보고 알아차려서 전례로 삼아 이행하였다.

매겨놓은 말씀으로 실흉을 결단내린다. 그런 고로 효라 이른다.

색〔賾：깊숙할, 심오할 색〕이란 의미는 구멍이나 동굴 깊숙이 숨어 있는 것을

말하는 것이 아니라 우리의 눈에는 보이지 않지만 성인의 눈에는 보이는 것을 말한다고 생각합니다. 즉, 성인은 물건마다 가지고 있는 독특한 모양에 수반되는 우리가 보지 못하는 조짐을 보고 미래를 알아차렸습니다. 각 물건의 모양에서 주어지는 조짐, 징조를 象상이라 한다고 하였습니다.

성인은 하늘 아래에서 일어나는 움직임을 보았습니다. 이러한 수많은 움직임에서 하나로 통하는 이치를 깨달았고 그 깨달은 이치를 전례로 삼아 후세에 알리고자 효에다 말씀을 달아놓았습니다. 몇 천년 후의 우리도 매겨진 효사를 보고 길흉을 판단하고 있는 것 아니겠습니까.

점괘 효爻의 글자는 본받을 효效의 의미를 가지고 있습니다.

일반적으로 알고 있는 점이란 돈을 많이 벌 수 있을까, 어떨까? 시험에 될까, 떨어질까? 아니면 재수가 좋을까 나쁠까 하는 일개인의 미래를 알고자 하는 협소한 측면만을 점으로 알고 있지만 문헌을 통해 접하는 점은 그보다 매우 절대절명의 위기에서 행해졌다는 것을 알 수 있습니다.

이유를 모르는 불이 나서 온 산을 다 태우거나 홍수가 나서 몇 개의 고을이 물에 잠기거나 또는 몇 천 혹은 몇 만의 군사를 움직일 때였습니다.

그러므로 목민牧民하는 성인은, 군자는, 통치자는 자신의 백성을 위기에서 구제하기 위하여 잠시도 긴장의 끈을 놓지 않고 새 한 마리의 울음소리나 황급히 날아오르는 모습 그리고 새싹들의 속삭임, 나무가 향한 방향의 지세 등을 살피고 또 살피면서 일어나는 象상의 움직임을 살피고 또 살폈습니다.

성인이 보았던 하늘의 덕을 어떻게 말을 하여야 변화무쌍한 하늘의 덕 그대로 전달할 수 있겠습니까. 성인이 보았던 대지의 덕을 어떻게 말을 하여야 대지의 덕 그대로 설명할 수 있겠습니까. 성인이 알고 있는 바람의 덕을 어떻게 하여야 바람의 덕 그대로 나타낼 수 있겠습니까. 말로는 미처 다 할 수 없으므로 성인은 팔괘의 상에 맞는 하늘 아래의 비밀스런 사물의 조짐을 효마다 매겨놓아 헤아릴 수 있도록 하였습니다. 그 어떤 것이라도 나타낼 수 있고 어디에 접목시켜도 논리적으로 설명이 가능한 팔괘의 효는 음양에서 출발하였고 오늘날의 컴퓨터 시스템을 있게 하는 데에도 기여한 지대한 공은 어떤 말로도 다 표현할 수 없습니다.

言天下之至賾而不可惡也.
언천하지지색이불가오야

言天下之至動而不可亂也.
언천하지지동이불가난야

천하의 지극히 오묘하고 깊숙한 도리의 말을 틀렸다는 것은 옳지 않다.
천하의 지극한 움직임의 말이 질서없이 뒤얽혔다는 것은 옳지 않다.

하늘 아래의 비밀스럽게 감춰진 이치를 바르게 말해 주는데 틀렸다고 한다면 옳지 않을 것이며 하늘 아래에서 모였다 흩어져 가는 움직임을 그대로 말을 하고 있는데 부족하고 짧은 생각으로 이러쿵저러쿵 하면서 함부로 어지럽히는 것은 옳지 못하다는 말입니다.
사실 우리가 우려하는 것도 바로 이 점이며, 제가 우려하고 있는 것도 이 점입니다. 배워서 아는 것을 가리키고자 하는 사람들에게 늘상 경각심을 일깨우는 이 글귀는우리의 가슴속에서 떠나지 않아야 되는 부분이기도 합니다. 『주역』의 이지가 틀렸다는 것은 삶의 이치를 모르고 하는 말이요, 삶의 이치를 모르고 말한다는 것은 사회를 어지럽게 하는 요인이 될 수도 있기 때문입니다. 사람에게 꼭 필요한 말을 틀렸다고 하거나 질서정연한 이치를 어지럽다 한다면 사람을 유익하게 인도할 수 없을 것입니다.

역학을 공부하는 사람이 공통적으로 꼭 간직하고 있어야 하는 가치관이 있다면 인본주의일 것입니다. 사람을 위하여 『주역』을 익힌다면 옳은 말이라 믿어야 할 것이며 자신이 이해하기 어렵다 하여 혼란스럽다 말을 하면 안 된다는 의미라 생각합니다.

擬之而後言 議之而後動. 擬議以成其變化
의지이후언 　　의지이후동 　　　의의이성기변화

헤아리고 난 후에 말을 하고 여러모로 생각한 후에 움직인다. 깊이 생각하고 헤아림으로써 성공적으로 변화한다.

그래서 무슨 말을 하던지 신중하게 생각하고 하여야 하며 무슨 일을 하던지 가볍게 움직이지 않아야 합니다.

그렇다고 생각만 하다 기회를 놓치는 것은 어찌하나 라던지 또는 생각을 너무 하여 행동으로 옮길 용기를 잃어버리면 어찌하나 라던지 하는 의문은 여기에 해당되지 않습니다.

말 한마디와 한 번의 움직임을 무겁게 하라는 것은 경망스러움을 경계하는 것이지 지나친 망설임을 얘기하는 것은 결코 아닙니다.

이렇게 깊이 잘 생각하여 말하고 자세히 검토한 후에 행동한다면 변화를 성공적으로 이끌어 갈 수 있음은 자명한 이치입니다.

鳴鶴在陰 其子和之. 我有好爵 吾與爾靡之.
명학재음　기자화지　아유호작　오여이미지

子曰 君子居其室 出其言善 則千里之外應之.
자왈　군자거기실　출기언선　즉천리지외응지

況其邇者乎! 居其室 出其言不善 則千里之外
황기이자호　거기실　출기언불선　즉천리지외

違之. 況其邇者乎! 言出乎身 加乎民 行發乎邇,
위지　황기이자호　언출호신　가호민　행발호이

見乎遠. 言行 君子之樞機 樞機之發 榮辱之主也.
견호원　언행　군자지추기　추기지발　영욕지주야

言行, 君子之所以動天地也. 可不愼乎!
언행　군자지소이동천지야　가불신호

학이 둥지에서 정다운 소리를 하니 그 새끼가 평화롭다. 내게 좋은 잔이 있
으니 나는 너와 더불어 함께 하고 싶다. 공자께서 말씀하시길 군자가 안정되
게 기거하며 그 말이 착하게 나오는 즉 천리 밖에서도 대답하는 것이거늘 하
물며 가까운 사람이랴! 집에서 하는 말이 착하지 못한 즉 천리 밖 멀리 떨어
져도 가거늘 하물며 가까운 사람이랴!

몸에서 나오는 말이 백성에게 닿으면 가까이서도 일어나 행하고 멀리서도
그런 것을 볼 수 있으니 말과 행동이야말로 군자의 문지도리로서 중요하기
그지없다. 추기樞機*라는 것은 일으키는 것으로 말과 행동은 영화로움과 욕
됨의 주체이다. 말과 행동은 군자가 움직이는 바의 천지다. 어찌 삼가지 않을
수 있겠는가!

* 樞機추기 중추가 되는 기관.
　樞 문지도리 추

풍택중부괘에 관한 내용입니다.

『주역』64괘 가운데 건괘와 곤괘를 제외한 62괘 중에서 가장 중요한 괘가
있다면 『역경』에 61번째로 오는 풍택중부괘라고 말씀하시는 교수님도 계
십니다. 돼지와 물고기까지도 믿게 하라는 믿음과 신뢰의 괘가 풍택중부괘
인데 공자께서는 여섯 효 안에서 구九 이二 효爻를 매우 좋아하시고 중요하
게 생각하셨던 것 같습니다.

풍택중부괘를 살펴보면 다음과 같습니다.

風澤中孚풍택중부 **卦象**괘상

風澤中孚풍택중부 **卦辭**괘사

中孚중부는 豚魚돈어면 吉길하니 利涉大川이섭대천하고 利貞이정하니라.

중부中孚는 성실하게 믿고 따르면 물고기와 돼지까지 길하니 큰 내를 건널 수 있
고 바르게 하여야 이로우니라.

上九 ▅▅ 翰音한음이 登于天등우천이니 貞정하야 凶흉토다.

九五 ▅▅ 有孚유무 攣如연여면 无咎무구리라.

六四 ▅ ▅ 月幾望월기망이니 馬匹마필이 亡망하면 无咎무구리라.

六三 ▅ ▅ 得敵득적하야 或鼓或罷或泣或歌혹고혹파혹읍혹가이로다.

九二 ▅▅ 鳴鶴명학이 在陰재음이어늘 其子기자 和之화지로다 我有好
爵아유호작하야 吾與爾靡之오여이미지하노라.

初九 ▅▅ 虞우하면 吉길하니 有他유타면 不燕불연하리라.

▌風澤中孚卦풍택중부괘 九구 二이 爻辭효사▐

鳴鶴명학이 在陰재음이어늘 其子기자가 和之화지로다
我有好爵아유호작하야 吾與爾靡之오여이미지하노라

우는 학이 그늘에 있으니 그 새끼가 화답하도다.
내게 좋은 잔이 있으니 나는 너와 더불어 나누고 싶다.

그늘에서 학이 새끼를 찾아 부르고 그 새끼가 대답하여 지저귀니 얼마나 평화롭습니까. 어미는 어미가 주는 먹이를 의심 없이 서슴지 않고 받아먹는 새끼의 모습을 보며 흐뭇해하는 응어림 속에 피어나는 어미와 새끼의 정다움이 얼마나 평화롭게 보입니까. 또한 좋은 것이 있을 때 너와 내가 함께 나누어 누리고 싶은 것은 바로 기쁨 두 배가 되는 것입니다. 독자님들께서도 머릿속에 행복한 상상이 드시겠지요.

무엇이든 내게 좋은 게 있으면 그냥 주고 싶고 나누고 싶은 온정이 너무도 잘 나타나 있는 효사이기도 합니다. 어미와 새끼의 아낌없이 주고 믿고 받는 장면 이것은 바로 군자와 백성의 친밀한 관계의 표본이기도 합니다.

그러면서 공자님께서는 군자의 일거수일투족의 중요성을 깨우쳐주고 계십니다. 군君이라는 호칭을 분석해 보면 ㅋ + ノ + 口로 조합된 글자입니다. 그대로 연결하여 읽어보면 오른손에 회초리를 들고 말을 하는 사람이 군君이지요. 그렇다고 회초리로 사납게 내려치며 호령하는 사람이 군君이라는 생각은 말아 주십시오. 위엄을 말하고 있을 뿐입니다.

즉, 누구나 본받을 수 있는 모범인이면서 통치자이거나 통치를 할 수 있는 힘을 가진 사람을 군자라 부르는 것 같습니다. 그러므로 군자의 언행에 얼마나 많은 가치를 부여하고 있는지 알아야 합니다.

군자의 몸에서 나오는 언행은 가까운 주위의 사람을 비롯하여 천리 밖에 살고 있는 사람에게까지 전달되어 그대로 행하게 하는 위력을 갖고 있습니다. 군자의 언행은 가까이나 멀리나 모든 백성이 본받아 따르게 하거늘 집안이라 하여 가볍게 함부로 처신하면 안 된다는 말씀입니다.

즉, 군자로서의 품격을 유지시켜 주는 것은 다름 아닌 말과 행동이므로 이보다 더 중요한 것은 없을 것이며, 영화와 욕됨을 주관하는 군자의 말과 행동은 천지天地인 까닭으로 삼가지 않으면 안 된다는 중후한 말씀입니다.

정약용의『목민심서』에는 군자君子의 모양을 이렇게 말하였습니다.

禮不可不恭예불가불공하고 義不可不潔의불가불결하니

禮義兩全예의양전하면 雍容中道斯謂之君子也용용중도사위지군자야니라

　예禮가 없으면 공손할 수가 없고 의義가 없으면 깨끗할 수가 없다.
　예와 의를 둘 다 갖춘 온화한 용모가 도道에 적합해야 이런 사람을 일러
　군자君子라 한다.

사람을 '소우주'라 했지요. 하늘과 땅의 집합체가 사람이라면 사람의 움직임은 천지天地의 움직임입니다. 그중 군자의 움직임은 일개인의 움직임이 아니라는 의미가 되겠습니다.

同人先號咷而後笑. 子曰 君子之道或出或處 或
동인선호도이후소　　　자왈　　　군자지도혹출혹처　　혹

默或語 二人同心 其利斷金. 同人之言 其臭如蘭.
묵혹어　　이인동심　　기리단금　　동인지언　　기취여난

함께 하는 사람의 마음은 먼저는 큰 소리의 마찰이 생겨도 나중에는 웃는다.
공자께서 말씀하시길 군자의 도가 혹 나아가거나 혹 머물거나 혹 말을 하거
나 안 하거나 하여도 두 사람의 마음이 같다면 단단한 쇠줄도 잘라 유익하게
한다. 서로가 존중하며 함께 하는 말은 그 향기가 난초와 같다.

어려운 일도 능히 이루어 낼 수 있는 함께 하는 두 마음은 그 향기가 난초와
같다고 하셨습니다.

《계사전》에는 64괘 384효사 모두를 언급하고 있지는 않습니다. 그중에 공
자님께서 크게 여기고 계시거나 좋아하시는 훌륭한 의미 그리고 특별히 기
억해야 할 부분들을 선별해서 괘나 효사를 예찬하거나 안타까움을 토로吐露
해 놓으셨습니다.

여기서는 『역경』의 13번째에 오는 천화동인괘 구九 오五 효사爻辭 〈先號咷
而後笑선호도이후소〉를 택하셨습니다.

▌天火同人천화동인 卦象괘상 ▌

▌天火同人천하동인 卦辭괘사 ▌

同人于野동인우야니 亨형하고 利涉大川이섭대천하니 利君子貞이군자정
하니라.

上九 ━━━━━ 同人于郊동인우교이니 无悔무회니라.

九五 ━━━━━ 同人동인이 先號咷而後笑선호도이후소니 大師克대사극이라야
相遇상우로다.

九四 ━━━━━ 乘其墉승기용호대 弗克攻불극공이니 吉길하니라.

九三 ━━━━━ 伏戎于莽복융우망하고 升其高陵승기고릉하야 三歲不興삼세
불흥이로다.

六二 ━━ ━━ 同人于宗동인우종이니 吝린토다.

初九 ━━━━━ 同人于門동인우문이니 无咎무구리라.

같은 사람끼리 들에서 함께 하니 형통하여 큰 내를 건널 수 있어 바르게 하
는 군자라야 이롭다고 하셨습니다. 마음이 맞는 사람들끼리 모인다면 서로
가 서로를 믿는 마음이 나날이 돈독해져 갈 것입니다. 나아가 그 목적이 신
성하고 백성을 위하는 모임이라면 더욱 크게 발전해 나가기를 모두가 기대
하겠지만, 사람이 모이는 곳에서는 언제나 분분한 말과 불만이 생겨나기 마
련입니다. 이런 때일수록 한마음이 되도록 힘써야 하는데, 가장 좋은 방법
은 바르게 함으로써 하나가 될 수 있을 때 어려운 일도 무난히 실현시킬 수
있을 것입니다.

요점은 군자가 모여 함께 할 때는 정도로 가야 어려운 일도 해낼 수 있으며
이롭지만 사사로운 이익으로 흘러버린다면 이롭지 못하다는 의미입니다.

어려운 일도 성취하게 하는 한마음은 그 향기가 난초처럼 멀리 퍼져 나갈
것입니다.

〈단사彖辭〉를 소개합니다.

象曰단왈 同人동인은 柔유 得位득위하며 得中而應乎乾득중이응호건할새
曰同人왈동인이라. 同人曰동인왈 同人于野亨利涉大川동인우야형이섭대천
은 乾行也건행야오 文明以健문명이건하고 中正而應중정이응이 君子正
也군자정야니 唯君子유군자아 爲能通天下之志위능통천하지지하나니라.

同人 괘는 부드러운 陰이 正을 얻고 中을 얻어 응하는구나.
同人은 함께 하는 사람을 동인이라 한다. 동인이란 함께 하는 사람이 들에
모여 큰 내를 건너니 이롭고 형통하리라. 큰 내를 건너는 데 이로운 공평
무사한 하늘의 덕을 행하여 문명함을 세운다.
중정의 자리에서 덕으로 행하는 것은 군자의 바름이다. 오직 군자만이 천
하의 뜻을 통하여 능히 감당할 수 있다.

『주역周易=역경易經』은 서괘序卦와 단사와 乾·坤 문언과 64괘 괘사卦辭와
괘상, 384효사爻辭와 효상으로 되어 있습니다.

공자의 십익(十翼)이란?

문언전(乾卦文言傳건괘문언전 · 坤卦文言傳곤괘문언전)
상전(卦象傳괘상전 · 爻象傳효상전)　　단전(彖傳)
계사전 상·하(繫辭傳上·下)
설괘전(設卦傳)　　서괘전(序卦傳)　　잡괘전(雜卦傳)

위에 소개한 〈단사〉는 〈십익〉 중 단전에 속하는 천화동인괘의 내용입니다.

初六藉用白茅无咎. 子曰 苟錯諸地而可矣,
초육자용백아무구　　　　자왈　구착제지이가의

藉之用茅 何咎之有! 愼之至也.
자지용아　　하구지유　　신지지야

夫芽之爲物薄而用可重也. 愼斯術也以往
부아지위물박이용가중야　　　신사술야이왕

其无所失矣.
기무소실의

초육의 효사에서 금방 돋아난 하얀 싹을 깔개로 사용하여도 허물이 없다. 공자께서 말씀하시길 진실로 모든 것을 땅에다 그대로 두어도 가하거늘 띠풀의 싹을 깔아 쓴다 해서 무슨 허물이 있겠는가! 삼가함의 끝이다.

대저 연약한 사물의 풀싹이라 하여도 중요하게 쓰일 수 있다. 삼가는 법이 행하여지면 잃는 바는 없을 것이다.

여기서는 『역경』 28번째에 오는 택풍대과괘 초初 육六 효사爻辭를 말씀하고 계십니다.

▌澤風大過택풍대과 卦象괘상▌　䷛

▌澤風大過택풍대과 卦辭괘사▌

大過대과는 棟동이 橈요니 利有攸往이유유왕하야 亨형하니라.

집 기둥이 흔들리니 가는 바를 둠이 이로우며 형통하느니라.

上六 ▬ ▬ 過涉滅頂과섭멸정이라 凶흉하니 无咎무구니라.

九五 ▬▬▬ 枯楊고양이 生華생화하며 老婦노부 得其士夫득기사부니
无咎무구나 无譽무예리라.

九四 ▬▬▬ 棟隆동륭이니 吉길커니와 有它유타면 吝린하리라.

九三 ▬▬▬ 棟동이 橈요니 凶흉하니라.

九二 ▬▬▬ 枯楊고양이 生梯생제하며 老父노부 得其女妻득기여처니
无不利무불리하니라.

初六 ▬ ▬ 藉用白茅자용백모니 无咎무구니라.

집 기둥이 흔들리면 지붕이 곧 무너져 내릴 것인데 그 자리에 머물면 안 될
것입니다. 그래서 그 자리를 떠나야 좋다는 말씀입니다.

澤風大過卦택풍대과괘 初초 六육 爻辭효사

藉用白茅자용백아니 無咎무구하니라

흰 띠풀을 깔개로 사용하니 허물이 없다고 하셨습니다.

제사를 지낼 때 거창한 음식과 화려한 깔개가 아닌 소박한 음식과 흰 띠풀
을 깔고 지내더라도 허물이 없다고 하셨습니다. 누구나 밟고 관심없이 지날
수 있는 띠풀이지만 정성을 다하는 제사에서 깔개로 쓰인다는 것은 하찮은
것의 소중한 쓰임을 나타냅니다.

내용으로 살펴보면, 집안의 기둥이 흔들릴 때 오는 큰 변화가 바로 택풍대
과괘입니다. 그러므로 지극한 정성은 오히려 중요한 것을 잃어버리지 않게
하므로 공자님께서는 지극한 정성을 다하는 제사를 매우 흡족해 하셨던 것

같습니다. 지극한 정성을 다하려면 삼감을 근본으로 하여 행해져야 잃음이 없다고 하셨습니다.

이렇게 『역경』은 실생활의 모습이 그대로 담겨 있으며 자신이나 타인에게 무엇을 어떻게 함이 더욱 유익한 것인지 일깨워주고 있습니다.

勞謙君子有終吉. 子曰 勞而不伐 有功而不德
노겸군자유종길　　　자왈　　노이불벌　　유공이부덕

厚之至也. 語以其功下人者也.
후지지야　　　어이기공하인자야

德言盛 禮言恭. 謙也者 致恭 以存其位者也.
덕언성　예언공　　겸야자　치공　이존기위자야

큰 공적에 겸손함은 군자의 마침을 아름답게 한다. 공자께서 말씀하시길 공적이 있어도 자랑하지 않아야 한다. 덕스럽지 못한 것은 공로를 내세우는 것이다. 지극한 두터움을 가져야 한다. 공로라는 말은 아랫사람의 것이다. 말의 이름은 덕이요 말의 공손함은 예다.

겸손하다는 것은 힘써 공손한 것으로써 사람을 그 자리에 계속 머물 수 있도록 지켜주는 것이다.

여기서는 『역경』의 15번째에 오는 지산겸괘의 구九 삼三 효사爻辭를 말씀하시고 계십니다.

▌地山謙지산겸 卦象괘상 ▌

▌地山謙지산겸 卦辭괘사 ▌

謙겸은 亨형하니 君子군자에게 有終유종이니라

겸괘謙卦는 형통하여 군자에게 마침이 있느니라.

형통하여 군자에게 마침이 있다는 것은 유종의 미를 거둘 수 있다는 말씀입니다. 열심히 노력한 뒤에 갖는 겸손한 성취감이야말로 군자를 계속 그 자리에 머물 수 있도록 합니다.

上六 ▬ ▬ 鳴謙명겸이니 利用行師이용행사하야 征邑國정읍국이니라.
六五 ▬ ▬ 不富以其鄰불부이기린이니 利用侵伐이용침벌이니
　　　　　 无不利무불리하리라.
六四 ▬ ▬ 无不利 撝謙무불리위겸이니라.
九三 ▬▬▬ 勞謙노겸이니 君子군자에게 有終유종이니 吉길하니라.
六二 ▬ ▬ 鳴謙명겸이니 貞정코 吉길하니라.
初六 ▬ ▬ 謙謙君子겸겸군자이니 用涉大川용섭대천이라도 吉길하니라.

▌地山謙卦지산겸괘 **九**구 **三**삼 **爻辭**효사 **▌**

勞謙노겸이니 君子군자이 有終유종이니 吉길하리라

『주역』의 64괘 중 63개의 괘는 여섯 개의 효 가운데 좋은 효사도 있고 흉한 효사도 있습니다. 그러나 이 지산겸괘만은 여섯 개의 효사 모두 좋은 괘입니다.
여기에는 어쩌면 겸손하다 보면 불행도 비켜가게 된다는 철학이 담겨 있는 것 같습니다. 겸손하다는 것이 얼마나 좋은 것이냐 하면 천도天道와 인도人

道 그리고 지도地道와 신도神道를 감동하게 하여 도움을 받을 수 있다는 것이지요. 왜냐하면 모든 방해의 온상인 시샘을 피할 수 있는 것이 겸손만 한 것이 없기 때문입니다. 필자의 짧은 역사관이지만 역사 속의 영웅을 보아도 현저히 알 수 있는 것이 마침을 어떻게 하느냐에 따라 그 과정의 평가가 판이하게 달라지는 것을 볼 수 있었습니다.

약간의 공로를 가지고 자랑을 하며 거드름을 피운다면 갖고 있는 것도 간직하기 어렵고 생명 또한 부지하기 어렵습니다만 큰 공로가 있어도 으스대지 않고 겸손함을 잃어버리지 않은 사람은 천수天壽를 다하도록 살면서 길이 길이 그 공로가 지금까지 빛나고 있습니다.

겸손이란 지극한 공손함을 이르는 것이며 아래로 내려감으로써 모든 것을 소유할 수 있는 유일한 길임을 말씀하시고 계십니다.

亢龍有悔. **子曰** **貴而无位** **高而无民.** **賢人在下位**
항룡유회 　자왈 　귀이무위 　　고이무민 　　현인재하위

而无輔 是以動而有悔也.
이무보 　시이동이유회야

막바지까지 오른 용은 후회함이 있다. 공자께서 말씀하시길 귀한 신분인데 직분이 없고 관직은 높은데 백성이 없고 현인이 아래 자리에 있어도 도울 수 없다. 그러므로 움직이면 후회만이 있을 것이다.

여기서는 『역경』 첫 번째로 오는 중천건괘의 상上 구九 효사爻辭를 말씀하시고 계십니다.

乾건은 元원하고 亨형하고 利이하고 貞정하니라.

건乾은 만물의 섭리를 주도하여 元亨利貞의 四德으로 나타나느니라.

上九 ── 亢龍항룡이니 有悔유회니라.

九五 ── 飛龍在天비룡재천이니 利見大人이견대인이라.

九四 ── 或躍在淵혹약재연하면 无咎무구리라.

九三 ── 君子군자가 終日종일 乾乾건건하여 夕惕若석척약하면
　　　　 厲려하나 无咎무구리라.

九二 ── 現龍在田현룡재전이니 利見大人이견대인이라.

初九 ── 潛龍잠룡은 勿用물용이라.

원형이정의 덕은 천도의 운행으로 봄, 여름, 가을, 겨울의 사계절입니다. 얼었던 땅 위에서 아지랑이가 피어나며 모든 생물이 깨어나는 봄은 계절의 시작으로 元원을 주장하고, 생기 오른 만물이 가장 아름답게 팽창되는 시기인 여름은 亨형함을 주장합니다. 만물이 풍성하게 팽창되어 있던 것을 맺어서 응결짓는 가을은 만물에 양식을 제공하여 利이롭게 합니다. 어느 것 할 것 없이 똑같이 가두고 꼼짝 못하게 바로 선 겨울은 貞정이 지배하여 다가오는 풍요로운 봄을 준비하고 있습니다.

이러한 하늘이 행하는 덕은 乾의 사덕四德〔봄_元, 여름_亨, 가을_利, 겨울_貞〕으로서 생명을 영원히 이어나가게 하는 근원적인 덕이라 하였습니다.

그중에서 공자는 〈문언전〉 머리말에서 원형이정元亨利貞 사덕四德을 다음과 같이 말씀하셨습니다.

文言曰문언왈 元者원자는 善之長也선지장야오 亨者형자는 嘉之會也가지회야오 利者이자는 義之和也의지화야오 貞者정자는 事之幹也사지간야니 君子군자 體人체인이 足以長人족이장인이며 嘉會가회 足以合禮족이합례며 利物이물이 足以和義족이화의며 貞固정고 足以幹事족이간사니 君子군자 行此四德者행차사덕자라 故고로 曰乾元亨利貞왈건원형이정이라.

문언에 이르길 원元이라는 것은 착한 것이 오래함이요 형亨이라는 것은 아름다움이 모인 것이요 이利라는 것은 의로운 화평함이요 정貞이라는 것은 섬김의 줄기이니 군자는 몸소 인仁을 체득한 족함이 오래하는 사람이요 아름다움이 모여 이룬 족함은 예禮에 합하며 이利로운 물건이 풍족하여 평화롭게 고르게 나누어 주며 바른 것을 굳게 지킨 족함으로 모든 일의 바탕이 되니 군자는 이러한 네 가지 덕〔四德〕을 행하는 사람이라. 고로 말하길 건은 원형이정하니라.

※ 乾괘와 坤괘는 역으로 들어가는 문으로서 매우 중요합니다. 그래서 중천건괘와 중지곤괘에는 각 괘의 괘사와 효사를 좀 더 심도 있게 부연 설명하였습니다. 이를 〈문언전〉이라 합니다.

中天乾卦중천건괘 **上상 九구 爻辭효사**

亢龍항룡이니 有悔유회니라

오를만큼 오른 용이니 뉘우침이 있으리라.

실권자의 자리(5효)에서 물러난 상上 구九 효爻는 또다시 초初 구九 효爻의 자리인 잠룡으로 돌아가야 그르침이 없어집니다. 그러지 않고 옛날의 권세를 잊지 못하여 연연해 한다면 다치기 십상이라는 것입니다.

옛날 함께 일하던 신하들이 찾아와 좋은 일을 도모하자 하여도 잘못된 말을 들었을까 많은 염려를 해야 하며 또한 성심껏 하고자 하나 맡은 바 직분이 없고 옛날의 어진 신하에게 의지하려 해도 지금 천자의 신하로 있어 도움을 받을 수 없으니 이래저래 심심해서 풍류의 기회로 잡은 날이라도 화근이 되어 몸을 망칠 수 있습니다. 그러므로 움직이지 말라 하였습니다. 예전의 영화로움은 잊고 초야로 돌아가 농사짓고 나물 먹고 물 마시며 소박하게 살아야 한다는 의미입니다.

중천건괘 상上 구九 효爻는 오늘날 물러난 권력자의 올바른 처신을 알려주고 있는 대목이기도 합니다.

초初 구九 효爻 때는 잠룡潛龍은 물룡勿龍으로서 아직 미숙하여 아무도 알아주지 않습니다. 그럴 때에는 스스로 건강과 실력을 다지면서 더 크기를 기다려야 하겠지요.

구九 이二 효爻 때는 현룡재전現龍在田 이견대인利見大人으로 겨우 밭에 드러나 좋은 스승을 만나기를 절치부심하는 때가 아니겠습니까. 어린 나이에 세상을 다 안다고 성급한 언행을 할 수 있으며 자신의 귀를 즐겁게 한다면 훌륭한 사람처럼 보이고 자신의 귀에 듣기 싫은 소리를 하는 사람은 지극히 싫어할 때이므로 우매함을 깨우쳐 줄 수 있는 스승이 매우 중요한 때인 것입니다.

구九 삼三 효爻 때는 인생을 조금 알게 되며 삶의 목표가 세워지는 때로서

종일終日 건건乾乾하게 일하고 공부하고 밥 먹고 씻고 깊은 밤 별 보며 자고 이른 새벽별보며 일어나는 끊임없는 자기 연마의 기간이기도 합니다. 공부하고 일하고 밥 먹고 씻고 자고 하는 이 단순한 노력의 과정이 자신의 인생에서 황금보다 가치 있는 소중한 시간이었다는 것을 나이가 들수록 뼈저리게 느껴져 오는 말씀입니다. 즉, 자신의 목표를 달성하기 위하여 제일 힘써 노력하는 때가 됩니다.

구九 사四 효爻 때는 혹약재연或躍在淵으로써 그동안 갈고 닦은 실력을 인정받아 스스로 시험해 보는 때입니다. 내괘에서 외괘로 건너온 자리로서 신분이 달라지는 위치이기도 하며 열심히 일하고 공부하여 이제는 명실상부 지도자의 자리에 앉게 되었습니다. 이 자리는 최고 실권자를 돕는 자리이므로 권세가 있되 최고 실권자로부터 제약을 받는 어려운 자리이기도 합니다.

이러한 어려운 과정을 거쳐서 오르는 자리가 비룡재천飛龍在天의 자리 구九오五 효爻 자리가 됩니다. 많은 세월을 인내와 끈기로 지내온 것은 최고 실권자의 자리인 구九 오五가 되기 위해서입니다. 그것은 혼자 잘 먹고 잘 살려는 것이 아니라 그동안 갈고 닦으며 배우고 익힌 지식을 토대로 우매한 백성을 깨우치고 굶주리는 민생이 없도록 잘 다스리고 싶은 소망을 실현해 보고자 합니다. 또 다른 말로 한다면 최고의 덕을 베풀기 위해서인 것이죠. 그 옛날 잠룡으로 있으면서 구九 오五 효爻가 되기 위하여 얼마나 많은 날들을 기다리며 노력하고 힘써 왔겠습니까만 세월이 흘러 상上 구九 효爻가 되었을 때는 미련 없이 물려주고 떠날 줄 알아야 됩니다.

오를 대로 오른 용의 올바른 최후를 중천건괘의 상上 구九 효사爻辭는 말해 주고 있습니다.

정말 『주역』을 읽고 있노라면 전반적인 인생의 노고와 마침을 몇 천년 전의 의미로서 끊임없이 자신을 돌아보고 성찰하게 하는 힘을 느낄 수 있습니다. 《계사전 上》〈제12장〉에서는 乾卦건괘와 坤卦곤괘가 훼손되면 易역을 볼 수 없다 하였고, 《계사전 下》〈제6장〉에서는 乾卦와 坤卦는 易으로 들어가는 문이라 하였습니다. 그러므로 乾卦를 말씀드리면서 坤卦를 빼놓을 수 없어 실어봅니다.

▌重地坤중지곤 卦象괘상 ▌

☷☷

▌重地坤중지곤 卦辭괘사 ▌

坤곤은 元원하고 亨형하고 利이하고 牝馬之貞빈마지정이니
君子군자의 有攸往유유왕이니라.
先선하면 迷미하고 後후하면 得득하리니 主利주리하니라.
西南서남은 得朋득붕이오 東北동북은 喪朋상붕이니 安貞안정하여아
吉길하니라.

곤坤은 만물의 섭리를 주도하는 元亨利貞의 四德에 암말의 바름이니 군자가 갈
바가 있다. 먼저 하면 길을 잃어 헤매고 나중에 하면 얻으리니 이로움을 주장한
다. 서남쪽은 얻음을 만날 것이요 동북쪽은 잃음을 만날 것이니 편안하고 바르게
하여야 吉하다.

上六 ▬▬ 龍戰于野용전우야 其血玄黃기혈현황이로다.
용들이 들에서 싸우니 그 피가 검고 누르다.

六五 ▬▬ 黃裳황상이면 元吉원길이니라.
누런 치마를 입었으면 으뜸으로 길(吉)하다.

六四 ▬▬ 括囊괄낭이면 无咎무구며 无譽무예리라.

　　주머니(입)를 묶으면(말이 없으면) 명예도 없지만 허물도 없다.

六三 ▬▬ 含章可貞함장가정이니 或從王事혹종왕사하여 无成有終무성유
　　종이니라.

　　문채나는 글을 머금고 혹 왕의 일을 따라 나선다. 이룸은 없어도
　　마침은 있다.

六二 ▬▬ 直方大직방대라 不習불습이라도 无不利무불리하니라.

　　바르고 원만하게 크게 하라. 익히지 않고 해도 이롭지 않음이 없다.

初六 ▬▬ 履霜리상하면 堅氷견빙이 至지하니라.

　　서리를 밟으면 단단한 얼음이 되니 지극하게 하여라.

중지곤괘의 괘사를 다시 풀이한 〈문언전〉 머리말은 다음과 같습니다.

文言曰문언왈 坤곤은 至柔而動也지유이동야 剛至靜而德方강지정이덕방하
니 後得후득하야 主(利)而有常주(리)이유상하며 含萬物而化光함만물이화
광하니 坤道其順乎곤도기순호 承天而時行승천이시행하니라.

　　문언에 이르길 곤坤은 지극히 부드럽게 움직인다. 강함이 지극한 고요함
　　으로 떳떳한 덕이 되니 쌓인 후에 얻는다. 늘상 한결같이 이로움을 주장하
　　며 만물을 머금고 되게 하여 빛나니 곤坤의 도道는 거스르지 않는구나. 하
　　늘을 이어서 때를 행한다.

《계사전》에는 乾卦건괘와 함께 坤卦곤괘가 매우 중요하다는 말씀도 하셨습니
다만, 선택하여 어떤 효도 언급하지 않았습니다. 그래서 다른 설명은 하지
않겠습니다.

不出乎庭 无咎. 子曰 亂之所生也 則言語以爲階.
불출호정　　　　무구　　　자왈　　난지소생야　　　즉언어이위계

君子不密則失臣 臣不密則失身. 幾事不密則害成
군자불밀즉실신　　　　신불밀즉실신　　　　기사불밀즉해성

是以君子愼密而不出也.
시이군자신밀이불출야

뜰을 나가지 마라. 허물이 없다. 공자께서 말씀하시길 사는 곳에서 어지러움
이 일어난다면 언어에 품계가 있어야 한다. 군자가 치밀하지 않은 즉 신하를
잃어버리고 신하로서 치밀하지 않은 즉 몸을 망친다. 기회가 치밀하지 않으
면 해로움을 이루고 이로써 삼가고 치밀하여 빈틈없는 군자라면 나가지 않
는다.

여기서는 『역경』 60번째로 오는 수택절괘의 초初 구九 효사爻辭를 말씀하시
고 계십니다.

▌水澤節수택절 卦象괘상▐　

▌水澤節수택절 卦辭괘사▐

節절은 亨형하니 苦節고절은 不可貞불가정이니라

절節은 형통하니 괴로운 시절은 바르게 하지 못하느니라.

上六 ▬ ▬ 苦節고절이니 貞정이면 凶흉코 悔회면 亡망하리라.
九五 ▬▬▬ 甘節감절이라 吉길하니 往왕하면 有尙유상하리라.
六四 ▬ ▬ 安節안절이니 亨형하니라.

六三 ▬▬ 不節若부절약이면 則嗟若즉차약하리니 无咎무구리라.

九二 ▬▬▬ 不出門庭불출문정이면 凶흉하니라.

初九 ▬▬▬ 不出戶庭불출호정이면 无咎무구리라.

60번째로 오는 수택절괘는 물과 관계가 깊습니다. 물은 넘쳐도 재앙이요 부족해도 재앙입니다. 그러므로 언제나 비축해 두고 필요한 만큼만 퍼쓰되 계속 솟아날 수 있도록 해야 합니다. 정치도 치수治水를 잘해야 하는 것처럼 삶도 물처럼 조절을 잘하면서 살아야 합니다. 재물이 풍족할 때는 없을 때를 생각해서 아껴 써야 하는 것은 없어서 해야 하는 쓰디쓴 고생은 조상도 모시지 못하므로 사람으로서의 도리를 다하지 못하기 때문입니다. 또한 사람으로서 차마 견디지 못할 것은 배고픔입니다. 그러므로 수택절괘는 절도 있는 중정함을 잃어버리지 말라는 중요한 말씀을 담고 있습니다.

▌水澤節卦수택절괘 初초 九구 爻辭효사 ▌

不出戶庭불출호정이면 无咎무구리라.

집안 뜰을 나서지 않으면 허물이 없으리라.

초初 구九 효첫는 집안 뜰을 나서지 않으면 허물이 없다고 했습니다. 이는 자신의 위험한 처지를 잘 헤아리라는 의미와 함께 만약 헤아리지 못하면 자신의 몸을 망치던지 아니면 여러 사람이 다칠 우려도 배제할 수 없다는 말씀입니다. 특히 공자께서는 자신이 살고 있는 곳이 시끄러워지는 것은 말에 질서가 없음을 지적하며 군자는 안에 있을 때도 말을 삼가고 밖이 혼란스러울 때는 더욱 몸조심하며 집안 뜰을 나가는 것조차 삼가야 한다고 했습니다. 나가지 말아야 할 때 나가지 않는 사람은 어떻게 해야 하는지 아는 사람입니다. 이렇게 아는 사람을 우리는 통통한 사람이라고 말을 합니다.

子曰 作易者其知盜乎
자왈　　작역자기지도호

易曰 負且乘 致寇至. 負也者 小人之事也. 乘也
역왈　　부차승　치구지　부야자　소인지사야　승야

者 君子之器也. 小人而乘君子之器 盜思奪之矣.
자　군자지기야　소인이승군자지기　도사탈지의

上漫下暴 盜思伐之矣. 慢藏誨盜 治容誨淫.
상만하폭　도사벌지의　만장회도　치용회음

『易』曰 "負且乘, 致寇至" 盜之招也.
역　왈　부차승　치구지　도지초야

공자께서 말씀하시길 역을 지은 사람은 도적을 부르는 것도 아는구나!
『주역』에 이르길 짐을 지고 또 수레를 타니 도적을 이르게 한다. 짐을 진다는
것은 소인의 행색이다. 탄다는 것은 군자의 인품이다. 소인의 행색이 군자의
것을 타고 있으므로 도적이 빼앗을 것을 생각한다. 위로는 오만하고 아래로
는 포악하여 공격해서 칠 것만 생각하는 것이 도둑이다.
창고를 허술히 하여 열어놓는다는 것은 도둑질을 하라고 가르치는 것이요,
지나치게 얼굴을 꾸미면 음탕함을 알리는 것이다.
『주역』에 말하길 짐을 지고 수레를 탄다는 것은 도둑을 불러들인다고 하셨다.

여기서는 『역경』 40번째에 오는 뇌수해괘의 육六 삼三 효사爻辭를 말씀하고
계십니다.

■ **雷水解**뇌수해 **卦辭**괘사 ▮

解해는 利西南이서남하니 无所往무소왕이어든 其來復기래복이 吉길하고
有攸往유유왕이어든 夙숙이 吉길하니라.

해解는 서남이 이로우니 갈 바가 없거든 돌아와 회복하는 것이 길하고
갈 바가 있거든 빨리 하는 것이 길하니라.

서남쪽으로 가면 이로우나 그냥 할 일 없이 가는 것은 의미가 없습니다. 가
야 할 이유가 없으면 제자리로 돌아오는 것이 길할 것이며 가야 할 이유가
있을 때에는 지체하지 말고 속히 이행하라는 말씀입니다.

上六 ▬ ▬ 公用射隼于高墉之上공용사준우고용지상하야 獲之획지니
无不利무불리로다.

六五 ▬ ▬ 君子군자 維有解유유해면 吉길하니 有孚于小人유부우소인이
리라.

九四 ▬▬▬ 解而拇해이무면 朋至붕지하야 斯孚사부리라.

六三 ▬ ▬ 負且乘부차승이라 致寇至치구지니 貞정이라도 吝인이리라.

九二 ▬▬▬ 田獲三狐전획삼호하여 得黃矢득황시니 貞정하여야 吉길토다.

初六 ▬ ▬ 无咎무구니라.

負且乘부차승이라 致寇至치구지니 貞정이라도 吝린하리라.

짐을 지고 또 탄다. 도적이 이를 것이니 바르게 하더라도 인색하리라.

해괘解卦는 그동안 얼어 있던 땅이 풀리는 것처럼 어려움이 풀려가는 좋은 괘에 속합니다. 그러나 육六 삼三 효사爻辭는 갑자기 풀려 어쩔 줄 몰라 하는 상황을 묘사해 놓았습니다.

명리를 공부하신 분이라면 재생살財生殺의 관계를 생각해 볼 수도 있습니다. 즉, 없는 가운데에서 어렵게 어렵게 살아야 제 수명을 다하며 살 수 있는 사람에게 돈이 갑자기 많아져 부자가 되면 제명대로 살기 어렵다는 경우이겠습니다.

오늘날 주위에서 많이 볼 수 있는 졸부猝富를 생각하면 이해하기 쉬울 법도 합니다. 그동안 찢어지게 가난하다가 주택복권이라도 당첨되어 갑자기 부자가 되면 어찌할 바를 모르면서 돈이 든 포대기를 갖고 어디에 둘지 모르니 항상 몸에 짊어지고 다니는 꼴입니다.

배움이 얕은 소견에 돈만 있으면 무엇이든 안 되는 것이 없다는 생각만 하는 사람입니다. 그런 와중에 많은 돈이 갑자기 생겨 주체를 못하고 있으니 이상한 차림으로 대인의 흉내를 내고 있습니다. 그러므로 보기에도 얼마나 해괴한 모습이겠습니까.

군자가 타는 멋있는 수레를 초라하게 짐을 진 소인이 타고 있는 모습을 상상해 볼 수도 있고 수레를 끌어야 하는 소인이 대인이 타는 화려한 수레를 꼬질꼬질한 모습으로 타고 있다고 상상해 볼 수도 있습니다. 이러한 모습은 격에 맞지 않는 행태로서 어울리지 않습니다. 이렇게 어설픈 차림새의 졸부를 노리고 있는 부류가 바로 도적입니다.

공자님께서 말씀하시길 위로는 오만하고 아래로는 사나운 무리가 도둑이라고 하셨습니다. 그러므로 도둑이 그런 해괴망칙한 차림새를 본다면 놓치지 않고 빼앗을 궁리부터 하게 됩니다. 졸부는 물건만 빼앗기는 것이 아니라 생명의 위협마저 당할 수도 있습니다.

갑자기 돈이 많이 생겨 부자가 되더라도 꼴사나운 모습하며 거들먹거리지 말고 삼가며 살라는 말씀이 여기에 해당됩니다.

"창고를 허술히 하여 열어놓는다는 것은 도둑질을 하라고 가르치는 행위"라 말씀하심은 물건을 훔치는 도둑만 탓할 것이 아니라 물건을 소중히 하며 창고를 단단히 잠그고 관리해야 하는 주인이 열어놓은 책임도 있다는 말씀입니다.

"지나친 몸 단장은 음란함을 나타낸다"는 말은 어떤 차림새도 삼가는 가운데 행해져야 바른 모습임을 말씀하십니다.

무엇이든 삼가며 지나치지 않는 바른 모습은 자신을 위한 책임으로서 도적을 비롯한 나쁜 기운을 부르지 않는다는 뇌수해 육六 삼三 효爻의 효사는 우리가 살아가며 명심해야 할 매우 중요한 내용으로써 공자님께서도 『주역』을 읽으시며 감탄하신 내용입니다.

天一 地二 天三 地四 天五 地六 天七 地八
천일　지이　천삼　지사　천오　지육　천칠　지팔

天九 地十. 天數五 地數五 五位相得而各有合,
천구　지십　천수오　　지수오　　오위상득이각유합

天數二十有五 地數三十. 凡天地之數五十有五
천수이십유오　　　지수삼십　　범천지지수오십유오

此所以成變化而行鬼神也.
차소이성변화이행귀신야

天一 地二 天三 地四 天五 地六 天七 地八 天九 地十 가운데 天 수 다섯, 地수 다섯으로 다섯 자리 수끼리 합하여 얻은 수가 天 수 25요, 地 수 30이 된다. 天 수와 地 수를 모두 합하면 55가 되고 이 수가 변화를 이루는 바 귀신을 행한다.

'천지지수'를 설명해 놓으셨습니다.

- 천지수(天之數) : 1, 3, 5, 7, 9
- 지지수(地之數) : 2, 4, 6, 8, 10

여기서 말씀하신 천지지수는 天 수 25와 地 수 30을 합한 수, 즉 55는 불교의 〈반야심경〉에 나오는 '부증불감'에 해당하는 수이기도 합니다. 더함도 없고 덜함도 없는 수가 천지지수가 되는 것입니다.

이 천지지수 안에는 변화하는 요소와 귀신이 행하는 바가 들어 있다는 말씀입니다. '귀신이 행하는 바'라는 말씀에 의문을 가지는 분이 많을지도 모르겠습니다만, 사실 『주역』을 공부하신 분은 귀신도 무서워하며 근접하지 않는다는 일설이 있습니다. 귀신을 행한다는 것은 귀신처럼 애매모호하여 말과 글로 설명되지 않는 부분의 움직임을 일컫는 말로서 하늘과 땅 사이에 존재하는 모든 음양陰陽의 변화가 이 55 안에서 일어난다는 말이기도 합니다. 보이지 않는 무정無情의 세계까지 말입니다.

그런데 우리는 보이는 세계에서 살아가고 있으므로 실제로 이 55수를 다 쓰지는 않습니다. 뒤에 나오는 대연지수 50에서 1을 뺀 나머지 49수를 쓰고 있습니다. 삶의 세계에서 죽음의 세계로 건너가는 것을 숫자로 이야기한다면 49수를 넘어가는 것입니다. 죽은 망자를 위하여 49제를 지내는 의미도 이 수에 해당합니다. 망자도 완연한 다른 세계로 진입하는데 49일이 걸린다고 보며 49일 동안은 우리와 함께 있다고 보는 것입니다. 절에서 행하는 의식 중에서 49제란 망자가 다른 세계로 가기 전에 부처님 말씀으로 제도하는 의식입니다.

大衍之數五十　其用四十有九. 分而爲二以象兩
대연지수오십　기용사십유구　분이위이이상양

掛一以象三.
괘일이상삼

揲之以四以象四時　歸奇於扐以象閏.　五歲再閏
설지이사이상사시　귀기어륵이상윤　오세재윤

故再扐而後掛.
고재륵이후괘

크게 펼쳐 나가는 수 오십에서 사십구를 사용하며 두 개로 나누고 한 개를
걸어 세 개의 모양을 이룬다.
사계절의 모양으로 네 개씩 헤아리고 남은 것은 윤을 두는 모양으로 손가락
사이에 끼우니 기이함으로 돌아간다. 오년에 두 번 윤을 두는 고로 손가락에
두 번 끼운 것을 모두 셈한 다음 걸어놓는다.

괘를 세우는 엄숙한 행사인 설시*하는 과정을 말씀하셨습니다.

앞에서 말씀하신 천지지수 55는 鬼귀와 神신(陰음 · 陽양)의 수입니다.

대연지수 50이란 크게 펼쳐 나가는 수 50을 말합니다.

대연지수 50은 생수의 끝수 5와 성수의 끝수 10을 곱하여 구한 수입니다
【p131 참조】. 이렇게 구한 대연지수 50을 사용해 50책의 시초*로 설시를 합
니다.

50책의 시초를 가지고 태극수 1을 상징하는 한 책을 빼서 가로로 놓고 나머
지 49개 시초를 먼저 양손에 두 묶음으로 나눕니다. 오른손에 있는 시초 묶
음 중 한 책을 빼 왼손 소지(小指 : 새끼손가락)와 약지(約指 : 약속의 손가락) 사이
에 끼워서 천 · 인 · 지 삼재를 만듭니다. 시초 중 한 책을 제외한 오른손의
것 나머시는 내려놓고 왼손에 있는 시초를 4책씩 세어 나가며 마지막 남은
것을 약지와 중지 사이에 끼운 뒤 나머지는 내려놓습니다(4책씩 세어 나가는
것은 사계절을 의미함). 만약 나머지가 없이 딱 떨어진다면 4책을 끼워야 할

것입니다.

다음 먼저 한 책을 제외하고 내려놓은 오른손의 시초를 4책씩 제외하며 세고 난 나머지를 중지와 검지 사이에 끼운 뒤 끼워진 모든 시초를 합하여 맨 처음 태극수 1책을 가로로 놓은 변 위에 세로로 놓습니다.

다음은 놓고 난 나머지를 한데 모아 또다시 양손으로 두 묶음으로 나누고 먼저 했던 것처럼 오른손에 있는 시초 중 한 책을 빼서 소지와 약지 사이에 끼운 뒤 나머지는 내려놓고 왼손에 쥐어진 시초를 4책씩 세고 난 나머지를 중지와 약지 사이에 끼운 뒤 한 책을 제외하고 내려놓은 오른손의 묶음을 4책씩 제외한 나머지를 중지와 검지 사이에 끼운 뒤 끼워진 모든 시초를 합하여 먼저 세로로 놓여진 옆에 놓습니다〔첫 번째 내려놓은 시초와 두 번째 내려놓은 시초가 섞이지 않도록 해야 합니다〕.

세 번째도 역시 하고 남은 시초를 한데 모아 양손으로 나누어 두 묶음을 만든 다음 같은 과정을 거쳐 세로로 놓여진 두 묶음의 시초 옆에 가지런히 놓으면 가로로 놓인 한 개의 변 위에 세 묶음의 시초를 얻게 됩니다. 제1변에서는 5 아니면 9가 나오고 제2변과 3변에서는 4 아니면 8이 나오게 됩니다. 여기에서 나오는 4와 5 그리고 8과 9 중에서 4와 5는 양의 부호(—)로 8과 9는 음의 부호(- -)로 그립니다.

두 개는 같고 한 개가 다르게 나타난다면 그 다르게 나타난 부호가 대표부호가 되는 것이고, 만약 세 개가 같은 부호로 나타난다면 나타난 그 부호의 기운이 극에 달하여 움직이려 하는 양상으로서 세 개의 부호와 같은 부호를 그리면서 움직이려는 양상의 표시를 해두어야 하겠습니다. 양효가 움직여 음효가 되려 한다면 이러한 모양(▭)으로 표시하고 음효가 움직여 양효가 되려 한다면 (✕)로 표시를 해둡니다.

이러한 과정을 거치면서 여섯 개의 효를 얻게 되며 한 개의 효를 얻는데 세 번의 설시과정을 거침으로써 총 열여덟 번을 시행하게 됩니다. 이를 십팔변성이라 합니다.

우리는 옛부터 이러한 설시 행위를 보고 주책〔책수를 센다〕*을 부린다고 했습니다. 예전 노인이 되어 할 수 있는 일이 적어지게 될 때 자신의 주제에 맞지 않는 일을 하고 있는 것을 보고 젊은 사람들이 뒤에서 주책을 부리고 있다며 비아냥거리고 비하하는 말로 많이 쓰여지곤 했습니다.

◦蓍草시초 톱풀(풀 이름)
◦揲蓍설시 시초 풀을 세어 괘를 내는 행사
◦籌策주책 이리저리 타산한 끝에 생각해 낸 꾀. 籌 헤아릴 주 策 산가지 책
☞ 설시할 때 산가지 개수를 책수라고 읽는다.

십팔변성괘를 도표로 그려보면 다음과 같습니다.

본괘(本卦)   지괘(之卦)

예 雷風恒뇌풍항 之 水風井수풍정

爻	陽:4, 5 陰:8, 9	십팔	爻의	본괘		(지)변괘
位	策 : 잔가지, 대쪽 책	변성	陰陽	恒	변爻	井
上	5 8 4	3	—, --, —	--		--
五	9 8 8	3	--, --, --	--	✖	—
四	5 4 4	3	—, —, —	—	▭	--
三	5 8 8	3	—, --, --	—		—
二	9 4 8	3	--, —, --	—		—
初	5 8 4	3	—, --, —	--		--

생수(生數) : 1, 2, 3, 4, 5(생수의 마지막 수)

성수(成數) : 6, 7, 8, 9, 10(성수의 마지막 수)

$$\begin{matrix} 1 & 2 & 3 & 4 & 5 \\ + & + & + & + & + \\ 5 & 5 & 5 & 5 & 5 \end{matrix}$$

대연수(大衍數) : 5 × 10 = 50

10이라는 숫자는 100, 1000, 10000, 100000⋯⋯ 등의 무한수로 뻗어나갈 수 있는 수로서 대연수 50은 500, 5000, 50000 등으로 크게 넓혀 나갈 수 있는 대연수의 기본수가 됩니다.

시초 50책 중 태극을 상징하는 1책을 제외하는 이유는 태극수는 본체수로서 현상적으로 쓰지 않는 불용수이기 때문이라 하였습니다. 그래서 50개에서 1을 뺀 49수는 천지변화의 묘용을 나타내는 천지 절도수로서 신명계와 현상계를 연결하는 절도수라 하였습니다.

이러한 이치에서 사람이 이승에서 저승으로 가는 기간을 49일로 보고 49제를 지내며 또한 1에서 10 중 7은 변화의 절도수가 되고 변화의 절도수를 곱하면 7 × 7 = 49로서 천지 절도수가 됩니다[신성수 『주역통해』 참조].

오세재윤五歲再閏이라는 말은 5년에 윤달을 두 번 둔다는 의미입니다.

365일을 제외한 나머지를 모아 4년마다 하루씩 2월에 윤일을 두는 것은 태양력이고 오세재윤은 음력을 양력에 맞추려고 윤달을 두는 것입니다.

음력은 다달이 양력보다 하루 정도 적게 가므로 그것을 5년간 모으면 60일

정도 됩니다. 5년에 두 번 윤을 두는데 대개 58일에서 60일을 두고 있습니다[만세력 참조].

다섯 손가락을 5년에 비유하였고 재윤은 설시과정에서 덜어낸 나머지를 약지와 중지 사이에 한 번 끼우고 또 중지와 검지 사이에 한 번 끼우는 두 번의 경우를 말하고 있습니다.

乾之策二百一十有六, 坤之策百四十有四.
건지책이백일십유육   곤지책백사십유사

凡三百有六十當期之日.
범삼백유육십당기지일

건의 책수가 이백십육이요 곤의 책수는 일백사십사이다.
무릇 삼백육십은 한 해의 날수에 해당한다.

건의 책수를 구하려면 양의 대표숫자를 사용하여야 합니다.
양의 숫자는 3이 되고 건괘☰는 양효가 세 개이므로 9가 되겠습니다. 그러므로 9를 팔괘의 대성괘*에 해당하는 양효에 곱한 것을 더하면 이백십육이 나옵니다. 따라서 건의 책수는 이백십육이 됩니다.

> ● 小成卦소성괘 세 개의 효로 세워진 괘(☰)
> ● 大成卦대성괘 여섯 개의 효로 세워진 괘(䷀)

곤의 책수를 구하려면 음의 대표숫자를 사용하여야 합니다.
음의 숫자는 2가 되고 곤괘☷는 음효가 세 개이므로 6이 되겠습니다. 그러므로 6을 팔괘의 대성괘에 해당하는 음효에 곱한 것을 더하면 일백사십사가 나옵니다. 따라서 곤의 책수는 일백사십사가 되겠습니다.

건의 책수 이백십육과 곤의 책수 일백사십사를 더하면 삼백육십으로서 한 해의 날수에 가까운 것입니다.

數	의미	부호, 음양	세 개의 효	陰陽之數
1	태극수, 본체수	◯		
2	최초의 음수	━ ━	2 ━ ━ 2 ━ ━ 소성괘 2 ━ ━	6
3	최초의 양수	━━	3 ━━ 3 ━━ 소성괘 3 ━━	9

순서	1	2	3	4	5	6	7	8
卦爻	重天乾	重澤兌	重火離	重雷震	重風巽	重水坎	重山艮	重地坤
六	━━	━ ━	━━	━ ━	━━	━ ━	━━	━ ━
五	━━	━━	━ ━	━━	━━	━━	━ ━	━ ━
四	━━	━━	━━	━━	━ ━	━ ━	━ ━	━ ━
三	━━	━━	━━	━━	━━	━━	━━	━ ━
二	━━	━━	━ ━	━ ━	━━	━ ━	━━	━ ━
初	━━	━━	━━	━ ━	━ ━	━ ━	━ ━	━ ━
乾之策	효(6位)×괘(八卦) ; 6×8＝48÷2＝24×9＝216							
坤之策	효(6位)×괘(八卦) ; 6×8＝48÷2＝24×6＝144							

二篇之策萬有一千五百二十 當萬物之數也.
이편지책만유일천오백이십　　　당만물지수야

　　『주역』 상경과 하경 두 편에서 꾀한 수는 일만일천오백이십이 되고 이는 만물의 수에 해당한다.

만물의 수를 구해 보겠습니다. 즉, 상경上經과 하경下經에 나와 있는 64괘 384효는 음의 부호와 양의 부호를 세면 개수가 똑같이 섞여 있습니다. 이를 두 부분으로 나누면 192가 됩니다〔이는 만물을 음과 양으로 나누면 거의 비슷한 수로 이루어져 있음을 나타냄〕.

$$合 : 64괘 \times 6 = 384효 \quad 384 \div 2 = 192$$

그러므로 양이 일백구십이, 음이 일백구십이가 됩니다. 대성괘인 팔괘를 양괘와 음괘로 나누어 양괘의 양효에 3을 곱하여 더하면 36이 나오는데 이를 일백구십이에 곱합니다. 그러면 6912가 되죠.

陰卦				陽卦			
坤	巽	離	兌	艮	坎	震	乾
12×2=24	24×192=4608			12×3=36	36×192=6912		

다음 음괘의 음효에 2를 곱하여 더하면 24가 나오는데 이를 192에 곱합니다. 그러면 4608이 나옵니다. 마지막으로 양의 가짓수 6912와 음의 가짓수 4608을 더하면 만물의 수인 11520이 나오는 것입니다.

是故四營而成易　十有八變而成卦.　八卦而小成
시고사영이성역　　　십유팔변이성괘　　　　팔괘이소성

引而伸之.　觸類而長之　天下之能事畢矣.
인이신지　　　촉류이장지　　　천하지능사필의

그러므로 네 단계를 거쳐 완성된 것이 역이요 열여덟 번의 변화를 거쳐서 완성된 것이 괘이다. 소성 팔괘를 끌어서 만나고 펴 나가며 잇닿은 무리끼리 형성된 것은 천하의 모든 일을 능히 잘 해서 마치게 한다.

말씀하신 **사영이성역**四營而成易이란 역이 완성되는데 4단계의 과정을 거쳐 이루어진다는 것을 말하고 있습니다. 여기서 만들어지는 역이란 십팔변성 중 한 변을 말합니다.

◉첫 번째 단계는 50책의 시초 중 태극수 1, 즉 한 책을 빼서 가로로 놓고 49책의 시초를 두 손으로 나누어 가짐.

◉두 번째 단계는 오른손의 시초 중 한 책을 왼손 소지와 약지 사이에 끼우고 나머지는 내려놓음.

◉세 번째 단계는 왼손의 시초를 4책씩 세어 제외한 나머지를 구하여 약지와 중지 사이에 끼움.

◉네 번째 단계는 내려놓은 오른손의 시초를 4책씩 세어 제외한 나머지를 중지와 검지 사이에 끼우고 모두 합하여 가로로 놓인 한 개의 시초 위에 세로로 모아둔다[p131 도표 참조].

십팔변이성괘十八變而成卦란 한 개의 효를 얻는데 세 번의 설시과정을 거치고 여섯 개의 효를 얻으려면 열여덟 번을 해야 한 개의 대성괘가 완성된다는 것입니다.

세 개의 효로 이루어진 소성괘는 여덟 개〔乾兌離震巽坎艮坤〕의 괘를 이루며 이 여덟 개의 괘가 기본이 되어 서로 끌어서 만나고 펴 나갑니다.

닿는 무리끼리 커진다는 것은 팔괘가 팔괘를 만나는 것을 말하며 바로 소성괘가 소성괘를 만나서 이루어진 64개의 대성괘 안에는 천하가 해내는 모든 것이 들어 있어 사람이 하고 싶은 모든 일들을 능히 해내고 잘 마칠 수 있도록 하는 지혜가 들어 있습니다.

顯道神德行 是故可與酬酢 可與祐神矣
현도신덕행　　　　시고가여수작　　　　가여우신의

신의 덕행이 세상의 법칙으로 드러나는 이러한 까닭은 서로 통하기에 가능한 것이며 신의 도움과 더불 수 있다.

『주역』의 덕행을 말씀하신 부분입니다. 음인지 양인지 모르는 신의 도가 뚜렷하게 드러나서 덕을 행할 수 있는 것은 『주역』은 통하는 이치이기에 가능한 것이며 드러나는 신의 덕행으로 도움을 받으니 신과 더불어 함께 할 수 있습니다.

『주역』의 신묘함은 사계절이 통하는 것처럼 두루 통하여 천·인·지 삼재를 막론하고 신의 움직임까지 살필 수 있습니다.

수리철학의 변화에서 오기 때문에 막힘이 없습니다.

보이지 않는 미묘한 관계를『주역』이 드러내어 바르게 일러주는 이치야 말로 무엇을 배워서 그런 유익함을 얻을 수 있겠습니까. 그래서 통치자의 학문 또는 CEO의 학문이라 말하고 있습니다. 필자도 때로는 망설이는 일이 생길 때마다 괘를 내고『주역』을 펼쳐 보면 신기하리 만큼 지금의 상황대로 적중하고 있음을 알 수 있었습니다. 그럴 때마다 마음을 새롭게 다짐하며 곤경에서 벗어나곤 하였습니다. 바로 易에서 드러난 신神의 도움으로 마음이 확장되었던 것이죠.

子曰 知變化之道者 其知神之所爲乎!
자왈   지변화지도자   기지신지소위호

공자께서 말씀하시길 변화의 도를 아는 사람은 신이 하는 바를 아는구나!

불교의 가르침도 무상無常이라 하여 늘 같지 않으니 無무라고 말씀하십니다. 마찬가지로『주역』도 변화의 도를 알려주는 것이지 다른 것이 아닙니다. 변화를 알고 있는 사람은 미리 준비를 할 수 있을 것입니다. 잠시 후에 소낙비가 내릴 것이라는 사실을 아는 사람은 미리 우산을 준비해서 나갈 것이며 추운 겨울이 올 것이라는 사실을 아는 사람은 추운 겨울을 대비해 따뜻한 연료와 식량을 미리 준비해 놓을 것입니다. 독자들에게『주역』을 권하는 필자의 마음도 다름 아닌 준비를 할 수 있기 때문입니다.

『주역』을 가르치시는 모 교수님께서는 젊어서 박정희 대통령을 무척 존경했답니다. 그런데 평소에 회한이 무척 남는 것은 그때 그 어수선한 시절 박정희 대통령에게 과욕을 하시지 말라는 말씀을 드리지 못한 것이 가슴에 한으로 맺혀 있다고 하셨습니다. 그때는 삼십대의 젊은 시절이라 마음속으로만 생각할 수밖에 없었고 불러주시지도 않아서 과욕의 단계를 말씀드릴 수 없었다는 것입니다.

『주역』을 배우면 그렇습니다. 살아가는 어느 시점에서 도달한 지점을 알려주고 당시 상황에서 더 나아가야 하는지 멈추어야 하는지 쉬었다 가야 하는지를 드러내어 알려주며, 더욱 중요한 것은 한계를 알려주는 것입니다.

역사를 읽어 보면 생명의 위협이 갑자기 생기기보다는 평소 자연스런 분위기 속에서 싹이 자라고 있었음을 발견할 수 있으며 임금이 부른다고 좋을 때만 있는 것이 아니므로 들어가고 나아가는 이치를 잘 맞추어 처신하신 분들은 변화의 도道를 알고 계셨습니다.

즉, 역易을 알면 누구에게 물어서가 아니라 스스로 알 수 있고 스스로 할 수 있다는 데 그 의의가 더욱 크다 하겠습니다.

제10장

易有聖人之道四焉, 以言者尙其辭, 以動者尙其
역유성인지도사언   이언자상기사   이동자상기

變, 以制器者尙其象 以卜筮者尙其占.
변   이제기자상기상   이복서자상기점

역에 네 가지 성인의 도가 있으니 말을 하는 사람은 말씀을 높이 숭상하고
움직이는 사람은 그 변화를 숭상하며 그릇을 만드는 사람은 그 모양을 숭상
하고 복서를 하는 사람은 그 점을 숭상한다.

역에 성인의 도가 네 가지 있다는 것은 『주역』의 해석적인 측면에서 네 가
지가 있다는 말씀입니다. 이 의미는 드러나는 측면이 네 가지라는 말씀도
됩니다.

만물의 총체적 근원을 도道라고 한다면 성인 또는 군주의 도란 백성을 다스
리는 근원적인 방도가 될 것입니다.

말씀을 보아야 할 때에는 드러난 괘사와 효사를 높이 숭상해야 하는 것〔기
사_其辭〕이 그 하나요, 둘째는 움직여야 할 때에는 드러난 변화를 높이 받들

어 행해야 할 것[기변_其變]이요, 셋째는 제도 문물[의례나 관습 등] 또는 물리적 도구[그릇이나 기구 등]를 만들어야 할 때에는 드러난 괘상을 첫째로 높이 생각해야 할 것[기상_其象]이며, 네 번째는 복서를 할 때에는 드러난 점[기점_其占]의 의미를 높이 존중해야 한다는 것입니다.

열여덟 번의 설시과정을 거쳐서 한 개의 괘를 얻었다면 괘를 분석하고 풀이하는 측면을 구체적으로 말씀하셨습니다.

주의할 점은 자신이 움직이려고 괘를 내었을 때 드러난 변화를 중심으로 하여 드러난 본괘의 괘상과 괘사 그리고 동효의 효사와 지괘[변한 괘의 효사]의 괘사와 효사를 함께 보아야 합니다.

그러므로 괘를 내는 정황에 따라 중점적으로 무게 있게 살펴보아야 할 것이 있으며 또한 드러난 모든 것을 두루두루 살펴보아서 현재의 정황과 변화하고 난 뒤의 상황을 종합적인 차원에서 분석해야 오류가 생겨날 일이 적을 것입니다.

여기서는 목적에 따라 중점적으로 살펴보아야 하는 관점을 네 가지로 나누었다고 보면 됩니다.

『주역』이라 하면 보통 점을 치는 사람만 필요로 하는 점치는 책이라 알려져 있습니다만 물건을 만들어 먹고 사는 사람, 말을 해서 먹고 사는 사람, 스포츠인처럼 몸을 움직여서 먹고 사는 사람 등 어떤 분야를 막론하고 꼭 필요한 책이 『주역』이라 말할 수 있습니다.

聖人之道성인지도				
四焉사언	言者언자	動者동자	制器者제기자	卜筮者복서자
尙상	辭사	變변	象상	占점

是以君子將有爲也. 將有行也. 問焉而以言
시이군자장유위야   장유행야   문언이이언

其受命也如嚮. 无有遠近幽深 遂知來物.
기수명야여향   무유원근유심   수지래물

非天下之至精 其孰能與於此.
비천하지지정   기숙능여어차

이로써 군자가 장차 무엇을 하려고 함이 있다거나 장차 어디를 가려 하고 있
다거나 묻는 것을 어찌 말로 하겠는가. 메아리처럼 울리는 천명을 받아들여
야 한다.

멀거나 가깝거나 어둡거나 깊거나 관계없이 마침내 오는 온갖 만물을 안다.
천하의 지극한 정밀함이 아닌 어느 것이 이와 같이 능하게 베풀 수 있으리오.

성인 또는 군자는 무슨 계획을 세우거나 들어가거나 나갈 때 자신의 지혜가
미치지 못할 때는 역에 물어볼 수 있어야 합니다.

또 백성을 잘 다스리려면 적절한 펼침이 되어야 할 것입니다.

백성에게 무엇이 필요한지, 백성이 무엇을 원하는지를 군자는 먼저 알아서
백성의 걱정 근심을 덜어주어야 하므로 군자는 『역경』을 마땅히 익혀서 간
직하여야 합니다.

춘추 전국시대의 많은 제자백가〔유가·도가·묵가·법가 등〕들 속에서 유가의
군주가 제일 힘들었을 것이라 추정하는 학자들이 많습니다. 왜냐하면, 유가
의 군주는 항상 세상의 모범적 표준으로 존재해야 했기 때문입니다.

군주가 선창하면 신하들은 따라 불러야 하고 군주가 선도하면 신하들은 뒤
따라야 했습니다. 그러므로 신하와 백성을 함께 거느리며 다스려 나가야 하

는 중책을 맡은 군주는 순간 순간에 올바른 판단을 해야 하는데 결정적인 도움이 되는『역경』은 필수적으로 꼭 익히고 있어야 할 덕목이었습니다. 그래서『주역』은 '통치자의 학문' 또는 'CEO의 학문'이라고 합니다.

나아가고 물러나는 움직임의 기로에선 언제나 최종적으로 역에 물어봄이 당연할 것이며 드러나 일러준 대로 천명으로 알고 받들어야 할 것입니다.

학문을 많이 하여 다방면으로 박식하다 해서『역경』을 익힌 것처럼 다가오는 사물을 알 수 있지는 못합니다.

그래서 다가올 사물을 미리 알고 따를 수 있는『역경』속에는 천하에서 일어나는 세밀한 근원까지 들어 있습니다. 누구를 알고 그 어떤 학문을 익혀야 이처럼 신과 같은 도움을 받을 수 있을까요.

參伍以變 錯綜其數 通其變 遂成天地之文. 極其
삼오이변 　　 착종기수 　 통기변 　 수성천지지문 　 극기

數 遂定天下之象. 非天下之至變 其孰能與於此.
수 　 수정천하지상 　　 비천하지지변 　 기숙능여어차

이리저리 마구 뒤섞여 변하고 또 여러 가지 섞여서 모인 그 수들이 변하고 통하여 이미 천지의 글로 완성되었다.

지극한 그 수는 천하의 모양을 정하여 이루니 하늘 아래 지극한 변화가 아닌 어느 것이 이와 같이 능할 수 있으리오.

상호 대립적, 의존적인 관계를 생각해 볼 수 있습니다. 이리저리 마구 뒤섞여 변한다고 해서 무질서한 변화는 아닙니다. 한 번씩 설시를 할 때마다 시초가 섞이는 모양이 그러하고 또 열여덟 번을 하는 가운데 주어진 책수가

음양으로 가려져 나타났을 때는 이미 세상의 일반 사람들이 주고받는 문자가 아닙니다. 음양【--, ―】의 부호란 이 세상의 문자가 아니면서 포괄적으로 하늘과 땅의 작용을 정밀한 부분까지 나타내고 있는 부호가 되므로 언어로 설명할 수 없는 것도 설명을 가능하게 하는 장점적인 특징을 갖고 있습니다.

초효부터 상효까지 -- ―의 효 중에서 어떤 효가 나올지 아무도 모르며〔이 말은 여섯 개의 효가 언제나 -- 아니면 ―이 나온다는 말임〕 이미 결정된 수로 나타난 괘라면 천하의 일을 나타내고 있는 것입니다.

천하의 일이란 바라보는 입장에 따라서 다른 의미를 갖고 있기 때문에 괘도 일방적인 자신의 입장에서만 보고 결정을 내린다면 오류가 많을 것입니다. 이러한 정황을 알아보기 위해서 괘를 보는 여러 가지 측면을 간단하게 소개하면 다음과 같습니다.

만약 **택화혁**괘가 나왔다면 먼저 호괘를 내어서 내부의 상황부터 알아보는 것이 우선일 것입니다.

예 澤火革택화혁

上下	本卦 본괘	互卦 호괘	錯綜卦 착종괘	倒顚卦 도전괘	配合卦 배합괘
(上卦) 外卦	☱	☱	☲	☲	☵
(下卦) 內卦	☲	☴	☱	☴	☶
	택화혁	천풍구	화택규	화풍정	산수몽

_호괘는 이·삼·사효는 내〔下〕괘가 되고 삼·사·오효는 외〔上〕괘가 되겠습니다. 해보면 천풍구괘가 나옵니다.

_다음은 내괘〔下卦〕와 외괘〔上卦〕의 위치를 바꿔서 보는 겁니다. 즉, 괘의 위와 아래를 바꿔본다는 말입니다. 바꾸면 외괘인 택괘가 내괘가 되고 내괘인 화괘가 외괘가 되므로 그대로 읽어보면 화택규괘가 됩니다.

이를 착종괘라고 합니다.

_다음 효의 위치를 완전히 뒤바꿔보는 것입니다. 즉 초효를 상효로, 이효를 오효로, 삼효를 사효로, 사효를 삼효로, 오효를 이효로, 상효를 초효의 자리에 오게 하면 화풍정괘가 됩니다. 이를 도전괘라 하는데 나타난 택화혁의 면모를 완전히 뒤바꾸어 살펴보는 괘입니다.

_다음은 배합괘를 생각해 보겠습니다. 즉 양의 부호는 음의 부호로, 음의 부호는 양의 부호로 바꿔보는 것입니다. 그래서 택화혁괘의 부호를 바꾸어서 세워보면 산수몽괘가 됩니다〔p148 참조〕.

이렇듯 본괘를 다각도로 보면서 분석해 본다면 다양한 정황을 읽어낼 수가 있습니다.

_다음은 지괘之卦를 살펴보겠습니다. 지괘란 본괘에 동효動爻가 생겨서 변한 괘입니다. 동했다는 것은 움직였다는 뜻이며 움직이면 양은 음으로, 음은 양으로 변합니다.

동효의 위치에 따른 괘의 변화

本卦	初爻動	二爻動	三爻動	四爻動	五爻動	上爻動
택화혁	택산함	택천쾌	택뢰수	수화기제	뇌화풍	천화동인

❶ 택화혁괘의 초효가 동했다면 초효는 양이므로 음이 되겠습니다.

그래서 之卦지괘는 택산함괘가 되었습니다.

❷ 이二효가 동했다면 이효는 음이므로 동하면 양이 되겠습니다.

그래서 之卦지괘는 택천쾌괘가 되었습니다.

❸ 삼三효가 동했다면 삼효는 양이므로 동하면 음이 되겠습니다.

그래서 之卦지괘는 택뢰수괘가 되었습니다.

❹ 사四효가 동했다면 사효는 양이므로 동하면 음이 되겠습니다.

그래서 之卦지괘는 수화기제괘가 되었습니다.

❺ 오五효가 동했다면 오효는 양이므로 동하면 음이 되겠습니다.

그래서 之卦지괘는 뇌화풍괘가 되었습니다.

❻ 상上효가 동했다면 상효는 음이므로 동하면 양이 되겠습니다.

그래서 之卦지괘는 천화동인괘가 되었습니다.

이렇듯 어느 효가 동하느냐에 따라 괘가 달라집니다. 특히 움직이는 동효動

爻를 잘 보아야 하며 변하는 지괘之卦도 잘 살펴보아야 합니다.

움직이느냐 움직이지 않느냐, 즉 동정動靜의 관계 그리고 음은 양으로 양은 음으로 변하는 음양의 관계, 강하냐 부드러우냐의 강유의 관계, 동효가 있느냐 없느냐의 유무의 관계 등에서 생겨나는 길과 흉, 생과 사, 성패成敗, 이해利害, 득실得失 등 상반되는 또는 대립되는 관계가 서로 의존적으로 교감될 수 있다는 것을 알 수 있습니다.

이런 다양한 순서대로 변해 가는 부호【--, ―】들은 천하의 모양을 나타내는 상象으로서 인간 세상의 글자로 할 수 없는 말 속의 세밀한 부분까지도 나타내 주고 있는 신묘한 메시지입니다.

| 천하의 모양 | 陰 死 暗, 夜, 閉, 低, 柔, 曲, 凹, 女, 공간(宇), 界, 멈춤, 小, 짝수, 소극적, 깊다 등 | -- |
| | 陽 生, 明, 晝, 開, 高, 剛, 直, 凸, 男, 시간(宙), 世, 움직임, 大, 홀수, 적극적, 넓다 등 | ― |

사실 필자가 예를 들어 설명한 동효動爻의 움직임은 일부분에 불과합니다. 동효가 없을 수도 있고 때로는 두 개, 세 개, 네 개, 다섯 개 또는 여섯 개 모두 움직일 수 있고 여섯 개의 효 안에서 첫째, 넷째 또는 둘째, 다섯째, 셋째, 넷째, 다섯째 등등 동시에 움직일 수 있는 경우의 수가 많아 다양한 효의 변화를 이루어 나갈 수 있기 때문에 이런 지극한 정밀함으로 천하의 이치를 알 수 있다는 말씀입니다.

설시에서 나타나는 다양한 효의 변화를 판단하는 기준은 『주역』을 공부하는 과정에 속하므로 생략하겠습니다.

세상의 어떠한 학문을 배워야 누구와 더불어 또는 어느 것과 더불어 천하의
일을 제대로 명확하고 세밀하게 의논할 수 있으리오.

易无思也 无爲也. 寂然不動. 感而遂通天下之故
역무사야　　　무위야　　　적연부동　　　감이수통천하지고

非天下之至神. 其孰能與於此.
비천하지지신　　　기숙능여어차

역은 생각이 없다. 하는 것도 없다. 움직이지 않으니 저절로 고요하다.
감응하고 널리 통하는 천하의 연고를 천하의 지극한 신이 아닌 어느 것이
이와 같이 능할 수 있으리오.

하는 것이 없고, 생각도 없습니다. 움직이지 않고 가만히 있는 고요한 역이
라 하여 죽은 것은 더욱 아닙니다. 만물 발생 이전의 본체로서 무위의 경지
를 말씀하셨습니다.

무위無爲의 또 다른 말이 **무사야**无思也, **적연부동**寂然不動입니다.

인간 세상이 아무리 시끄러워도 역은 **무위**无爲 **무사야**无思也 **적연부동**寂然不
動입니다. 거울처럼 고요하게 움직이지 않으므로 그 어떤 일도 통하지 않음
이 없습니다.

비천하지지신非天下之至神에 나오는 신神을 앞에서 이치적으로 풀어보았습
니다만 과학적으로 상식적으로 풀기 어려운 불가사의함, 즉 우리 인간의 혜
지로 풀리지 않는 것까지 풀어 나타내는 통함이 역에 있다고 하셨습니다.

이렇듯 불가사의한 교감까지도 드러내고 있는 『역경』 이외에 어떤 것을 익혀야 누가, 무엇이 이와 같이 출중하게 뛰어나 능하게 할 수 있겠습니까. 없다는 말씀입니다.

夫易聖人之所以極深而研幾也. 唯深也. 故能通天
부역성인지소이극심이연기야   유심야   고능통천

下之志 唯幾也 故能成天下之務 唯神也. 故不疾
하지지   유기야   고능성천하지무   유신야   고부질

而速 不行而至.
이속   불행이지

무릇 역은 성인이 지극히 깊은 곳까지 기미를 연구한 것이다. 오로지 깊음에
있다. 고로 천하의 뜻을 능히 통하는 것은 오직 조짐에 있다.
고로 천하의 일을 능히 이루게 하는 것은 오직 신에 있다.
고로 달리지 않아도 신속하고 행하지 않아도 다하는 것이다.

무릇 역은 **무사야**无思也, **적연부동**寂然不動이지만 성인이 **무위**無爲에서 통하는 기미를 지극히 깊이 연구하였기 때문에 오늘날 우리가 배우고 익힐 수 있는 경(經-말씀)으로 존재할 수 있었습니다.

사실 『주역』을 능숙하게 익혔다고 생각하신 분들 중에는 교주로 있다가 사라진 분도 있었으며, 어떤 종교라고 지칭한다는 것은 마땅하지 못하지만 지금도 우리 주변에 교주처럼, 도사처럼 하고 있습니다.

이처럼 역은 종교의 뿌리가 되기도 하므로 종교적입니다. 일반 사람이 생각했을 때 상식적으로 이해가 가지 않는 부분도 『역경』을 배운 사람 중에는 도를 깨달은 것처럼 보이는 수가 많은 까닭이 여기에 있습니다.

또한 역을 과학적이라 말할 수 있는 연유는 여러 가지가 있지만 수도를 하는데 또는 생활을 하는데 자연에서 발생되는 기운을 사람이 순조롭게 맞추어 가는 기준으로 삼고 있기 때문입니다.

또한 역을 철학적이라 말을 할 수 있는 것은 모든 학문에 필요한 사고의 틀이 되어 문자로 할 수 없는 부분까지 밝게 닿을 수 있게 하기 때문입니다.

그렇게 종교적, 과학적, 철학적으로 바탕이 되고 뿌리가 될 수 있는 것은 일반 사람들은 미처 보지 못하고 알 수 없는 조짐을 정확하게 미리 감지할 수 있기 때문이라 여겨집니다. 그래서 역易이나 격물치지格物致知, 즉 조짐으로 다가올 미래를 알게 된다는 것입니다.

격물치지에 대해서 조금 도움 말씀을 드리겠습니다.

격물치지格物致知란 용어는 『대학』의 "致知在格物치지재격물"에서 유래하였습니다. 격물치지에 대한 해석은 여러 설이 있습니다만 주자학과 양명학의 풀이를 요약해서 말씀드리면 다음과 같습니다.

격물格物, 치지致知, 성의誠意, 정심正心, 수신修身, 제가齊家, 치국治國, 평천하平天下의 여덟 단계 중에서 첫 번째 두 번째 단계로서 주자학에서는 사물의 이치를 연구하여 궁극에 도달하며 후천적인 지식을 명확히 하는 것이라 했고, 양명학에서는 사물에 의지가 있다고 보아 그에 의해서 마음을 바로잡고 부정을 바로잡아 선천적인 양지良知*를 닦는다는 것이라고 했습니다.

●良知양지   배우지 않고도 알 수 있는 타고난 지능

그렇다면 미래에 가보지 않아도 지금 여기서 조짐을 보기 때문에 알 수 있는 것이며 일반 사람과 똑같이 하고 있는 것 같지만 알아서 마음과 행의 준비를 단단하게 하는 것은 다르다는 것을 알 수 있습니다.

역은 가만히 있되 사람으로 하여금 행하게 함이 지극하다는 말씀이 참으로 마음에 와 닿는 지당한 말씀입니다.

子曰 易有聖人之道四焉者 此之謂也
자왈　　　역유성인지도사언자　　　　차지위야

공자께서 말씀하시길 "역에 성인의 도가 네 가지 있다는 것은 이것을 이르는 것이다."라고 하셨다. 【其辭, 其變, 其象, 其占. p143 참조】

〈제10장〉 첫머리 네 가지 성인의 도란 해석적인 측면을 말씀하셨다면 여기서 성인의 도 네 가지란 역을 대하는 성인의 도일 것입니다. 그렇다고 첫머리와 끝머리의 의미가 따로 달리하는 것이 아니라 공자께서는 끝머리를 첫머리로 귀결시켰다고 봅니다.

역을 대하는 성인의 도는 无思무사 无爲무위 極深극심 硏幾연기로 축약할 수 있습니다. 성인께서 바라봄에 역은 생각도 없고 역은 하는 것도 없이 적연부동한 것이었습니다. 그렇지만 이를 지극히 깊이 기미를 연구한 바에 따르면 역은 달리지 않아도 신속하고 행하지 않아도 지극히 다하고 있었습니다. 역은 **적연부동**寂然不動 즉, 아주 고요하여 움직이지 않지만 지혜를 물어오는 사람에겐 바로바로 드러내고 알려주어 사람으로 하여금 실행을 지극히 다하도록 합니다.

다시 한 번 정리하면, 역은 무사 무위 적연부동한 것을 성인이 **삼오이변**參伍以變 한 수를 천하의 모양으로 정하여 깨달은 뒤 지극히 멀고 깊은 것〔극심_極深〕까지 연구하고 궁구하여 그 기미〔연기_硏幾〕를 자세하게 밝혔습니다. 그다음은 **감이수통천하지고**感而遂通天下之故, 즉 마음에 느낌이 와 마침내 통하고 나면 비로소 구하고자 하는 목적에 따라 말씀을 중시하는 사람은 괘사와 효사를 숭상할 것이고 움직임을 중시하는 사람은 그 변화를 숭상할 것이며 문물제도와 관습 및 도구를 만드는 사람은 그 괘상을 숭상할 것이며 점을 중시하는 사람은 복과 서를 숭상하므로 각각 맡은 바 그 역할을 훌륭하게 다할 수 있도록 보여주는 것은 신神이라 하였습니다.

子曰 夫易何爲者也. 夫易開物成務 冒天下之道
자왈   부역하위자야   부역개물성무   모천하지도

如斯而已者也. 是故聖人以通天下之志 以定天
여사이이자야   시고성인이통천하지지   이정천

下之業 以斷天下之疑.
하지업   이단천하지의

공자가 말씀하시길 무릇 역이란 어떤 것인가?

대저 역이란 사람들이 복서로 길흉을 알아내어 그로써 사업을 성취하도록

천하의 이치를 모두 덮고 있는 것은 이것일 뿐이다.

이런 연고로 성인은 천하의 뜻을 통함으로써 천하의 일을 알아서 하고 천하

의 의혹을 판단한다.

만물의 뜻을 개통하여 천하의 사무를 성취하는 것이 **개물성무**開物成務입니

다. 대만의 남회근 선생은 현대어로 표현해서 '개물' 이란 물리세계의 근본

을 찾아내는 것이요, '성무' 란 인생의 근본법칙을 찾아내는 것이라 하였습

니다.

만물의 뜻을 개통하여 천하의 사무를 성취하려면 길흉을 알아내어야 할 것입니다. 역은 천하의 이치를 포괄적으로 덮고 있으니 시초로 길흉을 알아내어 사업을 성취할 수 있습니다. 그러므로 64괘 정도는 능숙하게 익히고 있어야 합니다.

만물의 뜻을 개통한다는 것은 우주 만물의 돌아가는 흐름이 열려 천문, 인사, 지리가 훤하게 통한다는 말로서 『역경』을 모르면 제대로 성취할 수가 없습니다. 그래서 성인은 역에 통달하였으므로 천하의 뜻을 통할 수 있어 알아서 하며 천하의 모든 의혹을 풀어 여실히 밝힐 수 있습니다.

만물을 통달했다는 것은 이理와 상象과 수數에 통달했다는 의미입니다. 三易〔삼역:변역, 간역, 불역〕은 하나로 공존하면서 운행하고 있습니다. 三易이 하나로 보이는 실상 안에는 세 가지 법칙이 존재하는데 첫 번째는 변화하는 원리〔理〕이고, 두 번째는 변화하는 원리에 의하여 뚜렷한 현상〔象〕이 나타나고, 세 번째는 나타나는 모든 현상은 규칙〔數〕이 있다는 것입니다. 즉, 성인은 易 안에 존재하는 理·象·數를 觀관하여 천하의 사무를 성취하니 천하의 이치를 통한 분이십니다.

是故蓍之德圓而神. 卦之德方以知 六爻之義易
시고시지덕원이신   괘지덕방이지   육효지의역

以貢. 聖人以此洗心退藏於密 吉凶與民同患.
이공   성인이차세심퇴장어밀   길흉여민동환

神以知來 知以藏往. 其孰能與於此哉. 古之聰
신이지래   지이장왕   기숙능여어차재   고지총

明叡知神武而不殺者夫!
명예지신무이불살자부

이런 까닭으로 시초의 덕은 원만하고 신묘하다. 괘의 덕은 이치를 널리 알리는 데 있고 여섯 개 효의 뜻은 바뀌는 데 공로가 있다. 성인은 빽빽하게 감추어진 (온갖 고민) 마음을 깨끗하게 씻어 물리치고 백성과 더불어 길흉을 함께 걱정한다. 神으로 다가올 미래를 알고 감춰진 지난 일도 안다. 누가 이와 같이 훌륭하게 함께 할 수 있으랴.

옛날에 총명예지한 신묘한 무인은 살생을 하지 않았던 대장부인져……

시초의 줄기는 대나무 속처럼 비어 있다고 합니다. 이것을 다듬어 50개를 만듭니다. 그중 한 개는 태극수로 남기고 실질적으로 49개를 사용하여 십팔변괘의 과정을 거쳐 한 개의 대성괘가 되는 여섯 개의 효를 얻습니다.

시초의 덕이란 주책籌策 행사의 도구가 되어 吉凶길흉을 가리는 주체가 되므로 베풀어지는 큰 덕은 원만하고 신묘하다고 하였습니다.

십팔변으로 얻은 괘는 미래에 올 것을 알려주는 덕이 있고 각개의 효는 바뀌는 뜻에 吉凶길흉을 알리는 공이 있습니다.

성인은 언제나 항상 마음을 깨끗하게 씻고 비워서 백성과 근심을 함께 나눌 수 있는 준비를 하고 있어야 합니다. 백성에게 근심이 있을 때는 언제나 시초에 물어 미래에 올 것을 미리 알아서 함께 하니 어느 누가 무엇을 배워 이와 같이 능할 수 있겠습니까. 없다는 것입니다.

그리하여 옛날 성인은 듣지 않은 것이 없으며 보지 않은 것이 없으며 통하지 않는 것이 없으며 알지 못하는 것이 없었으니 신묘한 무인은 사람을 죽

● 著草시초 재례를 지내거나 신성한 행위를 할 때 사용했던 풀이다.
오늘날은 시초를 구하기가 힘들기 때문에 대나무를 잘게 잘라
대신 사용하는데 이를 서죽(筮竹)이라고 한다.

이지 않고도 다스릴 수 있었습니다.

역점易占의 신비로움을 나타내고 있습니다. 옛날 성인들은 점占도 신의 명령이라 말하지 않고 인문 질서 속에서 그 의미를 찾아 말하였습니다.

요약하면 역점을 행하여 흉凶길흉을 아는 데는 시초의 공이 있고 괘의 공이 있고 효의 공이 있기에 백성들의 근심을 성인은 시초와 더불어 함께 할 수 있었습니다.

是以明於天之道 而察於民之故. 是興神物 以前
시이명어천지도   이찰어민지고   시흥신물   이전

民用. 聖人以此齋戒 以神明其德夫.
민용   성인이차재계   이신명기덕부

이로써 하늘의 이치가 밝아져 백성들의 연고를 살핀다.

백성을 동원하기 전에는 신물(시초)을 일으킨다.

성인은 부정한 일을 멀리하고 몸과 마음을 깨끗이 하니

생각하건대 신처럼 사리에 밝은 덕이여!

이로써 시초에 물으면 천지의 이치에 밝아져 백성들의 삶을 면밀히 살필 수 있습니다. 백성들과 함께 할 때 하늘로부터 부여받은 사업은 커져 갈 것이며 그리하여 대업을 이루어 나갈 수 있을 것입니다.

백성을 불러 일을 시키기 전에는 언제나 시초에 물어서 하고 집에 있을 때는 항상 몸과 마음을 깨끗이 정돈하고 잡념을 버리고 그야말로 **무사无思 무위無爲 적연부동**寂然不動하는 마음으로 임한다면 **감이수통천하지고**感而遂通天下之故가 되어 그 덕이 신묘하게 빛날 것입니다.

『역경』은 지도자의 학문으로서 지도자의 덕으로 빛난다는 말씀입니다. 신神처럼 밝은 성인의 덕이여!

힘없고 만만한 백성이라 하여 아무 때나 불러서 함부로 부려먹는 것은 폭군이나 거친 도적이 억압하는 것이지 백성을 사랑하는 군자의 다스림이 아니므로 백성을 부르는 시기가 적절한 때인지 백성들의 삶을 충분히 살핀 뒤 도움을 받을 수 있을 때에 불러야 올바른 **민용**民用이라 할 수 있습니다.

是故闔户謂之坤 闢户謂之乾.
시고합호위지곤   벽호위지건

一闔一闢謂之變 往來不窮謂之通.
일합일벽위지변   왕래불궁위지통

見乃謂之象 形乃謂之器 制而用之謂之法.
현내위지상   형내위지기   제이용지위지법

利用出入 民咸用之謂之神.
이용출입   민함용지위지신

이런 고로 닫힌 문을 곤이라 이르고 열린 문을 건이라 이른다. 한 번 닫고 한 번 여는 것은 변이라 이르고 가고 옴이 다하지 않은 것을 통이라고 이른다. 나타난 것은 상이라 이르고 갖추어진 모양을 그릇이라 이르고 다스리고 사용하는 것을 법이라 이른다. 나가고 들어옴에 이롭게 적용되어 백성들이 만족해 하는 것을 신이라 이른다.

한 번 닫고 한 번 여는 것을 변變이라고 한다면, 끊임없이 변하여 그침이 없는 것을 통이라 한다고 했습니다. 이것은 반복되는 음양의 작용입니다. 세상만사 음양의 작용을 벗어난 것은 없습니다. 가장 대표적인 양陽은 남자, 음陰은 여자로서 음양의 만남으로 인하여 음양을 낳음이 어찌 끝이 있겠습니까. 그래서 천지는 음양의 감응이라고 말씀하셨습니다.

음양의 작용을 벗어난 것은 없기에 이 세상에 변하지 않는 것은 없습니다. 그래서 이 세상은 통하게 되고 통하기 때문에 멈춤이 없습니다. 멈춤이 없기 때문에 막히지 않습니다.

건과 곤은 음양을 이루어 가는 주체가 되고 음양의 변통은 바로 건곤의 변통이 되어 닫았으면 열어야 하고 열었으면 닫아야 합니다. 이 열고 닫는 음양의 변통, 건곤의 변통에서 상이 드러나고 모양이 갖추어지고 제작하고 응용하는 법이 생겨납니다. 이에 백성들이 신명을 다하여 즐겁게 살아갑니다. 불러서 일을 시켜도 불평 불만 없이 신명나게 흔쾌히 잘해 냅니다. 여기서의 神은 神命을 말합니다.

闔 합	闢 벽	變변 ⚏ → ⚌ ▭ → ▬▬	通 통	見乃 견내	形乃 형내	制而用 제이용	民咸用 민함용
坤곤 ☷	乾건 ☰	一闔一闢 일합일벽	往來不窮 왕래불궁	象 상	器 기	法 법	神 신

是故易有太極, 是生兩儀. 兩儀生四象, 四象生
시고역유태극　　　시생양의　　　　양의생사상　　　　사상생

八卦. 八卦定吉凶, 吉凶生大業.
팔괘　　　팔괘정길흉　　　길흉생대업

이런 까닭으로 역에는 태극이 있으며 여기서 양의가 생겨나고 양의에서 사상이 생겨나고 사상에서 팔괘가 생겨나고 팔괘에는 길흉이 있고 길흉에서 큰 사업이 생겨난다.

공자께서는 易에 태극이 있다고 하셨습니다. 그후 송나라 때에 와서 주렴계周廉溪 선생이 태극은 무극이라고 말했고 주자朱子가 이를 찬양하며 '구자전서'에 그의 저서〔태극도, 태극도설 등〕를 수록하면서 주렴계 선생이 오늘날까지 전해지게 되었습니다. 같은 시대〔宋代〕육상산〔이름은 구연_九淵〕이란 사람은 공자께서 易에 태극이 있다고 말했는데 왜 '무극'이라 말하느냐는 반론은 주자와 육상산 사이의 학문적 입장 대립을 불러왔습니다. 특히 이 두 사람 사이에 있었던 '아호의회'는 역사적 논쟁으로 전해 옵니다.

여하튼 《계사전 上》에서는 易에 태극이 있다고 했고 양의는 두 부류의 거동이라 했습니다. 두 부류의 거동이란 음과 양의 긴밀한 움직임 그리고 모순과 대립적이면서도 떨어질 수 없는 밀접한 관계를 말하고 있습니다.

두 부류의 거동이 교감을 나누면 네 개의 상〔太陰_태음, 小陽_소양, 小陰_소음, 太陽_태양〕이 나오고 네 개의 상에서 여덟 개의 괘〔乾_건, 兌_태, 離_이, 震_진, 巽_손, 坎_감, 艮_간, 坤_곤〕가 생겼습니다. 이 여덟 개의 괘라는 것은 길과 흉을 정하는 기본이 됩니다. 즉, 팔괘가 팔괘를 만나 64괘를 이루었을 때 온전하게 길과 흉으로 나누어지는데 여기에서의 팔괘란 64괘의 기본으로 크게 본 의미입니다〔p89 참조〕.

이렇게 길과 흉에서 큰 사업이 생겨나는 근원적 과정을 말씀하셨습니다. 이것은 크게는 우주의 생성과도 관련이 있지만 작게는 한 물건의 생성과도 관련이 있어 우주의 한 물건에 속하는 사람이 소우주라는 말은 우주와 사람의 밀접한 관계를 가장 잘 나타낸 말이기도 합니다.

그래서 사람의 대업에도 길과 흉이 생겨나게 됩니다.

是故法象莫大乎天地 變通莫大乎四時. 懸象著
시고법상막대호천지　　　변통막대호사시　　　　현상저

明莫大乎日月 崇高莫大乎富貴.
명막대호일월　　숭고막대호부귀

備物致用 立象成器以爲天下利 莫大乎聖人.
비물치용　　입상성기이위천하리　　　막대호성인

探賾索隱 鉤深致遠 以定天下之吉凶.
탐색색은　　구심치원　　이정천하지길흉

成天下之亹亹者 莫大乎蓍龜.
성천하지미미자　　막대호시구

이런 고로 역법도 천지의 이치보다 크지 못하고 변하고 통하는 것도 사계절의 이치보다 크지 못하다. 밝게 빛나는 모든 것을 매달아 놓아도 태양과 달보다 밝지 못하고 아무리 숭고하여도 부귀만큼 큰 것이 없다.
완벽한 물건을 만들어 사용케 하는 도구가 천하를 이롭게 하여도 성인만큼 이로움을 크게 하지 못한다. 은밀하게 숨어 있는 것을 찾아 멀고 깊은 것을 탐색하고 끄집어내어 천하의 길흉을 정한다. 하늘 아래 열심히 노력하여 이루는 것도 시초와 거북이의 정성만 크지 못하다.

천지의 이치를 담은 것이 역법이라고 하나 천지는 아닙니다. 그러므로 역법도 천지를 능가하지는 못합니다. 변하고 통한다 하나 사계절의 이치보다 명확한 것은 없습니다. 그러므로 변하고 통하는 이치가 분명하다 해도 사계절을 능가하지 못합니다.
세상에 존재하는 모든 전등을 매달아 밝혀도 태양과 달이 뜨면 무색해짐으로 태양과 달을 능가하는 밝음은 없습니다.

태산이 아무리 높다 하여도 부귀만큼 크지 못합니다. 왜냐하면 모든 사람이 부와 귀貴 앞에서는 공손해지기 때문입니다. 그래서 부귀만큼 높은 것도 없다 하였습니다.

문물제도와 관습 그리고 도구들이 모든 사람들을 이롭게 하지만 성인만큼 이로움을 크게 하지 못한다는 것은 성인의 혜지를 능가할 수 없다는 것입니다. 그러므로 시대를 넘어 존경받는 과학자가 많이 계시지만 석가나 공자, 예수를 능가하지는 못합니다.

아주 깊은 곳에 은밀하게 숨어 있는 것을 거침없이 캐내어 끄집어낼 수 있는 갈고리도 미래의 길흉은 끄집어낼 수 없고 날마다 노력하여 태산을 평지로 만든다 해도 길흉을 알리는 시초와 거북이의 정성만 못합니다.

왜냐하면 시초와 거북이는 길흉의 갈림길에서 배의 키가 되고 자동차의 운전대가 되기 때문입니다.

이 부분은 천지와 사계절 그리고 태양과 달, 부귀, 성인, 시초와 거북이의 정성은 우리 인간을 유익하게 하는 공로가 매우 지대至大하여 그 어떤 것도 따를 것이 없다는 말씀입니다.

莫大막대	天地	四時	日月	富貴	聖人	蓍龜
天下利천하리	法象	變通	懸象著明	崇高	立象成器	成亹亹者

是故天生神物　聖人則之.　天地變化　聖人效之.
시고천성신물　　　성인즉지　　　천지변화　　　성인효지

天垂象見吉凶　聖人象之.　河出圖, 洛出書.
천수상현길흉　　　성인상지　　　하출도　　　낙출서

聖人則之.
성인즉지

이런 고로 하늘이 신묘한 물건을 낳으니 성인은 그것을 준칙으로 삼았다.
천지가 변하여 되는 것, 성인은 그것을 본받았다. 하늘이 象상을 드리워 길
흉을 나타내니 성인은 그것을 象상으로 삼았다. 황하에서 나온 용마의 그림
과 낙수에서 나온 거북이의 글을 성인은 그것을 준칙으로 삼았다.

여기서의 성인은 복희씨와 하나라 우禹임금을 가리키고 있는 듯합니다.
복희씨는 황하에 출현한 용마〔머리는 용, 아래는 말의 모양을 한 물체〕의 몸에
나타난 모양을 발견하였습니다. 이를 용마하도龍馬河圖라 합니다.
800~1000년 뒤 하夏나라 우임금은 낙수洛水에서 신령스런 거북이 등에 나
타난 문양을 발견하였습니다. 이를 신구낙서神龜洛書라 합니다. 용마하도의
출현을 河出圖하출도, 신구낙서의 출현을 洛出書낙출서라 하였습니다. 오늘
날 우리가 말하는 도서〔책〕라는 말도 여기서 비롯되었다고 합니다.
신물이란 것은 신묘한 물건으로서 미래를 알려주는 신기한 물건이라는 의
미입니다. 즉, 시초라던지 거북이라던지 오늘날 활용되어지는 점대와 같은
물건인 것입니다. 이러한 물건은 우리가 중대한 사안에 부딪쳐 내리기 어려

天生神物	天地變化	天垂吉凶	河圖洛書
聖人則之	聖人效之	聖人象之	聖人則之

운 결정을 시초나 거북이에게 물어보며 의지하게 되는 것입니다. 그래서 신통과 함께 의통依通이라는 말을 많이 하고 있습니다.

우리 스스로 거북이나 시초의 도움 없이 미래의 길흉을 알 수 있다면 이것은 신통력에서 생기는 혜지이며 신통력이 없는 사람에게는 거북이와 시초에 물어보아서 결정을 내리므로 의통이 됩니다.

그래서 처음 『주역』을 배우고 설시를 배울 때는 신기하기도 하고 재미도 있어 많이 시초점에 의지하기도 합니다만 몇 십년 이상 오래도록 연구하신 분들은 설시를 하지 않아도 알게 되는 경지에 오르게 된답니다.

이런 것은 의통에서 신통의 경지로 가는 한 예가 되기도 합니다.

필자는 《계사전》에 수없이 등장하는 성인에게서 매우 인간적인 동질감을 느낄 수 있었습니다. 성인이라고 하여 인간 세상에서 특출하게 뛰어난 사람이 아니라 우리가 일상생활에서 매일 쓰면서도 모르는 것을 《계사전》 속의 성인은 그것을 알고 있는 존재였습니다.

우리는 일상생활을 하면서 매일 만나도 모르는 것을 《계사전》 속의 성인은 그것을 알고 있습니다. 공자가 설정한 《계사전》 속의 성인은 복희씨, 요임금, 순임금, 우임금, 그리고 주나라 문왕과 주공을 비롯하여 매사, 즉 일거수일투족을 인식하면서 백성의 안위를 걱정하며 더불어 살아가는 군자들 모두를 성인이라 부른 것 같습니다.

모든 사람과 함께 평범하지만 매사를 그냥 지나치지 않고 기미를 살피면서 살아가므로 미래에 대한 예지가 발달되어 있을 것이며 스스로 모를 때에는 신통력이 있는 것처럼 오만하지 않고 때로는 시초와 거북이에 의지하여 물어서 본받으니 높은 데서 내려다보는 성인이 아니라 가까이서 언제나 함께하며 밝혀주는 자상한 어른이 《계사전》 속의 성인이셨습니다 _필자의 소견.

易有四象 所以示也. 繫辭焉 所以告也.
역유사상　　　소이시야　　　계사언　　　소이고야

定之以吉凶 所以斷也.
정지이길흉　　　소이단야

역은 네 가지 상으로 까닭을 보여준다. 매겨진 글귀는 경우를 알려준다.
길흉이란 것으로 정해져 있기에 결단하는 까닭이 된다.

여기서 말하는 네 가지 상이란 길吉, 흉凶, 회린悔吝과 무구无咎를 말하고
있습니다. 각 괘마다, 각 효마다 말씀을 달아놓아 길흉을 알려주고 있으며
우리로 하여금 결단하는데 도움을 주고 있습니다【p68 참조】.

각 괘에는 서괘序卦 괘사卦辭 괘상사卦象辭, 효사爻辭 효상사爻象辭, 단사彖
辭가 있고 건괘乾卦와 곤괘坤卦에는 각각 문언전文言傳이 있습니다.

이렇게 달아놓은 글귀를 보고 읽으면서 자신이 알고 싶은 의문들을 하나하
나 풀어가며 살아갈 수 있으므로『주역』을 알면 후회스러운 삶을 살지 않는
데 도움이 됩니다.

우리는 살아가면서 매사에 결정을 하지 못하고 갈림길에 서서 망설일 때가
많습니다. 잘하는 것인지 아니면 때로는 못하는 것인지 결과가 과연 어떻게
나타날는지…… 등등.

아주 크게 당면하고 있는 문제점에서부터 누구에게 말할 수 없을 정도로 아
주 작고 유치한 문제들까지 쉽게 마음을 편하게 해주는 위력을 가지고 있는
경전이『역경』입니다. 쉽게 떨쳐버릴 수 없어 마음을 불편하게 하는 것들을
딱히 마음을 터놓고 의논할 상대가 없다면 단연코『주역』에 물어보십시오.
그렇다고 돈이 없어 걱정하는 사람 앞에『주역』이 한 보따리 돈을 안겨주는

것은 결코 아닙니다만 상처투성이로 긁혀 있는 삶을 마주하여 자신의 마음이 커져 가는 것을 알 수 있습니다. 자신 앞에 전부로 다가오던 작은 문제점들이 우주의 운행 속에서는 별 것 아닌 양 본인의 마음이 확장됩니다.

조바심하며 애태우던 사건들의 양상을 성인들은 벌써 알고 있었던 양 우회적으로 결단내려 주고 있기에 마음 둘 곳을 찾게 됩니다.

이러한 마력이 있기 때문에 『주역』에 발을 들여놓으면 빠지지 못한다는 말도 있습니다만 단순히 그렇게 말을 하는 사람은 『주역』의 진리를 왜곡하고 있는 사람입니다.

『주역』을 배우면 자신의 천명天命을 알게 되고 『주역』을 배우면 때(時)를 알게 됩니다. 때에 맞는 행동과 때가 왔을 때 모르고 놓치지 않는 용의주도함도 갖추어집니다.

『주역』을 배우면 기다릴 줄을 알게 됩니다. 때가 되지 않았는데 서두른다고 될 일이 없습니다. 마음이 급하다고 꽁꽁 얼어 있는 땅에 씨를 뿌린다고 되지 않을 뿐더러 때가 되었다면 미루지 말고 씨를 뿌려야 합니다.

『주역』을 배우면 원망을 하지 않습니다. 우주의 질서를 알게 되므로 사람의 인생도 우주 질서에 맞게 돌아간다는 것을 터득하게 됩니다.

『주역』을 배우면 과욕을 하지 않습니다.

『주역』을 배우면 사건의 경중輕重을 알게 됩니다.

이와 같이 『주역』을 배워 알게 된 지혜로움은 길흉과 회린을 드러낸 괘사와 효사 등에서 얻을 수 있습니다.

공자께서도 공부를 더 할 수 있는 나이 50이라면 『주역』을 공부하여 남은 인생 큰 과오를 저지르지 않는 삶을 살 것이라 하셨습니다【p347 참조】.

易曰 自天祐之 吉无不利.
역왈   자천우지   길무불리

子曰 祐者助也 天之所助者順也.
자왈   우자조야   천지소조자순야

人之所助者信也. 履信思乎順 又以尙賢也.
인지소조자신야   리신사호순   우이상현야

是以自天祐之, 吉无不利也.
시이자천우지   길무불리야

역에서 말하길 하늘이 스스로 도우니 이롭지 않음이 없어 길하다.

공자께서 말씀하시길 돕는다는 것은 협조한다는 것이다. 하늘이 협조한다는

것은 대순이다. 사람이 협조한다는 바는 믿는다는 것이다. 순順은 믿고 따르

는 마음이구나. 또 어진 사람은 높이 받든다.

이로써 하늘이 스스로 도우니 길하여 이롭지 않음이 없다.

※ 앞뒤 문맥이 맞지 않아 주자는 화천대유上九爻의 뜻을 풀이한 것으로
아마도 착각한 것 같다고 하며, 이 부분의 글귀가8장 끝에 있어야 한다고 하였다.

自天祐之자천우지 吉无不利길무불리란 말은 상경上經 14번째에 오는 화천대
유괘의 상上 구九 효사爻辭에 해당합니다.

▌火天大有화천대유 **卦象**괘상 ▌

▌火天大有화천대유 **卦辭**괘사 ▌

大有대유 元亨원형

대유는 크고 형통하다.

上九 ━━━ 自天祐之자천우지 吉无不利길무불리

六五 ━ ━ 厥孚궐부 交如교여 威如吉위여길

九四 ━━━ 匪其彭비기팽 无咎무구

九三 ━━━ 公用공용 亨于天子형우천자 小人弗克소인불극

九二 ━━━ 大車以載대거이재 有攸往유유왕 无咎무구

初九 ━━━ 无交害무교해 匪咎비구 艱則无咎간즉무구

화천대유火天大有의 길吉한 의미가 상上 구九 효爻에서 완성되고 있습니다.
양陽의 자리에서 유일한 음陰으로 부드러움을 갖춘 위엄 있는 육六 오五 효
爻가 상上 구九 효爻를 받들고 하늘로 높이 있는 상上 구九 효爻는 스스로 육
六 오五 효爻를 도와주니 모든 것이 순리적으로 돌아가 길吉하지 않음이 없
습니다. 게다가 또 어진 사람까지 챙겨 높이 존경하고 받드니 하늘도 스스
로 도와 이롭지 않음이 없어 길吉하다 하였습니다.
하늘이 도우면 이롭지 않음이 없습니다. 우리가 농사를 짓는 데 하늘의 도

움 없이 풍년이 들 수 없는 것처럼 하늘이 적절하게 비를 내리고 해를 비춰
주어야 풍년이 듭니다.

그러므로 하늘이 돕는다는 것은 최고의 행운입니다. 사람의 힘으로 어찌 할
수 없는 것을 하늘이 돕고 있으니 어찌 이롭지 않겠습니까.

그래서 하늘이 돕는 것을 큰 순통〔大順_대순〕이라 하고 사람이 사람을 믿고
따르는 것을 신뢰라 하였습니다.

그러면서 우리는 또 어진 사람을 존경해야겠습니다. 왜냐하면 어진 사람은
하늘의 순리를 잘 아는 사람이기에 그렇습니다.

하늘이 돕고 사람을 믿고 따르며 어진 사람을 높이 받든다면 하는 일마다
길하지 않음이 없을 것입니다.

子曰 書不盡言 言不盡意 然則聖人之意其不可見
자왈　서불진언　　언불진의　　　연즉성인지의기불가견

乎! 子曰 聖人立象以盡意 設卦以盡情僞 繫辭焉
호　 자왈　성인입상이진의　설괘이진정위　　계사언

以盡其言. 變而通之以盡利 鼓之舞之以盡神.
이진기언　변이통지이진리　　고지무지이진신

공자께서 말씀하시길 글은 말을 다하지 못하고 말은 생각을 다하지 못하는 즉
성인의 생각을 알 수는 없는가! 공자께서 말씀하시길 성인은 상을 세워 뜻을
다하니 세운 괘로 진정과 거짓을 다하여 자세히 글귀를 붙여 말을 지극히 진
실되게 하였다. 변과 통으로 이로움을 다하고 북치고 춤추어서 신명을 다한다.

정말 명문입니다. 공자님이 아니면 할 수 없는 기가 막힌 문장입니다. 말은
뜻을 다하지 못한다는 것은 진실을 어떻게 말해야 잘할 수 있을까요. 그래

서 마음을 모두 열어서 진실을 아낌없이 털어놓아도 진실함이 그대로 전달될 수 없습니다. 마음을 올바르게 전달한다는 것, 그것이 그렇게 어려운 것입니다.

말로 설명을 아무리 잘해도 원망을 듣는 일이 우리 인간 세상에는 흔히 있는 일이거든요. 어떻게 말을 하면 나의 진실을 그대로 알릴 수 있을까요. 또한 생각나는 대로 할말 못할 말 다 했을 때는 낭패보기 십상입니다. 그래서 말은 생각을 다하지 못한다고 성인께서 말씀하신 것 같습니다.

글은 말을 다하지 못한다는 것은 하고 싶은 말을 글로 옮기려면 우리는 얼마나 많은 고민을 해야 되겠지요. 그래서 편지 쓰기가 어려운 이유가 여기에 있다고 보며 구어체와 문어체가 다른 이유이기도 합니다. 아무리 말을 잘하는 사람도 글을 쓰는 차원은 또 다릅니다.

말은 흘러가는 경향이 있지만 글은 영원히 찍혀 남아 있는 것이므로 쓰여지는 한계가 없을 수 없습니다. 글을 잘못 쓰면 그 문제는 세월이 가도 사라지지 않아 두고두고 돌아오는 책임은 그 어떤 것보다도 막중한 것이니까요. 그런 연유로 말이나 글로는 뜻을 나타내는데 한계가 있다는 것을 성인은 지적하고 계십니다. 그러므로 한계가 있는 말과 글 대신에 상을 세워서 말과 글로 할 수 없는 뜻까지 나타내고 있습니다.

세워진 상이란 것은 괘를 지칭하고 있습니다. 천하의 모양이 되는 ▬▬과 ▬▬으로[p151 참조] 괘를 세워서 말과 글로 할 수 없는 부분까지 다하도록 하였으며 변통으로 이로움을 나타내었고 그래도 모자라면 북치고 장구라도 쳐서 신명을 다하여 모르는 사람들을 위해 일깨우는 데 성인은 온갖 정성을 아끼지 않는다는 것입니다.

북치고 장구친다는 것은 실제로 치면서 보여주는 제스처의 언어를 비유한 면도 있지만 더욱 중요한 것은 모르는 사람들을 일깨우기 위하여 온갖 방도를 모색하며 신명을 다한다는 뜻입니다.

필자 개인적으로 이 글귀를 너무 사랑하여 《계사전》을 좋아하게 되었고 공자의 인간상을 존경하게 되었습니다. 또한 공자가 『주역』을 얼마나 애독한 분인지도 이 글귀에서 실감할 수 있었습니다.

乾坤其易之縕耶. 乾坤成列而易立乎其中矣.
건곤기이지온야　　　　　건곤성열이이립호기중의

乾坤毁則无以見易. 易不可見, 則乾坤或幾乎息矣
건곤훼즉무이견이　　　　역불가견　　　　즉건곤혹기호식의

건괘와 곤괘는 역의 핵심이구나! 건괘와 곤괘는 갖추어져 나열된 『주역』 그 중심에 서 있구나. 건괘와 곤괘가 훼손되면 역을 볼 수가 없다.

역이 옳게 보이지 않는다는 것은 건괘와 곤괘의 기미가 어쩌다 중지된 것인뎌.

【p118~124 참조】

『주역』의 핵심은 건괘와 곤괘라는 것을 말하고 있습니다. 건괘와 곤괘가 주축이 되어 64괘가 펼쳐지므로 먼저 건괘와 곤괘를 알아야 나머지 괘들을 익히기가 쉽습니다.

62괘의 괘가 건괘와 곤괘 사이에서 나왔다는 것은 자녀가 아버지와 어머니 사이에서 태어났다는 의미와도 같을 것이며 하늘과 땅이 건재함으로써 하늘과 땅 사이에서 살아가는 생물이 마음 놓고 번성할 수 있다는 말과도 같을 것이며 한 가정의 아버지와 어머니가 먼저 바로 서야 한다는 말과도 같습니다. 하늘과 땅 또는 아버지와 어머니가 바로 서지 않아 갈팡질팡 정신을 차리지 못한다면 더 이상 무슨 미래가 열리겠습니까.

是故形而上者謂之道 形而下者謂之器.
시고형이상자위지도　　　　　形이하자위지기

化而裁之謂之變 推而行之謂之通.
화이재지위지변　　　　추이행지위지통

舉而措之天下之民 謂之事業.
거이조지천하지민　　　　위지사업

이런 고로 형이상이란 것을 도道라 이르고 형이하란 것은 기器라 이른다.

된다고 재량할 수 있는 것을 변이라 이르며 헤아리고 행하는 것을 통이라 이

른다.

천하의 백성이 들고 놓는 것, 행동하고 정지하는 것, 이를 사업이라 이른다.

形而上형이상	形而下형이하	化而裁화이재	推而行추이행	舉而措거이조
道도	器기	變변	通통	事業사업

형이상形而上은 추상抽象적으로 모양이 없는 것[無形]을 말합니다.

그래서 도라는 것은 모양은 없지만 존재하는 정신작용이므로 형이상이라

한다고 하였습니다.

형이하形而下란 것은 모양의 틀이 잡혀 있는 것으로써 모양이 있는 것[有形]

을 말합니다. 그러므로 그릇이라고 하는 것은 이루어진 모양이 있는 것을

말합니다. 그래서 사람의 모양을 둥글고 네모난 것, 길고 짧은 것 또는 넓고

좁은 것, 두텁고 얇은 것 등의 여러 가지 형태로 나눌 수 있기 때문에 관상

법은 형이하法에 속합니다.

요약해 보면 형이상이란 정신세계로 보고 형이하란 물질세계, 즉 모양의 틀

이 있는 기器의 세계로 본다는 것입니다.

변이 없이 되는 것은 없습니다. 그런데 여기서 어려운 것은 '재지裁之' 즉, 재량껏이라는 말입니다.

●裁 마를, 재량할 **재**

사실 필자는 젊었을 때 의상衣裳에 관심이 많았습니다. 그래서 기본형〔상의, 하의, 코트, 소매, 카라 등〕을 종류에 따라 수없이 많이 그린 적이 있었습니다. 그렇게 기본형을 익히다 보면 각기 다른 체형의 사이즈에 맞는 옷이 멋지게 만들어지는데 잘 그려진 선을 따라 적당한 시접을 두고 잘라야 합니다. 아까워서 과감하게 잘라내지 않는다면 매끈한 옷이 만들어지지 못합니다. 또 너무 지나치게 싹둑 싹둑 자르다 보면 옷이 되지 않습니다. 그래서 옷은 재단을 잘해야 된다는 말도 있습니다. 구태여 자를 대고 자르지 않아도 숙련된 재단사는 눈으로만 보면서 적정 간격을 재량껏 자르지만 시접 분량이 정확하게 맞아떨어집니다.

모든 것은 규격에 맞도록 짜임새가 있어야 한다는 말로서 생각도 마찬가지 입니다. 아는 것이 아무리 많아도 상황에 맞지 않는 말을 너무 장황하게 늘어놓는다면 아는 것을 바르게 쓰고 있지 못하는 것이 되므로 해당하는 말과 글을 적절하고 능숙하게 맞아드는 한도 내에서 재량껏 써야 합니다. 이것을 잘하는 사람이 통하는 사람으로서 높이 평가받을 수 있습니다. 즉, 사람이든 사업이든 현재, 예전과 달라졌으니 앞으로 어떻게 될 것이다라고 하는 것은 재량껏 추측하는 것이고 그 추측에 잘 맞도록 하여 손실을 보지 않는 사람은 통한 사람일 것입니다.

또 천하의 백성이 정도程度를 알아서 행동하고 정지하는 것, 이를 사업이라 한다고 하였습니다. 행동하고 멈춘다는 것을 쉽게 설명해 보면, 우리가 항상 걷는 걸음도 다리 하나를 옮기고 멈추고 또 다른 다리를 옮기고 멈추는 행위를 계속 반복하는 것이 걸음으로서 천리 길도 한 걸음부터 시작하게 됩니다.

들고 옮기는 행위를 거擧, 두고 멈추는 행위를 조措라 하여 하나씩 다른 행위를 말하는 것이 아니라 중간에 이而를 넣어 옮기고 멈추고, 들고 놓는 반복되는 행위가 계속 이어지는 것을 사업이라 하였습니다.

일반적으로 생각하는 좁은 의미의 사업도 이러한 반복 현상에서 이루어지지 않는 것이 없습니다.

是故夫象 聖人有以見天下之賾 而擬諸其形容.
시고부상　성인유이견천하지색　　이의제기형용

象其物宜 是故謂之象.
상기물의　시고위지상

聖人有以見天下之動 而觀其會通 以行其典禮.
성인유이견천하지동　이관기회통　이행기전례

繫辭焉以斷其吉凶 是故謂之爻.
계사언이단기길흉　시고위지효

이런 고로 무릇 상으로 성인은 천하의 깊이 숨겨진 신비로움을 볼 수 있고 모양에 맞게 모든 것을 헤아린다.

상이란 물건에 마땅한 모양인 고로 상이라 이른다.

성인은 하늘 아래 행해지는 움직임을 볼 수 있어 자세히 살펴 막힘없이 통하므로 전법과 예의에 맞게 행한다.

붙여 놓은 글귀로 길흉을 결단하는 이것을 효爻라고 이른다.

성인聖人이란 어떤 류類에 속하는가.
_『다양한 철학 흐름』〈정단비. 류의 종류와 순자의 수양론 중에서〉

먼저 소인과 군자와 성인에 대한 설명을 순자의 말씀으로 살펴보겠습니다.

소인과 군자의 차이점은 매우 미미하다. 왜냐하면 군자와 소인의 본성은 똑같기 때문이다. 그래서 누구는 사회의 훌륭한 구성원이 되고 누구는 사회의 결속력을 약화시키는 범죄자가 되는 것은 타고난 본성의 문제는 아니라고 본다. 똑똑하면 군자가 되고 능력이 없어 소인이 되는 것도 아니라며 오늘날의 사람 중 스승과 모범에 변화되고 학문을 쌓으며 예의를 따르는 자는 군자가 되고 타고난 성질과 감정대로 행동하며 방자하여 거친 태도에 안주하고 예의를 어기는 자는 소인이 된다.

그래서 군자와 소인은 사회화의 교육과정을 거부하는가 그렇지 않은가에 대한 차이에서 나오는 것이므로 군자가 감당하고 있는 어려움은 교육, 즉 자신의 잘못을 다듬는 과정에서 생겨나는 것이다.

또한 소인은 자신의 잘못을 반성하지 않고 외부에서 잘못을 찾는다(小人 不說於內而求之於外 大略).

군자는 모범에 맞추기 위해 노력하므로 말을 많이 하지 않고 항상 기준에 스스로를 비교하며 조금이라도 어긋나지 않도록 조심스럽게 하는 사람이다.

'군자의 학문은 귀로 들어가서 마음에 모여서 사지에 드러나고 움직임과 멈춤에 나타나니 말을 바로잡고 행동을 움직여서 한결같이 법칙으로 삼을 만하다.'

성인은 쏟아내는 말의 양과 상관없이 항상 류類에 맞는, 즉 항상 적절한 사람이라고 하였습니다. 성인에게 모범의 생성원칙은 몸의 일부가 되어 있는 것이기 때문에 생소한 상황이 닥치거나 다양한 표현을 사용해야 하는 때가 오더라도 망설이거나 고민하지 않으며 그 원칙에서 어긋나는 법이 없다는 것이라고 말하며, 순자는 시대에 따라 도가 다를 수 있다는 논쟁에 반대하며 성인이 시대를 뛰어넘는 지혜를 가진 이유에 대해 설명하고 있습니다.

'성인은 어찌 속일 수 없는가? 답하기를 성인은 스스로 기준을 삼는 자이다. 그러므로 사람으로 사람을 재고 감성으로 감성을 재며 류類로서 류類를 재고 가설로써 결과를 재며 도道로써 일관되게 전체를 보니 예나 지금이나 한결같다고 말씀하셨습니다.

象에 대하여 말씀을 드리자면 상은 모양과 징조, 조짐의 의미를 함유하고 있습니다. 존재하는 사물을 괘의 모양으로 나타내어 보여주는 것을 괘상卦象이라고 하며, 바로 乾건(☰) 兌태(☱) 離이(☲) 震진(☳) 巽손(☴) 坎감(☵) 艮간(☶) 坤곤(☷) 팔괘가 되겠습니다. 팔괘에 사물을 매겨놓은 것이 물상입니다. 즉 ☰건은 하늘이요, ☱태는 못이요, ☲이는 불이요, ☳진은 우레요, ☴손은 바람이요, ☵감은 물이요, ☶간은 산이요, ☷곤은 땅을 의미합니다. 이 여덟 개의 괘상은 괘상끼리 만나므로 64개의 괘상은 물상으로 만나는 것입니다.

하늘에서 비가 내리려면 구름이 끼는 모양의 징조가 보일 것이며 봄이 오려면 훈훈한 바람이 불어올 것입니다. 이처럼 눈에는 보이지 않지만 분명히 존재하는 기운은 언어를 넘어서 전달되는 것이 괘상의 물상입니다.

깊이 감추어져 일반 사람들에게는 쉽게 보이지 않는 상象을 성인은 보고 알아서 행했습니다.

시절을 뛰어넘는 성인의 막힘없는 이치로 매겨놓은 효爻의 글귀를 보고 군자는 길흉을 결단하였습니다【p286『설괘전』, p304『잡괘전』 참조】.

팔괘(八卦)의 형상과 의미

	太極數(1)							
양의	陰(2) — —				陽(3) —			
사상	太陰		少陽		少陰		太陽	
팔괘	☷	☶	☵	☴	☳	☲	☱	☰
순서	8	7	6	5	4	3	2	1
괘명	坤	艮	坎	巽	震	離	兌	乾
물상	地	山	水	風	雷	火	澤	天
괘상	坤三絶	艮上連	坎中連	巽下絶	震下連	離中絶	兌上絶	乾三連
오행	土(−)	土(+)	水(+)	木(−)	木(+)	火(−)	金(−)	金(+)
사람	老母	小男	中男	長女	長男	中女	小女	老父
성질	順,藏	止	陷,潤	入,散	動	麗,煊	說	健,君
신체	배	손	귀	다리	발	눈	입	머리
동물	소	개	돼지	닭	용	꿩	양	말
사상수	6	7	7	8	7	8	8	9

極天下之賾者存乎卦 鼓天下之動者存乎辭.
극천하지색자존호괘　　　　고천하지동자존호사

化而裁之存乎變. 推而行之存乎通, 神而明之存
화이재지존호변　　　　추이행지존호통　　　　신이명지존

乎其人. 默而成之 不言而信存乎德行.
호기인　　묵이성지　　불언이신존호덕행

천하에 지극히 깊이 숨어 존재하는 것이 괘로구나. 천하의 움직임을 두드려
알리는 것은 말씀에 있구나. 된다고 재량되는 것은 변變에 있구나.
헤아리고 행하는 이치는 통通에 있구나.
신이 밝게 존재하는 것은 사람이구나.
묵묵하게 이루어가는 것, 말이 없어도 믿게 하는 것은 덕스런 행동에 있구나.

괘가 지극히 깊이 숨어 있다는 말은 여러 가지로 풀이될 수 있습니다.

하나는 『주역』을 알지 못하는 사람에겐 영원히 숨어서 드러나지 않는다는
것이며 또 하나는 캐내고 캐내어 가도 끝이 없다는 말도 될 것이며 또 하나
는 알 수 없는 우주의 비밀처럼 신비로운 베일에 가려져 있다는 것입니다.

천하의 움직임이란 사소한 개인적인 물음부터 국가적인 대사 그리고 더 나
아가 물건의 움직임까지 포괄하고 있는 움직임으로써 어느 것 하나 해당되
지 않는 것이 없습니다.

배워서 천하의 움직임 중 하나씩 찾을 때마다 그리고 알고자 하는 부분 하
나씩 구할 때마다 원하는 부분의 비밀을 하나씩 내밀어 나타내 보이는 것이
괘상과 효에 실려 있는 말씀입니다.

모든 이치는 음양의 부호가 머금고 있지만 사람들이 알지 못하므로 성인이
괘나 효에 말씀을 달아놓아 쉽게 알 수 있도록 하였습니다.

그리고 길흉의 본보기는 사업의 변變에 있으므로 변變을 주시하여야 하며 움직이는 변화를 헤아려 안다는 뜻은 이치를 통했다는 말과 같을 것입니다. 여기서 신이라고 말씀하신 것은 유일신의 신이나 음귀의 귀신을 지칭하는 것이 아닙니다. 필자 소신껏 신의 밝음을 풀이해 보면 신의 밝음이란 것은 각 개인의 혼이 나타나는 밝음의 정도라고 말씀드리고 싶습니다.

우리가 알고 있는 관상법은 눈·귀·코·입·눈썹·몸·피부·행동 등을 통하여 신神을 보는 법입니다. 신神이 밝고 윤택하여야 건강하고 생명력이 왕성한 사람으로서 마음껏 활동할 수 있는 에너지가 충만한 사람입니다.

사람은 태어나 자라고 어른이 되어 늙어갑니다. 분명히 아이였을 때나 어른이 되었을 때나 늙었을 때나 바로 똑같은 그 사람인데 누구나 각자 내면에 존재하는 바탕 안에서 변해 갑니다. 밥 먹고 움직이는 가운데 세월만 흐른다고 하여 무조건 자라고 늙어가는 것이 아니라 자라게 하고 늙어 가게 하는 보이지 않는 근원적 요소를 필자는 신神이라고 앞에서 설명한 바가 있습니다.

마의선사께서도 "모양이 부족할지언정 신이 충족된 것은 가하나 신이 부족한 잘생긴 모양은 마땅하지 못하다"고 하셨습니다[『마의상법』 안에서_상원문화사 출간].

신의 밝음은 사람에게 가장 잘 나타나겠지만 동물에게도 나타나며 식물에게도 나타납니다. 우리가 나무를 볼 때 푸르고 싱싱한 생명력을 느낄 수 있다는 것은 바로 나무에 윤택한 밝음의 신이 깃들어 있기 때문에 죽지 않고 앞으로도 계속 커나갈 것이라는 것을 알 수 있습니다.

동물도 마찬가지입니다. 하나하나 힘 있게 솟아나온 털과 형형하게 빛나는 눈빛 그리고 먹이를 찾아 어슬렁거리며 집요하게 물고 늘어지는 힘은 특유한 동물의 밝은 신으로 나타납니다. 모든 삼라만상에 존재하는 풀 한 포기, 새끼 알 하나 등 어느 것 하나 예외 없이 생명이 있는 모든 것은 발산되는 자신 특유의 밝은 빛을 가지고 있습니다. 그중에서 특히 사람은 만물의 영장이라 그 영명함을 밝음으로 가장 잘 나타내고 있다는 말씀입니다.

그런 우리 사람에게 무엇보다 중요한 것은 덕스러운 행동이며 말을 하지 않아도 행동이 덕스럽다면 믿을 수 있게 하므로 말보다 중요하고 아름다운 것은 덕스런 행동이라고 하셨습니다.

말보다 중요하고 아름다운 덕이 쌓이고 쌓이면 자신에게 어떤 이로움으로 다가오는가를 곰곰히 한번 생각해 보십시오.

필자는 어떤 계산을 하지 않고 사람을 만나도 좋은 사람을 만나게 되고 머리를 싸매고 연구를 하지 않아도 이치에 들어맞게 되며 모르고 가도 좋은 곳으로 가게 하는 보이지 않는 강력한 힘으로 지배하는 행운이 덕이구나 하는 생각이 들었습니다.

본인이 하는 만큼 알아주는 돌아옴이 작을 때는 덕이 부족한 것으로 생각하고 서운함에 가슴 태워 새까맣게 만들지는 마십시오.

지금부터라도 함께 덕을 쌓아가면 어떨는지요.

周易
계사전

下

八卦成列 象在其中矣. 因而重之 爻在其中矣.
팔괘성열   상재기중의   인이중지   효재기중의

剛柔相推 變在其中矣.
강유상추   변재기중의

繫辭焉而命之 動在其中矣.
계사언이명지   동재기중의

팔괘를 이루어 나열된 그 가운데 상이 있다. 잇닿아 거듭되는 것, 효가 그 가
운데 있다.

강하고 부드러움이 서로 밀어주는 변變이 그 가운데 있다.

메달아놓은 글귀에 명命이 있다는 것은 움직임이 그 가운데 있다는 것이다.

八卦成列	因而重之	剛柔相推	繫辭焉而命之
其中矣	其中矣	其中矣	其中矣
象在	爻在	變在	動在

세 개의 효로 이루어진 한 개의 소성괘가 여덟 개로 열지어 있으며 각각 물상의 의미를 갖고 있습니다.

중첩되어 이어지는 효라는 것은 내괘와 외괘가 같은 수괘首卦를 비롯하여 서로 다른 괘끼리 만나 형성되는 대성괘[수괘 포함]의 경우를 말하고 있는 바로서 64괘를 말하고 있습니다. 그렇다면 64괘 가운데 자신이 알고자 하는 바의 괘상이 있을 것이며 선택된 괘상에는 여섯 개의 효가 있고 여섯 개의 효 가운데 동효動爻에 해당하는 효가 있을 것입니다.

동효는 음효가 움직이면 양효가 되고 양효가 움직이면 음효가 됩니다. 이렇게 강하고 부드러운 기운이 서로 밀어 변하는 이치가 이에 해당하며 이 움직이는 동효에 매겨놓은 말씀이 명命이 된다는 의미입니다[p135 참조].

수괘(首卦-上卦와 下卦가 같은 괘)

괘명 괘상	重天乾 중천건	重澤兌 중택태	重火離 중화리	重雷震 중뢰진	重風巽 중풍손	重水坎 중수감	重山艮 중산간	重地坤 중지곤
上卦	☰	☱	☲	☳	☴	☵	☶	☷
下卦	☰	☱	☲	☳	☴	☵	☶	☷

吉凶悔吝者 生乎動者也. 剛柔者 立本者也.
길흉회린자　　　생호동자야　　　　강유자　　입본자야

變通者 趣時者也.
변통자　　취시자야

운이 좋거나 나쁘거나 후회하거나 인색하다는 것은 움직임이 생겨났다는 것
이구나.
굳세거나 부드럽다는 것은 깔려 있는 근본 바탕이란 것이다.
변하여 통한다는 것은 때를 맞추었다는 것이다.

길吉·흉凶·회悔·린吝에 대하여 말한 부분입니다. 좋고, 나쁘고, 후회하고,
인색함이 생겨날 때에는 일상에서부터 중대한 결정을 내리기까지 크고 작
은 움직임이 있었다는 전제가 깔려 있습니다. 그래서 길흉이란 움직임의 결
과라고 볼 수 있으며, 회와 린도 길과 흉으로 이어지게 됩니다.
예를 들어 길을 묻다가 욕을 먹었다면 묻지 말 것을 하며 후회되다가 자신
이 길을 묻는 사람으로서 무엇인가 잘못되었기 때문에 욕을 먹었다고 생각
한다면 흉이 아니라 회悔가 되어 다음에 그런 일을 되풀이하지 않도록 조심
하는데 도움이 될 것입니다.
만약 뉘우침에 인색하여 같이 욕하고 싸움을 한다면 자신의 성찰에 인색한
것으로 흉이 되어 버립니다.
결과적으로 자신을 깨우치는 순간이 되었다고 생각한다면 회悔 또한 길이
될 것이며 재수가 없다고 계속 비방하고 욕하고 싸우며 이기려 한다면 린吝
이 되어 흉이 됩니다. 아예 움직이지 않았다면, 즉 길을 묻지 않았다면 이런
일은 애초에 일어나지 않았을 것입니다.
굳세거나 부드럽다는 것은 양陽 기운과 음陰 기운을 말하는 것으로 괘를 세
우면 응당 나타나는 양효陽爻와 음효陰爻가 괘상에서 바탕으로 깔려 있음
을 말합니다.
변하여 통한다는 말은 가을이 올 것 같지 않은 찌든 더위에 시원한 바람이

불면 변하여 가을로 통하는 것이며, 살을 에는 추위에 훈훈한 바람이 불면 변하여 봄으로 통하는 것을 말합니다.

趣時者也취시자야. 그때 그때 때를 맞추어 행한다는 것은 봄에 씨를 뿌리고 가을에 거두어들이는 의미로 모든 사업은 때에 맞게 행해졌을 때만이 온전하게 되어 갑니다.

사람도 그런 것으로 태어나 자라오면서 결혼 적령기가 되었을 때 결혼을 하면 때에 맞춰 행해진 것이며 아이를 낳으면 통한 것입니다.

이것이 바로 변하여 통하면 목적하는 바가 이루어질 때가 되었음을 알 수 있습니다. 또한 평소에 소지하고 있던 재능을 그때 그때의 정황에 따라 다양하게 변통할 수 있다면 지혜로워 소유한 역량을 마음껏 발휘할 수 있을 것입니다.

吉凶者 貞勝者也. 天地之道 貞觀者也.
길흉자　　정승자야　　　　천지지도　　정관자야

日月之道 貞明者也. 天下之動 貞夫一者也.
일월지도　　정명자야　　　천하지동　　정부일자야

길하거나 흉하다는 것은 올곧음이 이기는 것이다. 천지의 도는 오로지 자세히 살펴보는 데 있다. 일월의 도는 오로지 밝음에 있다.
그래서 천하의 움직임은 올곧게 일관된다는 것이구나.

吉凶	天地之道	日月之道	天下之動
貞勝	貞觀	貞明	貞一

'길' 하거나 '흉' 하다는 것은 올곧음이 이긴다는 것입니다. 착한 사람이 계속 착하게 한다면 길함이 이길 것이요, 나쁜 짓을 계속해 나간다면 흉이 이길 것입니다. 어느 것이 쌓여 가느냐의 결과로서 무언가 천지의 도에 맞지 않는 것은 두려움을 갖게 하는 말이기도 합니다.

천지의 도가 바르게 보는데 있다는 것은 자칫 잘못 엄청난 왜곡이 생길 수도 있다는 말입니다. 그러한 사례가 많이 생기는 곳은 사이비 종교에서 많이 만날 수 있는데 사실 그러한 종교는 오래 가지 못했습니다.

우리가 모르는 사이에 많은 종교가 생겼다 없어지면서 가슴 아픈 사람들의 애환을 이용하여 슬프게 했다는 이야기가 세간에 많이 떠돌다 사라지기도 합니다. 그래서 도道라는 말로 많은 사람들이 자신이 터득한 장기를 자랑하며 흉내 내는 경우도 있습니다만 바르게 볼 수 있을 때 주제넘는 짓은 하지 않을 것입니다.

일월日月은 태양과 달로서 밝음을 주재합니다. 태양은 강렬한 뜨거운 빛으로 어둠을 걷어내니 양의 빛이요, 싸늘한 달빛은 밤을 밝히니 음의 빛이라 이로써 태양과 달은 밝음의 도로써 만물을 비추지만 음양은 달리합니다.

그래서 일월日月의 도는 오로지 밝음에 있으며 밝음으로 천지를 비추니 만물을 밝게 드러내며 성숙시키고 있습니다.

천하의 움직임이란 낮과 밤, 사계절, 그리고 태양과 달, 별무리들의 움직임이 오로지 일관되게 나아가고 물러나는 올곧음*에 있습니다.

---

*●**올곧다** 곧을 정(貞)의 우리말 풀이로서 흐트러짐 없이 일관되게 나아가는 모양을 말함
● **貞정** 올곧다, 바르다, 오로지

夫乾確然示人易矣 夫坤隤然示人簡矣. 爻也者
부건확연시인역의   부곤퇴연시인간의   효야자

效此者也. 象也者 像此者也. 爻象動乎內 吉凶
효차자야   상야자   상차자야   효상동호내   길흉

見乎外. 功業見乎變. 聖人之情見乎辭.
견호외   공업견호변   성인지정견호사

무릇 건은 틀림없이 그러함을 사람들에게 쉽게 보여주며, 무릇 곤은 유순하
게 그러함을 사람들에게 간단하게 보여준다. 효라는 것은 이러한 것을 본받
는다는 것이다. 상이란 것은 이러한 것을 본뜬 모양이다. 안에서 효상이 움직
이면 바깥으로 길흉이 보이는구나! 움직임은 곧 공업이 변화에 나타나는구
나! 성인의 진심은 매겨놓은 말씀에 나타나는구나!

乾 易	坤 簡	爻 效	象 像

爻 象	내면적	動
	외면적	吉凶 · 功業

《계사전 上》의 중요한 부분을 좀 더 구체적으로 다시 설명하였습니다[p61
참조].

건乾은 강건하여 자강불식自强不息함을 상징하는 괘입니다. 자강불식이란
'스스로 노력하며 쉬지 아니한다' 는 의미로 멈추지 않는다는 뜻이 있습니
다. 태양과 달을 비롯하여 존재하는 모든 것은 멈추지 않고 항상 움직입니
다. 그러므로 때에 맞는 현상이 온누리를 덮습니다.

태양이 뜨는 것, 달이 뜨는 것, 별이 뜨는 것 등 보이고 일어나는 현상들은
틀림없는 확실한 현상으로서 우리가 태양을 매달아 돌리고 달을 매달아 돌

리고 별을 매달아 돌리는 수고로움을 하지 않아도 스스로 알아서 쉬지 않고 움직이며 비추고 있으니 얼마나 쉽습니까. 눈과 비도 저절로 내리죠.

그래서 아침이 오면 틀림없이 저녁이 오고 깊은 밤을 맞이하여 온누리는 쉬게 되는 그러함, 그리고 겨울이 가면 틀림없이 봄이 오는 그러함이 계속 똑같이 반복되어 나아가는 것, 이것이 건의 쉬움을 보여주는 지극한 단면이 되겠습니다.

곤坤은 유순함으로 간단하게 후덕재물厚德財物을 상징하는 괘입니다. 따르는 유순함으로, 덕을 두텁게 하는 간단함으로 풍요로운 재물을 제공합니다. 씨앗을 품고 있는 땅은 하늘이 비를 내리면 비를 맞고 눈을 내리면 눈을 맞으며 태양이 뜨는 낮에는 햇빛을 받고 달이 뜨는 밤에는 달빛을 받으며 그냥 주어지는 대로 따르며 씨앗을 키워 풍성한 열매를 맺는 것이 곤이 간직한 후덕재물입니다.

즉, 곤은 강건한 건의 움직임에 따라 순응하는 간단함으로 모든 만물을 키우며 완성시켜 갑니다.

땅을 후덕재물이라 하는 것은 온갖 생물이 땅을 의지해 살아가듯 사람도 땅을 밟으며 살아갑니다. 높은 건물을 짓기 위하여 몇 길 깊이 파내려가도 땅의 두터움은 잴 수가 없습니다. 아무리 무거운 짐을 쌓아놓아도, 에베레스트와 같은 높고 무거운 산들이 땅을 눌러도, 만물을 무겁다 하지 않고 말없이 싣고 있는 후덕재물의 땅, 한 귀퉁이라도 받아 간직한 채 천차만별의 삶을 영위하며 나아갑니다.

효〔爻 - 점괘 효〕란 효〔效 - 본받을 효〕의 뜻을 갖고 있습니다. '본받는다'는 것은 '전하여 보내는 것을 그대로 따라하다'는 의미로서 효가 전하여 주는 뜻을 본받아 그대로 따른다는 것입니다.

상象을 상(像 – 본뜬모양 상)이라 한 것은 사물을 보고 그 사물의 본을 뜬 듯한 같은 모양을 괘에 접목시켰습니다. 예를 들면 하늘이란 상象을 보고 중천건이란 상像(☰ ☰)으로 본을 떠 하늘의 기운을 상징하였습니다.

상象 안의 효爻에서 길흉의 변화가 일어납니다. 먼저 효를 말씀드리면 음양(--, ―)의 부호 한 개 한 개를 효라고 부르며, 상이란 것은 세 개의 효가 한 개의 괘를 이루어 가지는 사물의 기운을 상이라고 하는데 이렇게 괘 상을 이루는 효의 변화에서 겉으로 길흉이 나타납니다. 이것은 바로 내부의 정서가 얼굴 외부에 나타나는 이치와 안에서 변해 가는 이치에 따라 밖에서 길흉을 알 수 있는 것과 같습니다.

그러므로 세상 이치는 그냥 멈춰지는 것은 없으며 아무리 크게 이룬 공적도 여하튼 안에서 변하여 **공업견호변**功業見乎變이 되었습니다.

수신제가치국평천하修身齊家治國平天下에서부터 권불십년權不十年까지 공업견호변에 해당되는 의미일 것입니다. 그 어떤 공적이나 권세도 정상에 이를 때까지 변해 가고 또한 물러나 평상인으로 되돌아올 때까지 줄곧 변해 가는 것입니다. 그리고 가을의 풍성한 수확의 큰 공업도 변하여 겨울에는 저장되는 것이겠지요.

아주 미미한 변화가 나중의 결과에 지대한 영향을 미치는 것을 성인은 후세를 위한 따뜻한 온정으로 말씀을 매겨놓았습니다. 그것이 **성인지정견호사**聖人之情見乎辭입니다.

天地之大德曰生 聖人之大寶曰位. 何以守位曰仁,
천지지대덕왈생　　　　성인지대보왈위　　　　　하이수위왈인

何以聚人曰財 理財正辭 禁民爲非曰義.
하이취인왈재　　　　이재정사　　　　금민위비왈의

천지의 큰 덕을 말하면 낳음이고 성인의 큰 보배를 말하면 지위(位)다.
자리를 어떻게 지켜가는가를 말하면 어짐(仁)이요 사람을 어떻게 취하는가
를 말하면 재물(財)이다. 재물을 잘 관리하고 말을 바로잡고 금하여 백성들
이 하지 않도록 하는 것을 말하면 의(義)이다.

하늘과 땅의 큰 덕은 뭐니뭐니 해도 번성에 있으며, 어버이의 큰 은혜는 뭐
니뭐니 해도 낳아주심에 있습니다. 생물의 번성만큼, 낳아주심 만큼 큰 은
혜와 덕은 없다는 말씀입니다. 낳는다는 것은 천지의 크나큰 베풂이며 은덕
입니다.

그리고 성인의 보배로운 지위라는 것은 세속의 막강한 권력이 아니라 아마
도 모든 사람들로부터 존경받는 최고의 지위를 뜻한다고 생각합니다.

오늘날 성인의 대열에 속하는 분을 손꼽아보면 공자, 석가, 예수, 마호멧,
소크라테스 등 몇 분 되지 않습니다만 그런 분들의 보배로운 자리란 다름
아닌 피부색과 신분을 떠난 모든 사람들로부터 숭앙받는 지위일 것입니다.

그러나 분명한 것은 공자님께서 말씀하신 《계사전》에서의 성인은 앞에 열
거한 분들을 지칭하는 것이 아니라 복희씨와 요임금과 순임금, 주나라의 문
왕과 주공을 말씀하신 것이라 여겨집니다.

무엇이 그분들을 숭앙받게 하겠습니까. 그것은 인자仁慈, 자비慈悲, 자애慈
愛 등 여러 가지 의미로 해석될 수 있습니다만 《계사전》에서의 공자님은 인

仁을 말씀하셨습니다. 성인은 모든 사람들을 위하여 인하였고 모든 사람들의 성품 속에 있는 인仁을 알게 하였고 모든 사람들을 인仁으로 살아가도록 가리키셨습니다.

일반적으로 우리도 작지만 한 가정을 원만하게 지켜 나가려면 인仁이 소중하다고 할 것입니다. 그래서 성인께서도 직장에서의 지위를 비롯하여 모든 관계 속에서 자신의 자리를 굳건히 지켜 나가도록 하는 힘은 인仁에서 나온다고 하였습니다.

그렇다면 사람을 취하려면 무엇이 있어야 사람들이 몰려들겠습니까. 말씀하시기를 '재물'이라 하셨습니다. 자고로 예나 지금이나 먹을 것과 돈이 있는 곳에는 언제나 사람이 들끓었습니다. 이 말은 재물이 많이 있는 곳에는 사람들이 많이 모여든다는 뜻으로 그만큼 사람들의 뇌를 강력하게 지배하고 있는 것은 먹는 것과 돈을 비롯하여 재물이라는 말씀이십니다. 그러므로 인재를 취하려고 할 때에는 재물을 많이 쓰면 자동적으로 사람들이 많이 모여들기 마련입니다.

오늘날도 그렇습니다. 우리는 누구나 먹고 입고 자손을 키우며 살아가야 하기 때문에 아무리 아이템이 좋아도 돈이 없으면 사람 구하기가 어렵습니다. 그렇듯 재물은 참으로 좋은 것입니다. 많은 재물을 가지고도 쓰지 않는다면 사람이 모여들 까닭이 없지요. 어쩌면 이 글귀에는 인재를 얻으려면 재물을 쓰라는 말도 되고 있는 재물도 쓰지 않는다면 인재가 모여들 까닭이 없다는 말씀도 됩니다. 그러므로 재물이 있다면 당연히 써야 한다는 의미도 포함한다고 생각합니다.

『장자莊子』〈도척盜跖편〉에 부富에 대한 명쾌한 내용이 있어 소개합니다.

莊子장자 盜跖도척 夫富於人부부어인, 無所不利무소불리. 窮美究
勢궁미구세. 至人之所不得逮지인지소부득체, 賢人之所不能及현인지
소불능급. 俠人之勇力而以爲威强협인지용력이이위위강, 秉人之知謀
以爲明察병인지지모이위명찰, 因人之德以爲賢良인인지덕이위현량,
非享國以嚴若君父비향국이엄약군부.

무릇 사람에게 있어서 부富란 이롭지 않은 바가 없다. 부富는 다하여 아름답고 끝없이 위력 있다. (재물을 소유한 사람은) 따라가 얻지 않아도 지극히 훌륭한 사람이요 능하게 쫓아가지 못해도 현명한 사람이다. 날쌘 용기와 강한 위세로 대장부다운 사람으로 명확하게 살피면서 꾀할 줄 알아 사람들을 잡는다(재물의 위력을 말하고 있음). 다른 사람의 덕으로써 어질고 착하게 되어 왕위를 받은 것은 아니나 위엄이 군부君父_임금과 아버지와 같다.

재물이 있고 재물을 따라 사람이 모여든다면 일차적으로 재물을 규모 있게 잘 관리하여야 하는 것은 당연할 것이며 따라서 말썽이 생기지 않도록 바른 말을 쓰도록 꾸준히 바로잡아 나가야 할 것입니다. 그렇게 다스림의 틀을 올바르게 잘 잡아 나가도 시간이 지나다 보면 자연히 좋은 사람, 나쁜 사람, 좋은 일, 나쁜 일이 생겨날 것이며 그러다 보면 질서를 위한 규칙이 마련될 것이며 여러 사람들을 위하여 하지 말아야 될 일도 생겨날 것입니다. 이러한 것은 모든 사람들을 편안하게 다스리기 위한 것으로서 백성으로 하여금 하지 않아야 될 일은 하지 못하도록 해야 합니다. 이는 올바름을 주관하므로 의義라 말한다고 하셨습니다.

古者包犧氏之王天下也. 仰則觀象於天 俯則觀
고자포희씨지왕천하야   앙즉관상어천   부즉관

法於地. 觀鳥獸之文 與地之宜. 近取諸身 遠取
법어지   관오수지문   여지지의   근취제신   원취

諸物 於是始作八卦. 以通神明之德 以類萬物
제물   어시시작팔괘   이통신명지덕   이류만물

之情.
지정

옛날 포희씨가 천하의 왕이었다. 우러러 하늘의 상을 살피고 구부려 땅의 법

을 살폈다. 새와 짐승을 자세히 살핀 글은 땅과 더불어 마땅하였다.

가까이는 몸에서 취하고 먼 것은 모든 사물에서 취하여 여기서부터 팔괘가

시작되었다.

이로써 신명이 통하여 덕이 되었고 이로써 만물의 진상眞相이 류類가 되었다.

《계사전 上》〈제4장〉에서 다루어졌던 팔괘에 관한 내용으로서 여기에서는

사람과 팔괘가 처음 만나기 시작한 것을 설명하였습니다.

옛날에 있었다고 하는 포희(복희)씨는 천하를 다스리는 통치자였습니다. 백성을 사랑하는 마음이 돈독하여 앉으나 서나 백성들 생각뿐이었습니다. 그래서 고개를 들어 하늘을 보고 사람에게 필요하고 유익한 상을 관찰하여 살피고, 구부려 땅을 보고 다스려지는 법을 관찰하며 살폈습니다. 그리하여 무리를 지어 함께 하는 새나 짐승의 살아가는 현황은 땅에서 궁구한 나머지 마땅하였고 가깝게는 몸에서 취하고 멀리서는 사물에서 취하였습니다.

즉, 상象을 보고 본 뜬 상像을 매기기 위하여 가까운 것이나 멀리 있는 것이나 가리지 않고 살피고 관찰하여 팔괘를 분류하기 시작한 것입니다.

하늘을 보고(☰) **건**乾 – 하늘,   **못**을 보고(☱) **태**兌 – 못,

불을 보고(☲) **이**離 – 불,   **우레**를 보고(☳) **진**震 – 우레,

바람을 보고(☴) **손**巽 – 바람,   **물**을 보고(☵) **감**坎 – 물,

산을 보고(☶) **간**艮 – 산,   **땅**을 보고(☷) **곤**坤 – 땅으로 하였습니다.

사람의 몸을 소개하자면 다음과 같습니다.

건乾 ☰ – 머리	**태**兌 ☱ – 입	**이**離 ☲ – 눈
진震 ☳ – 발	**손**巽 ☴ – 허벅지	**감**坎 ☵ – 귀
간艮 ☶ – 손	**곤**坤 ☷ – 배로 매겼습니다.	

새와 동물로는 다음과 같습니다.

건乾 ☰ – 말	**태**兌 ☱ – 양	**이**離 ☲ – 꿩
진震 ☳ – 용	**손**巽 ☴ – 닭	**감**坎 ☵ – 돼지
간艮 ☶ – 개	**곤**坤 ☷ – 소로 매겼습니다.	

_【p180 참조】

성인이 이렇게 자연의 상을 보고 본 떠서 매긴 것은 백성을 사랑하여 덕을 베풀고자 궁구한 결과였습니다. 신령스러운 하늘과 땅의 기운을 통하여 사물의 참된 모습과 실제의 형편대로 존재하는 만물을 분류하여 알 수 있도록 괘의 틀을 잡았습니다. 그래서 팔괘는 유기체적 부호논리로서 어디에든 다 적용할 수 있는 것입니다.

作結繩而爲網罟 以佃以漁 盖取諸離.
작결승이위망고　이전이어　개취제리

包犧氏沒 神農氏作 斲木爲耜 揉木爲耒.
포희씨몰　신농씨작　착목위사　유목위뢰

耒耨之利以敎天下 盖取諸益.
뢰누지리이교천하　개취제익

日中爲市 致天下之民. 聚天下之貨交易而退
일중위시　치천하지민　취천하지화교역이퇴

各得其所 盖取諸噬嗑.
각득기소　개취제서합

神農氏沒 皇帝堯舜氏作. 通其變 使民不倦
신농씨몰　황제요순씨작　통기변　사민불권

神而化之 使民宜之. 易窮則變 變則通 通則久
신이화지　사민의지　역궁즉변　변즉통　통즉구

是以自天祐之 吉無不利. 皇帝堯舜垂衣裳而天
시이자천우지　길무불리　황제요순수의상이천

下治 盖取諸乾坤.
하치　개취제건곤

刳木爲舟 剡木爲楫 舟楫之利. 以濟不通 致遠
고목위주　섬목위즙　주즙지리　이제불통　치원

以利天下 蓋取諸渙.
이리천하　개취제환

服牛乘馬 引重致遠以利天下 蓋取諸隨.
복우승마　인중치원이리천하　개취제수

重門擊柝以待暴客 蓋取諸豫.
중문격탁이대폭객　개취제예

斷木爲杵 掘地爲臼 臼杵之利. 萬民以濟 蓋取諸
단목위저　굴지위구　구저지리　만민이제　개취제

小過. 弦木爲弧 剡木爲矢 弧矢之利. 以威天下
소과　현목위호　섬목위시　호시지리　이위천하

蓋取諸睽.
개취제규

上古穴居而野處 後世聖人易之以宮室.
상고혈거이야처　후세성인역지이궁실

上棟下宇 以待風雨 蓋取諸大壯.
상동하우　이대풍우　개취제대장

古之葬者 厚衣之以薪. 葬之中野 不封不樹
고지장자　후의지이신　장지중야　불봉불수

喪期无數. 後世聖人易之以棺槨 蓋取諸大過.
상기무수　후세성인역지이관곽　개취제대과

上古結繩而治 後世聖人易之以書契. 百官以治
상고결승이치　후세성인역지이서계　백관이치

萬民以察 蓋取諸夬.
만민이찰　개취제쾌

노끈을 엮어 그물을 만들어 사냥을 하고 고기를 잡는데 밎추이 이괘(離 ䷝)
를 취하였다.

포희(복희)씨가 가고 신농씨 시대에 이어서 나무를 깎아 보습(쟁기 날)을 만들었고 나무를 다듬어 쟁기를 만들었다. 천하로 하여금 쟁기와 괭이로 이롭게 하는데 맞추어 익괘(益☲)를 취하였다.

한낮에는 시장을 열어 천하의 백성을 모아 천하의 돈을 취하게 하여 물품을 서로 물리고 교환하며 장사하여 각각 바라는 바를 얻는데 맞추어 서합괘(噬嗑☲)를 취하였다.

신농씨가 가고 황제 요순시대에 이르니 변하고 통하여 관리자와 백성이 게으르지 않는 신기한 변화가 일어났고 백성은 마땅히 받아들이고 수용하였다. 역은 궁한 즉 변하고 변하는 즉 통하고 통하는 즉 오래하여 이로써 하늘도 스스로 도우니 운이 좋아 이롭지 않음이 없었다. 황제인 요임금과 순임금은 몸에 드리워지는 치마를 입고 천하를 다스린 데 맞추어 건괘(乾☰)와 곤괘(坤☷)를 취하였다.

나무를 도려내고 홈을 파서 배를 만들고 나무를 깎아 노를 만드니 배와 노가 이롭게 하였다. 갈 수 없는 곳을 건너게 하고 멀리까지 다다르게 하여 천하를 이롭게 한데 맞추어 환괘(渙☴)를 취하였다.

소를 활용하고 말을 타며 거듭 바로잡으려 멀리까지 다스리니 천하를 이롭게 한데 맞추어 수괘(隨☱)를 취하였다.

거듭되는 대문마다 밀고 차는 사나운 객을 대비한데 맞추어 예괘(豫☷)를 취하였다.

나무를 잘라 공이를 만들고 땅을 우묵하게 파서 절구를 만들어 공이와 절구로 이롭게 하여 모든 백성을 구제한데 맞추어 소과괘(小過☳)를 취하였다.

나무에 시위를 달아 활을 만들었고 날카롭게 깎아 화살을 만들었다. 활과 화살로 천하를 위엄 있게 다스린데 맞추어 규괘(睽☲)를 취하였다.

오래전 옛날에는 들에서 머물고 움집에서 살았다. 이후 성인이 궁실로 바꾸었다. 마룻대를 올리고 서까래를 얹어서 바람과 비를 막았는데 맞추어 대장괘(大壯䷡)를 취하였다.

옛날 죽은 사람을 장사 지낼 때는 섶으로 두껍게 싸서 들판 한가운데 장사를 지냈는데 나무도 심지 않았고 봉분도 만들지 않았고 슬퍼하는 기간도 생각하지 않았다. 후세에 성인이 시체를 넣는 속 널과 겉 널을 쓸 수 있도록 바꾼데 맞추어 대과괘(大過䷛)를 취하였다.

아주 오랜 옛날 노끈을 엮은 매듭을 보고 다스렸으나 후세의 성인은 관리들이 글자로 사물을 표시하도록 바꾸어 백성을 살피고 다스린데 맞추어 쾌괘(夬䷪)를 취하였다.

《계사전 下》 중에서 가장 많은 의문이 드는 부분의 하나이지만 규명하기가 어려운 부분이기도 합니다. 어떤 분은 괘를 보고 생활도구를 만들어 취하였다고 합니다만 필자는 그렇게 보지 않았습니다.

이 내용의 주요 흐름은 생활문화와 괘상의 관련입니다. 필자는 다른 분들과 달리 생활문화의 측면에서 괘의 발생이 있다고 보았습니다.

왜냐하면《계사전 下》〈제1장〉에서 가까운 것은 몸에서 취하였고 먼 것은 사물에서 취하였다는 내용이 있으며, 또한 성인이 상〔象 - 모양 상〕을 상〔像 - 그림 상〕으로 본떠서 매겨놓을 때 지극히 궁구한 결과로 볼 수 있기 때문입니다.

위와 아래와 사방팔방을 둘러보며 지나간 현상과 다가온 현상, 그리고 다가올 현상들을 세밀하게 무수히 관찰하고 연구하신 것입니다. 더불어 생활을 하면서 대성괘의 의미를 취하였지 대성괘의 의미가 만들어지고 난 뒤에 그 괘를 보고 생활방식을 취하게 됐는지 이해가 가지 않는다는 분들의 말씀도 들었습니다.

필자 역시 이분들의 생각과 같아서 이분들의 생각을 따랐습니다. 따르게 된 결정적인 이유를 하나 더 말씀드린다면, 오늘날까지 『주역』은커녕 괘 하나도 모르고 살아가는 밀림의 원주민들도 통나무를 파서 배를 만들어 강을 건너 다니며 살고 있고 화살과 화살촉을 만들어 사냥하며 그물을 만들어 고기도 잡고 절구를 만들고 공이를 만들어 딱딱한 것을 빻아 식생활을 하고 있다는 것이 여실히 드러났기 때문입니다.

부족끼리 모여서 살고 있는 곳마다 포악하고 사나운 사람들이 있어 다스리는 규칙과 법이 생기고 삶이 있으면 죽음이 있으므로 죽은 사람을 치르는 의식은 다르지만 나름대로 존재하고 있었습니다.

옛날의 그러한 원시적인 모습들이 성인의 덕으로 괘가 만들어지면서 문자가 있는 문명으로 활발하게 싹이 트고 발전하기 시작하였다고 보는 것이 매우 타당하다고 생각합니다.

사실 포희(복희)씨와 신농씨와 요임금, 순임금, 우임금까지는 남아 있는 문헌이 없어 연구하는 데 어려움이 많다고 합니다. 은나라 역시 자료가 많지 않다고 알고 있습니다. 그래서 전설과 야사野史의 범위를 벗어나지 못하고 있는 실정이기도 합니다.

'와타나베 소슈'는 『중국 고대문양사中國 古代文樣史』에서 복희씨伏羲氏 이전에 수인씨가 있었다고 하며, 수인씨 대신에 복희씨가 다스렸다고 전해진다고 했습니다. 복희씨는 포희씨庖犧氏라고도 전해지며, 포희씨는 수인씨를 대신해서 정사를 집행하여 서민들을 인도하였다고 했습니다.

포희씨는 감숙성에서 태어난 인물로 하남에 도읍하여 선양을 받았으며 희생을 조리條理하여 서민들을 기쁘게 하였으므로 포희라 부르게 되었다고 합니다.

우리나라의 고기古記를 『역대제왕록_중국 상해출판사』에서 태호 복희씨에 대해 다음과 같이 말하고 있습니다.

태호 복희씨(BC 3528 - 3413)는 "배달의 동방 9족 가운데 풍이족 출신으로 풍씨風氏의 시조이다. 그는 환웅의 배달국 시대 제 5대 '태우의' 천황의 12번째 막내아들이다. '태호'는 복희의 호이며 '크게 밝다' 하는 의미이다. 그는 河圖를 계시 받아, 팔괘를 최초로 작성한 역철학의 창시자이며 우주의 변화 원리를 음양과 팔괘 이치로 처음 밝힌 사람이다. 따라서 역경은 중국이 아니라 우리 민족에서 시작되었다. 더하여 후대에 중국에서 역경을 계승 발전시켰던 성인과 학자들(문왕, 주공, 공자, 소강절 등)도 모두 동이족東夷族 혈통이라 한다."

- 條理조리   일, 행동, 말의 앞뒤가 맞고 체계가 서는 갈피
- 犧牲희생   ❶ 천지 묘사(廟社)에 제사 지낼 때 바치는 산 짐승
          ❷ 신에게 제사 지낼 때 죽이는 짐승
          ❸ 동물이나 식물을(극히 드물지만) 위하여 자신의 몸을 돌보지 않음

여기서는 ❶, ❷의 의미로 쓰였다고 봅니다.

제3장

是故易者 象也. 象也者 像也. 彖者 材也.
시고역자 상야 상야자 상야 단자 재야

爻也者 效天下之動者也. 是故吉凶生而悔吝著也.
효야자 효천하지동자야 시고길흉생이회린저야

그러므로 역이란 것은 상이다. 상이란 것은 본뜬 것이다. 단이란 것은 괘의
바탕을 잘 헤아린 도리이다. 효라는 것은 천하의 움직임을 본받은 것이다.
이런 고로 길흉이 생겨나고 작은 과실(悔吝)이 분명해진다.

천지를 나타낸 것이 역이라 하였습니다. 천지에는 드리워지는 상이 있습니
다. 하늘과 땅 사이에 드리워지는 모양(象)을 음양이라는 부호로 본 떠서
상像으로 나타내었습니다. 그 부분에 대하여서는《계사전上》과《계사전下》
〈제1장〉에서 거듭 설명드린 바 있으므로 참조하여 주시기 바랍니다.

'단'이라는 것은 〈단사〉를 말하는 것으로 각 괘사를 풀이한 글입니다. 그러
므로 괘사를 이해하는 데 있어서 괘사를 이루는 바탕을 좀 더 쉽게 헤아릴
수 있도록 풀이한 말씀이 단사彖辭가 되겠습니다【p71 참조】.

'효爻'는 움직임이 중요하므로 동효動爻를 잘 살펴야 합니다.

왜냐하면 움직임에 길과 흉이 달려 있기 때문입니다. 그래서 효爻의 움직임은 천하의 움직임을 본받은 것이라 하였습니다.

효가 움직이면 길흉이 생겨나고 더불어 의식하지 못했던 작은 과실(悔吝)들을 뚜렷하게 드러내어 보여줍니다. 회悔라는 것은 후회하고 뉘우치는 것이라면 린吝이란 인색함을 말하는데 아마도 본인의 그릇된 아집我執, 즉 넉넉한 마음으로 수용하지 못하고 반성하기를 꺼리는 인색한 마음을 두고 말하는 것 같습니다.

예를 들어 말씀드리겠습니다.

효사爻辭에서 '위태롭게 하면 길할 것이라 했다'면 뉘우치는 마음으로(悔) 위태 위태하다 생각하고 조심해서 한다면 凶흉하지 않을 것이라는 말이고 또한 '가면 흉하다'고 했다면 가르침을 받아들여 가지 않아야 하는데 무시하고 가는 것을 인색하다고 말했습니다.

즉, 린吝은 하지 말아야 할 것을 했을 때는 좋을 것이 없다는 말입니다.

우리의 목표가 우리 주위에서 벌어지는 사건들과 우리 자신의 관련성을 좀 더 완벽하게 이해하고자 한다면 최소한 凶흉한 길은 걸어가지 않으리라 생각합니다.

제4장

陽卦多陰 陰卦多陽. 其故何也
양괘다음　　음괘다양　　기고하야

陽卦奇 陰卦耦. 其德行何也
양괘기　　음괘우　　기덕행하야

陽一君而二民 君子之道也.
양일군이이민　　군자지도야

陰二君而一民 小人之道也.
음이군이일민소인지도야　　소인지도야

양괘는 음이 많고 음괘는 양이 많다. 무슨 까닭인가?
양괘는 홀수이고 음괘는 짝수이다. 덕행은 어떠한가?
양괘는 군자가 하나이면서 백성은 둘이니 군자의 도이다.
음괘는 군자가 둘이고 백성이 하나이니 소인의 도인 것이다.

우리는 음양을 나타내는 대표적인 글자로 요철凹凸이라는 글자를 많이 활용하고 있습니다. 이 글자들은 나온 곳과 들어간 곳이 있는데, 오목할 요凹는 들어간 곳은 하나이면서 나온 곳은 두 군데【— – – —】이므로 음을 나타내는 글자로 쓰입니다. 볼록할 철凸은 나온 곳은 한 군데이면서 들어간 곳은 두 군데〔▬▬ ▬ ▬▬〕이므로 양을 나타내는 글자로 많이 쓰입니다.

그렇듯 양괘는 음이 많고 음괘는 양이 많음을 나타내고 있습니다. 여기서 양괘는 음이 많으므로 군자의 괘이고 음괘는 양이 많으므로 소인의 괘라 하는 것은 양은 군자라 보고 음은 소인으로 보는 견지에서 말하였습니다.

다스리는 사람〔통치자〕을 군자라 한다면 당연히 따르는 사람이 다스리는 사람보다 많아야 하겠습니다. 그러므로 다수의 음은 따르는 사람이 많고 다스리는 사람이 적으므로 군자의 가르침이 되어 군자의 도라 하고, 따르는 사람이 적고 다스리는 사람이 많은 다수의 양은 통치자가 많아지는 소인의 가르침이 되어 배가 산으로 가게 되기 십상입니다. 그러므로 소인의 도라 말하였습니다.

오늘날 우리 사회도 묵묵히 일하는 사람이 많아야 건전하고 안정된 사회가 유지되지만 서로 잘나고 옳다며 떠들고 다니는 사람이 많다면 사회가 혼란스러워집니다. 이러한 양상을 두고 통치자는 하나인데 따르는 사람이 많은 양괘는 군자의 도라 하였고, 따르는 무리는 없는데 서로 통치하려는 사람만 많은 음괘는 소인의 도라 하였습니다.

양괘와 음괘를 나누어 보면 다음과 같습니다.

건·진·감·간은 양괘이며, **태·이·손·곤은 음괘**가 됩니다.

여기서는 음괘와 양괘의 액면〔額面 – 나타나는 그대로〕적으로 보이는 면을 말하고 있을 뿐입니다.

화풍정火豐鼎(☲)과 같은 괘는 상괘上卦와 하괘下卦가 모두 음괘陰卦로 되어 있어 소인의 도를 말하고 있는가 하면 아닙니다. 『주역』이 아니므로 생략합니다. 왜곡하지 마시기 바랍니다.

易曰 憧憧往來 朋從爾思. 子曰 天下何思何慮
역왈   동동왕래   붕종이사   자왈   천하하사하려

天下同歸而殊塗. 一致而百慮 天下何思何慮.
천하동귀이수도   일치이백려   천하하사하려

『주역』에 이르길 자주자주 오고 가면 벗이 너의 생각을 좇아간다.

공자께서 말씀하시길 경로는 달라도 귀착점은 같으니 천하에 무엇을 생각하

고 무엇을 근심하겠는가.

백가지 근심도 하나에 이르니 천하에 무엇을 생각하고 무엇을 근심하겠는가.

31번째에 오는 택산함괘의 구九 사四 효사爻辭를 말씀하셨습니다.

澤山咸택산함 **卦象**괘상

澤山咸택산함 **卦辭**괘사

咸함은 亨형하니 利貞이정하니 取女취녀면 吉길하니라.

함咸은 형통하다. 곧고 바르면 이로우니 여자를 취하면 길하다.

上六 ▬▬ 咸其輔頰舌함기보협설이라.

九五 ▬▬▬ 咸其脢함기매니 无悔무회리라.

九四 ▬▬▬ 貞정이면 吉길하여 悔회 亡망하리니 憧憧往來동동왕래면
朋從爾思붕종이사리라.

九三 ▬▬▬ 咸其股함기고라 執其隨집기수니 往왕하면 吝린하리라.

六二 ▬▬ 咸其腓함기비면 凶흉하니 居거하면 吉길하리라.

初六 ▬▬ 咸其拇함기무라.

▌澤山咸卦택산함괘 九구 四사 爻辭효사 ▌

貞정하면 吉길하여 悔亡회망하리니 憧憧往來동동왕래면

朋從爾思붕종이사리라.

곧고 바르면 길하여 후회하지 않는다. 이런저런 생각 없이 자주 자주 오고 가면
벗이 너의 생각을 좇으리라.

구九 사四 효사爻辭는 인체의 가슴에 해당하는 효입니다. 소남〔下卦〕과 소녀
〔上卦〕의 사랑이 발가락〔初爻〕부터 시작하여 가슴까지 왔으니 마음이 변하
지 않을 결정을 할 때가 되었습니다.

다른 생각없이 앉으나 서나 벗 생각에 골똘하여 벗만 좇아 자주 자주 오고
가면 벗이 네 뜻을 따른다는 **동동왕래**憧憧往來, **붕종이사**朋從爾思의 내용은
택산함괘 구九 사四 효사爻辭입니다.

남녀가 자주 자주 가고 오며 따른다는 것은 교제가 잘 이루어져 가는 정황
이기도 합니다. 남녀가 교제를 한다면 언제나 상대의 생각으로 머릿속을 가
득 채우고 있으며 그 모습이 눈앞에 아른거려 다른 일이 손에 잡히지를 않

습니다. 그러므로 생각은 항상 이성異性을 따라가고 이성 또한 본인을 좇아
옵니다.

공자는 여기서 남녀의 사랑을 비롯하여 생각하고 근심하는 모양새를 함괘
咸卦 구九 사四 효사爻辭를 빌려와 말씀하셨습니다.

생각이 자주자주 왔다 갔다 한다는 것은 걷잡을 수 없는 혼란스러움을 나타
내고 결정을 내리지 못하는 모양을 생각하게 합니다. 특히 옳은지 어떤지
갈 바를 몰라하며 허둥대고 있지만 친구는 계속 나를 찾아 좇아옵니다.

이런저런 갈등으로 우왕좌왕하는 우리네 현상을 안타까워 하시며 각자의
인생행로는 다를지라도 천하가 돌아가는 곳은 하나라 하셨습니다.

백가지 생각도 하나에 이르니 천하에 생각할 것도 근심할 것도 없다 하시며
걱정 근심에 시달리며 살지 말라는 당부의 뜻과 함께 바르게 하면 후회하지
않는다는 말씀을 하셨습니다.

日往則月來 月往則日來 日月相推而明生焉.
일왕즉월래   월왕즉일래   일월상추이명생언

寒往則署來 署往則寒來 寒署相推而歲成焉.
한왕즉서래   서왕즉한래   한서상추이세성언

往者屈也 來者信也 屈信相感而利生焉.
왕자굴야   래자신야   굴신상감이이리생언

태양이 지면 달이 뜨고 달이 지면 태양이 뜬다. 태양과 달이 서로 밀며 밝음
을 낳는구나. 추위가 가면 더위가 오고 더위가 가면 추위가 오니 춥고 더운
이 서로 옮겨가며 일 년이 되는구나. 가는 것은 움츠리고 오는 것은 펼쳐오
니 움츠림과 펼침이 서로 감응하며 이로움을 낳는구나.

태양의 밝음은 낮을 주재하고 달의 밝음은 밤을 주재합니다. 둘 다 똑같이 밝음을 주재하지만 태양과 달은 절대로 함께 뜨는 법이 없습니다.

그러므로 서로 밀어가며 밝음을 낳고 밀려가며 밝음은 사라지니 번갈아 나타나는 밝음입니다.

추위가 가고 더위가 온 후에는 또 반드시 추위가 오니 이로써 일 년이 완성됩니다. 가는 것은 오는 것의 위력에 움츠리며 사라지고 오는 것은 기운을 서서히 펼치며 오는 것이니 움츠림과 펼쳐짐이 서로를 감응시키고 영글게 하여 이롭지 않음이 없습니다.

그래서 겨울은 겨울답게 추워야 하며 여름은 여름답게 더워야 하는 이치가 여기에 있는가 봅니다.

尺蠖之屈 以來信也. 龍蛇之蟄 以存身也.
척확지굴　　　　이래신야　　　　용사지칩　　　　이존신야

精義入神 以致用也. 利用安身 以崇德也.
정의입신　　　　이치용야　　　　이용안신　　　　이숭덕야

過此以往 未之或知也. 窮神知化 德之盛也.
과차이왕　　　　미지혹지야　　　　궁신지화　　　　덕지성야

자벌레가 움츠림은 다음에 곧게 펴고자 함이다. 용과 뱀이 칩거하는 것은 몸을 보존하기 위함이다.

오묘한 이치를 깨달으러 신神에 들어가는 것은 쓰임을 이루려 함이다.

안정된 몸을 이롭게 쓰는 것은 덕을 숭상함이다.

이것으로부터 벗어나면 마침내 제대로 알지 못한다. 신을 궁구하여 되는 것을 앎은 덕의 성대함이다.

자벌레가 곧게 펴고자 먼저 하는 움츠림은 나아가고자 할 때 나타나는 순리입니다. 개구리도 멀리 뛰고자 할 때에는 몸을 잔뜩 구부렸다가 펼쳐야 한껏 뛸 수 있습니다. 굽힌다는 것은 몸을 펴기 위함이요, 용과 뱀이 칩거한다는 것은 겨울잠을 이르는 것입니다만 용이 겨울잠을 잔다는 것에 대해서는 들은 바가 없는 터라 뱀과 곰 그리고 다람쥐 같은 동물이 추운 겨울에 겨울잠을 자며 칩거하는 것은 얼어 죽지 않으려 함입니다. 즉, 몸을 보호하는 방법인 것입니다.

우리가 어려움을 극복하고 신神의 경지로 들어가고자 안간힘을 쓰는 것은 오묘한 이치를 터득하여 인간을 이롭게 하기 위함입니다. 그러려면 먼저 몸이 건강하여야 합니다. 이로써 이롭게 활용할 몸을 편안하게 다루는 궁극적인 의미는 덕을 높이 숭상하기 위함입니다.

이러한 이치, 즉 자벌레가 굽혔다 펴가며 나아가는 이치, 뱀과 곰이 겨울잠을 자는 이치, 오묘한 이치를 깨닫고자 입정入靜에 드는 이치, 이로운 일을 하는데 쓰기 위하여 몸을 안정되게 움직이는 등 자연에서 보고 느껴지는 갖가지 이치를 외면한 채 굽힘없이 펴기만 하려 하거나 쉼없이 일만 하려 하거나 깨달음을 얻는 고요한 시간을 가지지 않은 채 조금 아는 것이 있다 하여 떠벌이처럼 떠들려고만 하거나 깊은 물, 얕은 물 헤아릴 새 없이 엄벙텀벙 들어가거나 날카롭고 위험한 것 가리지 않고 덥썩 잡아 부러지거나 베이거나 하면 진정 중요하게 해야 되는 일을 하지 못하고 이끌어가지 못하므로 덕을 쌓는다는 것은 언감생심, 그림의 떡으로만 남게 될 것입니다.

그래서 속 내면을 깊이 궁구하여 얻는 영靈적인 힘을 안다는 것은 덕의 성대함이라 하셨습니다. 군자가 덕을 쌓는다는 것은 성대한 업적을 이루는 것이므로 자신의 몸을 바르고 소중하게 잘 관리하면서 도처에 널려 있는 자연의 이치를 깨달아 쓰는 자만이 이룰 수 있다는 말이 **궁신지화**窮神之化 **덕지성야**德之盛也가 아닌가 생각합니다.

神이라는 것은?

《설괘전》 제6장에서

神也者신야자 妙萬物而爲言者也묘만물이위언자야. 動萬物者동만물자 莫疾乎雷막질호뢰하고 撓萬物者요만물자 莫疾乎風막질호풍하고 燥萬物者조만물자 莫熯乎火막한호화하고 說萬物者설만물자 莫說乎澤막설호택하고 潤萬物者윤만물자 莫潤乎水막윤호수하고 終萬物始萬物者종만물시만물자 莫盛乎艮막성호간하니 故고로 水火相逮수화상체하며 雷風뢰풍이 不相悖불상패하며 山澤산택이 通氣然後통기연후에아 能變化능변화하야 旣成萬物也기성만물야하니라.

'신神'이라는 것은 묘한 만물을 말하는 것이니 만물이 움직인다 해도 우레보다 빠르지 못하고 만물이 돈다고 해도 바람처럼 빠르지 못하고 만물이 말랐다 해도 불처럼 사르지 못하고 만물이 기쁨을 준다 해도 못처럼 기쁨을 주지 못하고 만물이 윤택하다 해도 물처럼 윤택하지 못하고 만물의 시작이나 만물의 끝이 산처럼 성대하지 못하니 고로 물과 불이 서로 편안하며 우레와 바람이 서로 어그러지지 아니하고 산과 못의 기운이 통한 후에야 능히 변화하여 이루어진 것이 만물이라 하니라.

이처럼 신神이란 것은 바람과 우레, 물과 불, 산과 못의 서로 다른 개체들이 감응하고 통하여 윤택하도록 만물을 융합시키는 영靈적인 힘이라고 요약한 다면 틀리지 않겠지요. 보이지 않는 것은 보이는 것을 지배합니다.

易曰 困于石 據于蒺藜. 入于其宮 不見其妻 凶.
역왈　　곤우석　　거우질려　　입우기궁　　불견기처　　흉

子曰 非所困而困焉 名必辱. 非所據而據焉
자왈　비소곤이곤언　　명필욕　　비소거이거언

身必危 旣辱且危. 死期將至 妻其可得見耶
신필위　기욕차위　　사기장지　　처기가득견야

『주역』에 이르길 돌덩이에 괴롭고 가시 돋은 납가새에 의지하고 있다.
집이 있어 들어가도 처를 보지 못하니 흉하다.
공자께서 말씀하시길 갇혀 있을 바가 아닌데 갇혀 있음은 그 이름이 반드시 욕되구나. 의거할 바가 아닌데 의거하니 그 몸이 반드시 위태롭구나.
이미 욕되고 또 위태로워 장차 죽음에 이를진데 어찌 처를 만나 봄이 가하겠 는가!

이는 하경下經 47번째에 오는 택수곤괘의 육六 삼三 효사爻辭를 말씀하고 계 십니다.

澤水困택수곤 **卦辭**괘사

困곤은 亨형코 貞정하니 大人대인이라 吉길코 无咎무구하니 有言유언
이면 不信불신하나라.

上六 —— 困于葛藟곤우갈류와 于臲卼우얼올이니 曰動悔왈동회와 하여
有悔유회면 征정하야 吉길하리라.

九五 —— 劓刖의월이니 困于赤紱곤우적불하나 乃徐有說내서유열하리
니 利用祭祀이용제사니라.

九四 —— 來徐徐내서서는 困于金車곤우금거일새니 吝인하나 有終유종이
리라.

六三 —— 困于石곤우석하여 據于蒺藜거우질려라. 入于其宮입우기궁이
라도 不見其妻불견기처이니 凶흉토다.

九二 —— 困于酒食곤우주식이나 朱紱주불이 方來방래하니 利用享祀
이용향사니 征정이면 凶흉하니 无咎무구니라.

初六 —— 臀困于株木둔곤우주목이라. 入于幽谷입우유곡하야 三歲삼세
라도 不覿부적이로다.

곤困은 바르게 하는 대인이라면 형통하여 길하며 허물이 없을 것이나 말이
있으면 믿지 않는다는 뜻이므로 이루려는 사명이 있다면 말부터 먼저 하지
말고 묵묵히 실천을 위주로 다해야 할 것입니다. 소인이라면 해내기 어려울
것입니다. 그러므로 대인이라야 길하다고 하셨습니다.

困于石곤우석하며 據于蒺藜거우질려라. 入于其宮입우기궁이라도

不見其妻불견기처니 凶흉토다.

바위에 기대어 살고 가시덤불에 의지한다.

집에 들어가더라도 처를 만나지 못한다.

매우 괴롭고 힘이 든 바 죽기 직전의 망가진 모습을 말하고 있습니다.

울퉁불퉁 돌바닥 위에 누워 보십시오. 어찌 모르겠습니까? 탱자나무 가시

위에 앉아 보십시오. 알 수 있습니다.

부도가 나서 모든 집과 토지를 다 빼앗기고 갈 곳 없이 쫓겨난 노숙자 신세

처지에 있으니 아내 또한 살 길을 찾아 떠나고 없을 것입니다.

만약 『주역』을 알아 이처럼 다가올 곤혹스러운 상황을 알게 된다면 마음의

준비를 단단히 하고 임할 수 있어 극복하는 데 도움이 될 수 있을 것입니다.

택수곤괘의 괘상은 상上괘는 태兌괘로서 못을 의미하고, 하下괘는 수水괘로

서 물을 의미하므로 상괘와 하괘를 연결하여 곤困의 정황을 살펴보면 못에

있던 물이 빠져 말라가니 매우 곤란을 받고 있는 상황이라는 것을 알 수 있

습니다. 물이 말라 가는 못 속의 물고기가 죽기 직전 숨을 쉬기 어려워 퍼득

이는 양상이 곤괘困卦의 육六 삼三 효사입니다.

어쩌면 아주 어려운 때일수록 묵묵히 참고 견디며 뜻을 이루는 사람이야 말

로 참된 대인이라는 말씀인 것 같습니다.

易曰 公用射隼于高墉之上 獲之 无不利.
역왈　공용사집우고용지상　　　　　획지　무불리

子曰 隼者禽也. 弓矢者 器也射之者人也.
자왈　준자금야　　궁시자　기야사지자인야

君子藏器於身 待時而動 何不利之有. 動而不括
군자장기어신　대시이동　하불리지유　　동이불괄

是以出而有獲. 語成器而動者也.
시이출이유획　어성기이동자야

『주역』에 말하길 공적인 용무는 높은 보루 위에 앉아 있는 새를 쏘아 잡아도
이롭지 않음이 없다. 공자가 말씀하시길 빼어나게 민첩한 것은 새이다. 활과
화살을 쓸 줄 아는 사람은 능력을 가진 사람이다.

군자란 재능을 발휘할 때 쓰이는 도구를 몸에 숨기고 기다렸다 때에 맞춰 움
직이므로 어찌 이롭지 않음이 있으랴.

일어나지 않도록 움직인다. 이로써 나가니 수확이 있다. 군자의 그릇을 갖추
고 움직여야 한다는 것을 말한다.

이는 하경下經 40번째에 오는 뇌수해괘의 상上 육六 효사爻辭입니다.

雷水解뇌수해 **卦象**괘상

雷水解뇌수해 **卦辭**괘사

解해는 利西南이서남하니 无所往무소왕이라. 其來復기래복이 吉길하니
有攸往유유왕이어든 夙숙하면 吉길하리라.

해解는 서남쪽이 이롭다. 갈 데가 없으면 되돌아오는 것이 길하고 갈 데가 있으
면 빨리 하는 것이 길하리라.

해解괘는 서남쪽으로 가면 이로우나 갈 바가 없거든 그 본래대로 돌아옴이 길하고 갈 바가 있거든 일찍 가서 속히 해결하는 것이 길하다는 것으로 만약 용서할 일이 있다면 빨리 해주고 길게 끌고 가지 말라는 의미도 담겨 있습니다.

上六 ▬ ▬ 公用射隼于高墉之上공용사준우고용지상하여 獲之획지 无不利무불리라.

六五 ▬ ▬ 君子군자이 維有解유유해면 吉길하니 有孚于小人유부우소인이리라.

九四 ▬▬▬ 解而拇해이모면 朋之붕지하여 斯孚사부리라.

六三 ▬ ▬ 負且乘부차승이라. 致寇至치구지니 貞정이라도 吝인이리라.

九二 ▬▬▬ 田獲三狐전획삼호하여 得黃矢득황시니 貞정하야 吉길토다.

初六 ▬ ▬ 无咎무구하니라.

▌雷水解卦뇌수해괘 上상 六육 爻辭효사 ▌

公用射隼于高墉之上공용사준우고용지상하여 獲之획지니 无不利무불리라.

공公이 높은 담 위에 있는 새매를 쏘아 잡으니 이롭지 않음이 없다.

사적인 사욕으로는 한 마리의 새도 생명체로서 살생의 잔인함을 벗어나기 어렵습니다만 전쟁 시나 공적인 용무로는 엄연한 명분이 있으므로 여러 사람의 생명을 앗아도 용납될 수 있는 때도 있습니다.

담 위에서 엿보는 민첩하게 날쌘 새라면 민첩하게 빠져나가는 것 또한 도둑이나 간첩이므로 이를 잡는 것은 백성에게 이롭지 않음이 없으므로 무예를 길러 간직한 능력이 있는 사람으로서 항상 화살과 활을 소지하고 다녀야 할 것입니다.

그렇다고 무기를 보이며 소지하고 있다면 선량하고 연약한 사람들은 겁을 먹고 멀리 할 염려가 있으므로 함부로 휘둘러 쓰는 것이 아닌 즉 보이지 않게 간직하며 적절한 기회가 왔을 때만 쓴다는 것은 민생의 안정을 위하여 꼭 필요합니다. 또한 사건, 사고가 일어나기 전에 움직여서 미리 방비하여야 선의의 피해자가 생기지 않을 것이며 손실도 최소한 줄일 수 있습니다. 그러므로 새 한 마리를 잡더라도 아무 이유 없이 활과 화살을 쓰는 것이 아니라 정당한 이유 아래 써야 하며 무기를 쓴다는 것은 무기를 소지할 수 있는 군자의 그릇을 갖추고 난 다음 무기를 소지하여 필요할 때 적절히 사용하여야 한다고 했습니다.

공자님은 여기서 뇌수해괘 여섯 개의 효爻 중에서 맨 위의 효인 상上 육六 효사爻辭를 매우 의미 있게 여기신 것 같습니다.

子曰 小人不恥不仁 不畏不義. 不見利不勸
자왈   소인불치불인   불외불의   불견리불권

不威不懲. 小懲而大誡 此小人之福也.
불위불징   소징이대성   차소인지복야

易曰 屨校滅趾 无咎 此之謂也.
역왈   구교멸지   무구   차지위야

공자께서 말씀하시길 소인이란 어질지 못함을 부끄러워하지 않는다.

옳지 못함을 두려워하지 않는다. 이로운 것을 보이지 않으면 권할 수 없고

징계를 하지 않으면 위엄을 세울 수 없다.

작은 징계가 크게 참되어 지는 것, 이것이 소인의 복이다.

『주역』에 이르길 발을 형틀에 끼워 발꿈치가 상하지만 허물이 없다는 것은

이를 두고 이르는 것이다.

순자는 〈영욕榮辱편〉에서 '소인'을 다음과 같이 말하였습니다.

小人也者소인야자, 疾爲誕而欲人之信己也질위탄이욕인지신기야,

疾爲詐而欲人之親己也질위사이욕인지친기야, 禽獸之行而欲人

之善己也금수지행이욕인지선기야.

소인이라는 것은 남을 재빠르게 속이면서 자신을 믿어주기를 원하며 거짓
을 재빠르게 꾸미면서도 자신을 가깝게 여기길 바라며 행동은 짐승처럼
하면서 자신을 착하게 여기길 바란다.

또한 〈수신修身편〉에서는 다음과 같이 말하였습니다.

小人反是소인반시, 致亂치난, 而惡人之非己也이악인지비기야.

致不肖치불초, 而欲人之賢己也이욕인지현기야. 心如虎狼심여호랑,

行如禽獸행여금수, 而又怨人之賊己也이우원인지적기야.

소인은 이와 반대로 품행이 단정하지 못하여 함부로 하면서 자신은 나쁜
사람이 아니라 한다. 바르게 일러주는 어버이를 닮은 구석이 하나 없으면

서 자신을 현명한 사람으로 알아주기를 원한다. 마음은 호랑이나 이리와
같고 행동은 짐승과 같이 하면서 자신을 나쁘다고 하는 사람을 원망한다.

그리고 〈천론天論편〉에서는 다음과 같이 말하였습니다.

小人錯其在己者소인착기재기자, 而慕其在天者이모기재천자,

是以日退也시이일퇴야.

소인은 자신에게 달린 일은 등한시하며 하늘에 달린 일을 탐한다. 그러므
로 나날이 퇴보한다.

이러한 내용에서 살펴보건대, 소인은 다스리기가 어려우므로 공자님께서
생각하시기에 상경上經 21번째에 오는 화뢰서합괘의 초初 구九 효사爻辭가
소인을 다스리기에 매우 적절한 징계에 해당한다고 하셨습니다.

火雷噬嗑화뢰서합 **卦象**괘상

火雷噬嗑화뢰서합 **卦辭**괘사

噬嗑서합은 亨형하니 利用獄이용옥하니라.
서합은 형통하므로 감옥을 써야 이롭다.

반드시 염두에 두고 행해야 할 것은 상上괘가 화火인 만큼 법칙을 행할 때
명명백백하게 밝고 투명하게 행하여야 한다는 것입니다.

上九 ━━━ 何校하교하여 滅耳멸이니 凶흉토다.

六五 ━ ━ 噬乾肉서건육하여 得黃金득황금이니 貞厲정려면
　　　　　无咎무구리라.

九四 ━━━ 噬乾胏서건자하여 得金矢득금시나 利艱貞이간정하니
　　　　　吉길하리라.

六三 ━ ━ 噬腊肉서석육하다가 遇毒우독이니 小吝소린이나
　　　　　无咎무구리라.

六二 ━ ━ 噬膚서부하대 滅鼻멸비니 无咎무구하니라.

初九 ━━━ 屨校구교하여 滅趾멸지니 无咎무구하니라.

▌火雷噬嗑卦화뢰서합괘 初초 九구 爻辭효사 ▌

屨校구교하여 滅趾멸지니 无咎무구하니라.
발뒤꿈치가 잘려도 허물이 없다.

족쇄를 채운 신을 신게 하여 발꿈치가 없어져도 허물이 없으니 조그만 잘못이 있을 때 확실히 징벌하여 더 큰 잘못을 저지르지 않도록 하므로 발꿈치가 없어지는 것쯤은 아무것도 아니라는 말씀입니다.

공자님께서 말씀하시길 서합괘 초初 구九 효爻에 해당하는 징계를 받은 소인은 복이 있다고 하셨습니다. 원래 소인은 벌을 받지 않으면 자신의 소행이 어떤 잘못을 저지르고 있는지 알지도 못하고 인정할 줄도 모르므로 더 큰 잘못을 저지르기 전에 징계를 받아 깨우칠 기회를 가진 소인은 복이 있는 사람이라는 말은 참으로 지당하신 말씀입니다.

그러므로 벌을 주장하는 서합괘가 형통하다는 말은 당연한 것입니다.

주역 64괘 가운데 火雷噬嗑화뢰서합, 山火賁산화비, 火山旅화산려 세 개의 괘는 재판관의 입장에서 본 괘입니다.

善不積不足以成名 惡不積不足以滅身.
선불적불족이성명　　　　악불적불족이멸신

小人以小善爲无益而弗爲也.
소인이소선위무익이불위야

以小惡爲无傷而弗去也. 故惡積而不可掩
이소악위무상이불거야　　　　　　　고악적이불가엄

罪大而不可解. 易曰 何校滅耳凶.
죄대이불가해　　　역왈　　하교멸이흉

선한 덕을 쌓지 못하면 이름을 이루기 어렵고 악이 쌓이지 않으면 몸은 망치지 않을 것이다. 소인은 작은 선을 행함도 이롭지 않으면 하지 않는다. 이로써 작은 악은 상함이 없을 것이라 하여 그만두지 않는다. 그런 고로 악이 쌓여 바로잡지 못하도록 죄가 커지면 해결할 수 없다. 『주역』에 말하길 칼(중죄자에게 쓰는 형구)을 쓰고 귀가 잘려 흉하니 어찌할 거나?

화뢰서합괘의 상上 구九 효사爻辭를 말씀하셨습니다.

火雷噬嗑卦화뢰서합괘 **上**상 **九**구 **爻辭**효사 **_**【p225 참조】

何校하교하여 滅耳멸이이니 凶흉토다.
형틀을 메어서 귀를 멸하니 흉하도다.

즉, 어찌하여 칼을 차고 귀가 잘리니 흉하다고 하였습니다. 이 효에 해당하는 죄인은 목도 잘릴 수 있는 중죄인에 속하는 형상입니다.

순자는 〈수신修身편〉에서 '소인'을 다음과 같이 말하였습니다.

諂諛者親첨유자친, **諫爭者疏**간쟁자소, **修正爲笑**수정위소,
至忠爲賊지충위적, **雖欲無滅亡**수욕무멸망, **得乎哉**득호재.

아첨하는 사람과는 친하고 잘못을 고치도록 굳세게 말하는 사람은 멀리
하며 바르게 닦는 것을 비웃고 지극한 정성도 배반하면서 모름지기 멸망
하지 않기를 바라도 그럴 수 있겠는가.

아첨하는 사람과 함께 하여 잘못을 저질러도 잘못인 줄 모르는 사이에 죄가
커져 간다면 흉도 커져 갑니다.
발꿈치가 잘리는 초初 구九 효사爻辭에서 잘못을 고치지 않으면 그 죄가 커지
고 커져 마침내 귀가 잘리고 목이 잘리는 흉한 벌을 면하지 못할 것입니다.

子曰 자왈 **危者,** 위자 **安其位者也.** 안기위자야 **亡者,** 망자 **保其存者也.** 보기존자야

亂者, 난자 **有其治者也.** 유기치자야

是故君子安而不忘危, 시고군자안이불망위 **存而不忘亡.** 존이불망망 **治而不忘** 치이불망

亂, 是以身安而國家可保也. 난 시이신안이국가가보야

易曰, 其亡, 其亡, 繫于苞桑 역왈 기망 기망 계우포상

공자께서 말씀하시길 위태로울까 염려한다는 것은 있는 자리를 편안하게 하

는 것이다. 망할까 염려한다는 것은 지켜서 존재하게 하는 것이다.

어지럽다고 염려하는 것은 다스림을 유지하게 하는 것이다. 그런 고로 군자
는 편안하면서도 위태로움을 잊지 않고 망할 수 있다는 것을 잊지 않아야 존
재하게 되는 것이다.

전쟁이나 난리를 잊지 않고 다스림으로써 편안한 몸과 국가를 보전할 수 있
다. 『주역』에 이르길 망할 듯 망할 듯하는 염려를 뽕나무에 매달아 놓으라고
하셨다.

편안한 마음이라도 마음을 턱 놓지 말아야 합니다. 사회에 문제가 없더라도
손을 놓으면 안 됩니다. 이는 나태와 태만을 경계해 놓은 '안전철학'에 관
한 글귀이지 전전긍긍하며 걱정과 근심을 사서 하라는 말씀은 아니니 잘 헤
아리면서 읽어야 하는 글귀입니다.

작은 것도 관심 있게 보며 치안이 잘 유지될 때 잘 지켜야 항구하게 유지될
것입니다. 즉, 배고팠던 시절을 잊지 않고 열심히 일한다면 배가 고프도록
가난하지 않을 것이며 전쟁의 폐허를 잊지 않고 국방을 튼튼히 한다면 전쟁
은 일어나지 않을 것입니다. 바로 이것은 유비무환의 원리로서 태평한 시대
에 변란의 씨가 자라나는 것을 잊지 말라는 당부의 말씀입니다.

이는 『주역』 상경上經 12번째에 오는 천지비괘의 구九 오五 효사爻辭를 말씀
하셨습니다.

▌天地否천지비 卦象괘상 ▌

▌天地否천지비 卦辭괘사 ▌

否之匪人비지비인이니 不利君子貞불리군자정하니 大往小來대왕소래니라.

비否는 사람이 아니니 바르게 하는 군자에게 이롭지 못하다. 큰 것은 가고 작

은 것이 온다.

사람의 탈을 썼다고 다 사람이 아닙니다. 사람의 모양을 하였지만 하는 행

태가 사람이랄 수 없는 사람들이 판을 치고 있으므로 반듯한 군자에게는 이

로울 수가 없습니다.

그래서 큰 것이 가고 작은 것이 온다는 것은 군자의 도는 사라지고 소인의

도가 온다는 것이므로 검소한 덕으로 군자의 도가 올 때까지 어려움을 극복

해야 함을 말씀하셨습니다.

경박한 소인들이 비웃고 손가락질하며 군자를 비방할 때 군자는 이러한 소

인과 맞붙어 상대하지 말라는 의미도 있지 않나 생각합니다.

上九 ━━ 傾否경비니 先否선비코 後喜후희로다.

九五 ━━ 休否휴비라. 大人대인이 吉길이니 其亡其亡기망기망이라야

　　　　繫于苞桑계우포상이리라.

九四 ━━ 有命유명이면 无咎무구하여 疇주 離祉이지리라.

六三 ━ ━ 包포 羞수로다.

六二 ━ ━ 包承포승이니 小人소인은 吉길코 大人대인은 否비니 亨형

　　　　이라.

初六 ━ ━ 拔茅茹발모여라. 以其彙이기휘로 貞정이니 吉길하여 亨형하

　　　　니라.

休否휴비라. **大人**대인이 **否**길이니 **其亡其亡**기망기망이라야 **繫于苞桑**
계우포상이리라.

하던 일을 그만두니 비색하다. 대인이면 길하리라. 망할까 망할까 뽕나무에 매
어두어라.

특히 구九 오五 효사爻辭는 운수가 막혀 통하지 않는다.

대인이면 길할 것이니 망할까 망할까 하는 위태한 지경을 외면하거나 포기하지
말고 뽕나무에 매달아놓고 항상 기억하고 잊지 않으며 신중하게 한다면 망하지
아니할 것이다.

『주역』 상경上經 12번째에 오는 천지비괘의 구九 오五 효사爻辭입니다.

결과적으로 중요한 요지는 '대인이면 길吉하다' 입니다. 구九 오五의 자리는
최고 실권자의 자리로서 하고자 한다면 할 일이 무수히 많은 자리입니다만
소인배들이 에워싸고 있어 하지 못하고 있습니다. 마음 편히 쉴 수도 없고 하
고 싶어도 할 수 없고 그만 두기 싫은데 그만 두어야 하는 때를 만났습니다.

소인처럼 협소한 마인드를 가졌다면 견뎌내기 어렵겠지만 대인이면 위기
를 기회로 삼아 극복해 나갈 것입니다. 판치는 소인배들이 사라질 때까지
위태한 외나무다리를 건너는 심정으로 어려운 지경에도 중심을 잃지 않고
미래를 포기하지 않는다면 망하지 않을 것이라 하였습니다.

子曰 德薄而位尊 知小而謀大. 力小而任重
자왈 덕박이위존 지소이모대 역소이임중

鮮不及矣. 易曰 鼎折足覆公餗 其形渥凶
선불급의 역왈 정절족복공속 기형악흉

言不勝其任也.
언불승기임야

공자께서 말씀하시길 자리만 높고 덕이 없으면 아무리 큰 계책도 작은 분별에 불과하며 능력이 작은 사람에게 중책을 맡기면 뚜렷하게 다 해내지 못한다.

『주역』에 이르길 솥의 다리가 부러지면 솥 안의 음식물이 그대로 엎어지니 그 형상이 탁해져 흉하다는 말은 맡은 임무를 완수해 내지 못한다는 말이다.

실제로 이러한 일은 우리 주변에서 많이 발견할 수 있습니다.

직위만 있고 덕이 없으면 아무리 좋은 아이템을 말해도 아무도 귀담아 들어주지 않습니다.

또한 능력 있는 사람이 중책을 맡아야 효율적으로 일할 수 있고 아랫사람들의 힘드는 그 심정을 이해하므로 모두가 존경하고 따를 것입니다.

그러나 능력 없는 사람이 높은 직위에서 중책을 맡아 다스린다면 감당할 수 없어 해결하기는커녕 도리어 문제를 만들어 모두를 어렵게 만들 수도 있습니다.

이는 하경下經 50번째에 오는 화풍정괘의 구九 사四 효사爻辭를 말씀하셨습니다.

■ 火風鼎화풍정 卦辭괘사 ■

鼎정은 元원(吉길) 亨형하니라.

정鼎은 원하고 길하여 형통하니라.

정鼎은 매우 형통하다고 하였습니다. 그러나 여기에서는 여섯 개의 효 가운데 구九 사四 효사爻辭를 말씀하시고 계십니다.

上九 —— 鼎玉鉉정옥현이니 大吉대길하여 无不利무불리니라.

六五 —— 鼎黃耳金鉉정황이금현이니 利貞이정하니라.

九四 —— 鼎정이 折足절족하여 覆公餗복공속하니 其形기형이 渥악이라 凶흉토다.

九三 —— 鼎정이 革혁하야 其行기행이 塞색하야 雉膏치고를 不食불식하나니 方雨방우하야 虧悔終吉휴회종길이리라.

九二 —— 鼎有實정유실이나 我仇아구가 有疾유질하니 不我能卽불아능즉이면 吉길하리라.

初六 —— 鼎정이 顚趾전지나 利出否이출비하니 得妾득첩하면 以其子无咎이기자무구리라.

■ 火風鼎卦화풍정괘 九구 四사 爻辭효사 ■

鼎정이 折足절족하야 覆公餗복공속하니 其形기형이 渥악이라 凶흉토다.

솥의 다리가 부러진다. 제사와 사람이 먹을 맛있는 음식이 엎어지고 그 몸이 음식에 더럽혀진다. 흉하리라.

정鼎이란 솥은 다리가 세 개 달린 안정적인 솥의 모양을 가리킵니다. 다리 셋 중 하나가 부러진다면 솥이 한쪽으로 기울어져 솥 안에 든 음식물이 쏟아져 버릴 것입니다.

다리가 부러진 솥이란 의미는 능력이 없는 사람을 비유하였고, 솥 안에 든 음식물은 맡은 임무를 비유하였습니다. 이것은 바로 능력 없는 사람이 중요한 일을 맡았을 때 책임을 이기지 못함에서 생기는 흉함을 말하였습니다.

子曰 知幾其神乎. 君子上交不諂 下交不瀆
자왈　지기기신호　　군자상교불첨　　　하교불독

其知幾乎. 幾者 動之微 吉之先見者也. 君子見
기지기호　　기자　동지미　길지선견자야　　군자견

幾而作 不俟終日. 易曰 介于石 不終日 貞吉.
기이작　불사종일　역왈　개우석　불종일　정길

介如石焉 寧用終日 斷可識矣. 君子知微知彰
개여석언　영용종일　　단가식의　　군자지미지창

知柔知剛 萬夫之望.
지유지강　만부지망

공자께서 말씀하시길 조짐을 안다는 것은 신령스러운 것이구나, 군자는 윗사람과 사귀어도 아첨하지 않고 아래와 사귀어도 업신여기지 않는다. 기미를 알아서 그러한가. 기미란 아주 작은 움직임도 좋은지 먼저 보는 것이다. 군자는 발견한 조짐이 일어나기까지 온종일 기다리지 않는다.

『주역』에 이르길 꿋꿋한 바위 같은 절개가 하루로 마침없이(하루같이) 곧고 길하다. 돌서림 꿋꿋힌저. 딜이 없도록 준비아녀 아투틀 바시니 난번에 알 수 있다. 군자는 은밀하게 숨어 있는 것도 알고 밝게 드러난 것도 알며 부드러운 것도 알고 강한 것도 알기를 이는 모든 대장부의 소망이다.

선견지명이란 일을 미리 발견하는 밝은 지혜를 말합니다. 공자님께서는 조짐을 아는 선견지명을 신령스러움으로 말씀하셨습니다.

우리가 흔히 이야기 하는 느낌이 좋다 나쁘다가 아닙니다. 우리의 대충적인 느낌이 얼마나 많이 빗나가고 있습니까. 분명히 착한 사람인 줄 알았지만 사기를 당하는 예도 많고, 그렇게 착하던 사람이 옛날부터 나쁜 사람이었던 것처럼 시간이 지나 나타날 때는 적잖이 속도 상합니다. 겉으로 나타나는 표면적인 느낌이 아니라 말이든 동작이든 확실한 근거가 될 수 있는 분명한 작은 움직임〔動之微〕을 포착하여 미리 보는 것〔先見〕을 말씀하십니다.

그래서 일어나는 아주 작은 조짐으로 미리 알 수 있는 것은 밝은 지혜로부터 오는 것이지 신들림이나 또는 요상하게 비추는 빛의 작용에서 오는 것은 결크 아닙니다. 이것을 '선견지명'이라 말을 하기도 하고 '격물치지'라고도 말하곤 합니다. 선견지명先見知明과 격물치지格物致知의 차이점은 선견지명이란 사람을 중심으로 일어나는 움직임에 비중을 둔다면, 격물치지란 사람을 중심으로 에워싸고 있는 자연과 사물의 움직임에 비중을 둔다고 생각하면 됩니다.

사람들이 친구를 사귈 때 미래를 알아서 사귀는 것은 아닐 테지만 군자의 사귐은 아첨이 아니므로 진실하고 멸시할 줄 모르므로 인격적인 것입니다. 그래서 실수가 없는지도 모릅니다.

공자님은 여기에서 『주역』 경문 16번째에 오는 뇌지예괘의 육六 이二 효사爻辭를 말씀하셨습니다.

雷地豫뇌지예 卦辭괘사 ■

豫에는 利建侯行師이건후행사하나니라.

예豫는 제후를 세우고 군사를 행함이 이롭다.

上六 ▬▬ 冥豫명예니 成성하나 有渝유유면 无咎무구리라.

六五 ▬▬ 貞정하대 疾무하나 恒不死항불사로다.

九四 ▬▬ 由豫유예라 大有得대유득이니 勿疑물의면 朋붕이 盍簪합잠
하리라.

六三 ▬▬ 盱豫우예라 悔회며 遲지하여도 有悔유회니라.

六二 ▬▬ 介于石개우석이라 不終日부종일이니 貞정코 吉길하나니라.

初六 ▬▬ 鳴豫명예니 凶흉하니라.

豫에는 준비할 예, 즐길 예가 되며 예는 제후를 세우고 군사를 움직이면 이롭다고 하였습니다. 군사를 움직인다는 것은 최대의 중요사로서 사전의 충분한 준비가 없이 섣불리 결정을 내릴 수 없는 사안입니다.

그런 만큼 꼭 이겨야 하는 부담을 안고 시작하는 터라 돌같이 우직한 착실함과 미래를 위한 오늘을 준비할 줄 아는 선견지명을 평소에도 갖추고 있어야 할 것입니다.

■ 雷地豫卦뇌지예괘 六육 二이 爻辭효사 ■

介于石개우석이라. 不終日부종일이니 貞정코 吉길하나니라.

절개가 돌과 같다. 하루로 끝나지 않으니 바르고 길하다.

굳게 지키는 돌과 같다. 하루로 그치지 않으니 바르고 길하다 하였습니다. 급할 때 잠시만 챙겨서 해결하는 것이 아니라 돌처럼 꿋꿋하게 맡은 바 책임을 미루지 않습니다. 제때에 맞춰서 꾀를 부리지 않고 한결같이 해결해 나가니 어찌 바르고 길하지 않겠습니까.

군자는 나쁜 기미를 발견했을 때 애써 못 본 척 지나치는 것이 아니라 흉한 일이 일어나지 않도록 미리 돌처럼 꿋꿋하게 막아낼 준비를 하며, 좋은 기미를 보았을 때는 돌처럼 변함없이 꿋꿋하게 언제나 바르게 하므로 길하다고 하셨습니다. 꿋꿋하기가 돌 같다 하여 무지한 사람이라 생각하지 마십시오. 어두운 것도 알고 밝은 것도 알며 또한 굳센 것도 알고 부드러운 것도 아는 군자라시며 이는 모든 대장부의 소망이라 하셨습니다. 어쩌면 대장부로 태어났다면 군자가 되기를 소망하여야 한다는 의미도 들어 있지 않을까 여겨집니다.

子曰 顏氏之子 其殆庶幾乎. 有不善 未嘗不知
자왈 안씨지자 기태서기호   유불선 미상부지

知之未嘗復行也. 易曰 不遠復 无祗悔 元吉.
지지미상복행야   역왈 불원복 무지회 원길

공자께서 이르시길 안자는 현인이었구나. 착하지 못한 것이 있었으면 과연 알고 있었고 알았으면 다시는 두 번 다시 그런 잘못을 행하지 않았다.
『주역』에 이르길 멀어지지 않아 다시 회복하여 끝없이 뉘우치니 으뜸으로 좋은 것이다.

●庶幾서기_현인, 공자가 안자를 일컬은 데서 온 말

공자께서 매우 아끼고 사랑하였던 안자의 인품을 말씀하셨습니다.

안씨지자顔氏之子는 안회顔回를 가리키는 말로, 회回는 이름이며 자는 자연 子淵이라고 합니다. 춘추시대의 노나라 사람으로 공자의 수제자였으며 안 연顔淵으로도 알려져 있습니다.

덕행과의 필두로 꼽히는 공자 문하 제1의 현자입니다. 공자는 인仁을 최고 의 덕목으로 여기고 그때의 사람들을 평하여 인자仁者라고 평한 일이 없었 습니다만 안회에 대해서만은 '회는 3개월이나 인의 마음을 계속 유지할 수 있다'라고 유일하게 인자仁者로 인정했다고 합니다. 또 '제자 중에서 학문 을 좋아한다고 말할 수 있는 사람은 회뿐이다'라고 말했으며, 안회 역시 자 신을 명확하게 파악하고 있었다고 합니다.

평생 부귀와 권세를 좇지 않아 가난하였으나 의意에 뜻을 두지 않고 도道를 즐긴 분이라 합니다.

〈사기 중니제자열전史記 仲尼弟子列傳〉에서는 공자보다 30세(37세라는 설도 있음) 아래라고 하며, 회가 죽었을 때는 공자가 매우 슬퍼했다고 합니다.

안회는 공자 문하에서 은자隱者였기 때문에 도가에서도 현인으로 추대하고 삼국시대 위魏나라 이후 석전제釋奠祭에서도 공자와 함께 받들어지고 있는 인물입니다【p318 참조】.

여기서는 『주역』상경上經 24번째에 오는 지뢰복괘의 초初 구九 효사爻辭를 말씀하고 계십니다.

▌**地雷復**지뢰복 **卦象**괘상 ▌

▌**地雷復**지뢰복 **卦辭**괘사 ▌

復복은 亨형하니 出入출입에 无疾무질하여 朋來붕래라아 无咎무구리

라. 反復其道반복기도하야 七日칠일에 來復래복하니 利有攸往이유유왕
이니라.

복復은 형통하여 나가고 들어옴에 탈이 없으니 친구가 와도 허물이 없을 것이라.
그 도는 반복하여 칠일에야 돌아와 회복하니 갈 바가 있으면 이로우니라.

이는 돌아오는 것이 형통하여 나가고 들어옴에 아무런 근심이 있을 리 없으
니 친구가 와도 허물이 없다고 하였습니다. 돌아오는 과정은 7일 정도 걸리
고 회복하는 도이니 가는 바를 둠이 이롭다고 하였습니다.

上六 ━ ━ 迷復미복이라 凶흉하니 有災眚유재생하여 用行師용행사면
終有大敗종유대패하고 以其國이기국이면 君군이 凶흉하여
至于十年지우십년이 不克征불극정하리라.

六五 ━ ━ 敦復돈복이니 无悔무회하니라.

六四 ━ ━ 中行중행하대 獨復독복이로다.

六三 ━ ━ 頻復빈복이니 厲려하나 无咎무구리라.

六二 ━ ━ 休復휴복이니 吉길하니라.

初九 ━━━ 不遠復불원복이라. 无祗悔무지회니 元吉원길하니라.

┃地雷復卦지뢰복괘 初초 九구 爻辭효사 ┃

易曰역왈 不遠復불원복, 无祗悔무지회, 元吉원길
멀지 않아 돌아와 끝없이 뉘우치니 으뜸으로 길하다.

초初 구九 효사爻辭는 멀리 벗어나지 않은 상태에서 쉽게 돌아와 끝없이 뉘 우치니 매우 길하다는 말씀입니다.

예를 들어 군왕이 신하의 마음을 헤아리지 못하고 말았습니다. 돌아올 수 있을 정도로 멀리 벗어나지 않았다면 곧 군왕과 신하는 울면서 하나되어 더욱 돈독한 충성을 신하는 임금 앞에서 다짐할 것입니다. 그러므로 크게 벗어나지 않아 바로 회복할 수 있으니 매우 길하다는 것입니다.

天地絪縕 萬物化醇 男女構精 萬物化生. 易曰
천지인온　　만물화순　　　남녀구정　　　만물화생　　　역왈

三人行則損一人 一人行則得其友 言致一也.
삼인행즉손일인　　　일인행즉득기우　　　언치일야

천지의 기운이 서로 합하여 왕성하니 만물이 순수하게 된다. 남자와 여자가 정을 합치니 만물이 생겨난다.

『주역』에 이르길 세 사람이 가면 한 사람을 덜고 한 사람이 가면 벗을 얻는다는 것은 하나로 이른다는 말이다.

『주역』의 핵심은 감응과 번성에 있습니다. 서로가 만나 감응함으로써 만물의 번성이 이루어집니다. 남녀가 만나기로서니 감응이 없다면 자손을 볼 수 없는 것처럼 서로 합하여 만물이 생겨나게 함은 바로 감응으로 **화생**化生하는 것입니다.

이는 『역경』 41번째에 오는 산택손괘의 육六 삼三 효사爻辭를 말씀하고 계십니다. 산택손괘는 하경下經이 시작하는 택산함괘澤山咸卦로부터 10번째 오는 괘입니다.

山澤損산택손 **卦辭**괘사

損손은 有孚유부면 元吉원길코 无咎무구하여 可貞가정이라. 利有攸往
이유유왕하니 曷之用갈지용이리오, 二簋可用享이궤가용향이니라.

손損괘는 믿음이 있으면 으뜸으로 길하여 허물이 없으니 바르게 함이 가하다.
갈 바가 있으면 가는 것이 이로우나 어떻게 말미암을 것인가. 두 대그릇을 누리
도록 쓰게 함이 가할 것이니라.

믿으라는 것은 덜어내는 서운함으로 손해를 본다는 생각을 말라는 말씀입
니다. 지금은 손해를 보겠지만 나중은 번성으로 인한 풍요로움을 누릴 수
있습니다.

결혼을 하고자 한다면 하라는 것이며 어떤 마음으로 어떻게 살아야 하는가
는 두 개의 대그릇을 죽을 때까지 사용하도록 해야 한다는 것입니다.

二簋*可用享이궤가용향이란 '한 가문의 조상을 섬기는 일이 매우 중요하여 죽
을 때까지 두 대 그릇에 제사를 지내며 헤어짐 없이 오랫동안 사는 것'을 말
합니다.

*이궤(二簋) : 제사 지낼 때 쓰는 서직(黍稷 곡식:나라의 제사 때 날로 썼음)을
담는 그릇

上九 ▅▅ 弗損불손코 益之익지면 无咎무구코 貞吉정길하니 利有攸往
이유유왕이니 得臣득신이 无家무가리라.

六五 ▅▅ ▅▅ 或益之혹익지면 十朋之십붕지라. 龜귀도 弗克違불극위하리니
元吉원길하니라.

六四 ▬▬ 損其疾손기질하대 使遄사천이면 有喜유희하야 无咎무구리라.

六三 ▬▬ 三人行삼인행엔 則損一人즉손일인코 一人行일인행엔 則得其
友즉득기우로다.

九二 ▬▬▬ 利貞이정코 征정이면 凶흉하니 弗損불손이라야 益之익지
리라.

初九 ▬▬▬ 己事이사어든 遄往천왕이라야 无咎무구리니 酌損之작손지
니라.

山澤損卦산택손괘 **六육 三삼 爻辭**효사

三人行則損一人삼인행즉손일인 一人行則得其友일인행즉득기우
言致一也언치일야

남자와 여자가 서로 합쳐 감응을 나눈 뒤 잉태를 하여 열 달이 지나면 아이
를 생산하므로 세 사람이 됩니다. 아이를 낳아 세 사람이 살아갈 때는 아이
하나는 결혼을 시켜 덜어내어야 할 것이며, 결혼할 아이는 배우자를 얻어
함께 갑니다. 세 사람은 하나를 덜어내어 둘이 되고 하나는 한 사람〔배우자〕
을 얻으니 둘이 됩니다.

힘들게 키워서 결혼시켜 덜어내면 손해를 본 듯 서운한 마음도 없지 않아
들겠지만 덜어내며 손해를 본다는 것에 참된 믿음을 두어 바르게 하면 자손
의 번성과 더불어 조상을 섬기니 길하여 평생을 이어가며 누릴 것입니다.

子曰 君子安其身而後動 易其心而後語 定其交
자왈　　군자안기신이후동　　　　역기심이후어　　　정기교

而後求. 君子修此三者故全也.
이후구　　군자수차삼자고전야

危以動 則民不與也. 懼以語 則民不應也. 无交
위이동　　즉민불여야　　　　구이어　　즉민불응야　　　무교

而求 則民不與也.
이구　　즉민불여야

莫之與 則傷之者至矣. 易曰 莫益之 或擊之 立
막지여　　즉상지자지의　　　　역왈　　막익지　　혹격지　　입

心勿恒 凶.
심물항　　흉

공자께서 말씀하시길 군자는 몸을 편안하게 한 후에 움직이고 마음을 평온
하게 한 후에 말을 하고 그 사귐이 익은 후에 도움을 구한다. 군자는 세 가지
를 닦음으로써 온전해진다.

위태로운 듯 움직이면 백성이 함께 하지 않는다. 매우 두렵게 말을 하면 백
성이 응대하지 않는다. 사귐이 없이 구하면 백성은 어우르지 않는다.

백성이 더불지 않는다는 것은 흠이 있는 사람임에 틀림없다.

『주역』에 이르길 더하지 말라, 혹 베이리니, 마음을 세움이 늘상 같지 않으니
흉하다고 하였다.

군자를 대인이라고도 일컫습니다. '대인大人은 자신을 바로잡으니 다른 존
재들이 바르게 되는 자' 라고 하였습니다〔正己而物正者정기이물정자 『맹자』〕. 그
러므로 군자의 몸가짐은 자신만의 것이 아닙니다.

또한 군자는 통치자이기도 하므로 군자의 움직임은 백성을 움직이게 하는

힘을 갖고 있는 고로 동작 하나 말 한마디가 자신을 베거나 이롭지 못하게 하는 것은 마음을 일관되게 세우지 못하는 데서 오는 것이므로 흉하다고 하였습니다.

마음을 일관되게 세워야 하는 군자는 몸을 편안히 한 연후에야 일관된 마음을 세울 수 있습니다. 말을 할 때에도 생각나는 대로 다급하게 하는 것이 아니라 마음을 편안하게 한 연후에 말을 하여야 모두가 따를 수 있는 말로서 실수가 없을 것입니다.

또한 도움을 구할 때도 한번 봤다고 무조건 도와달라는 것이 아니라 서로의 마음을 알기까지 시간이 지나 신뢰가 쌓인 다음에야 도움을 구해야 합니다. 이렇듯 군자는 여염집 평민과 다르므로 생각할 겨를 없이 쫓기듯 하는 말과 행동은 위험을 불러오게 됩니다. 특히 전쟁을 할 때에는 백성의 도움을 받아야 이길 수 있는데 믿음을 얻지 못한 군자는 백성도 돕지 않을 뿐더러 오히려 피해서 도망가기까지 합니다. 이럴 때의 군자는 얼마나 상심이 크겠습니까. 백성이 함께 하지 않는다는 것은 벌써 흠이 있는 사람으로 찍혔다는 말입니다.

이는 『역경』 42번째에 오는 풍뢰익괘의 상上 구九 효사爻辭를 말씀하고 계십니다.

▌**風雷益**풍뢰익 **卦象**괘상 ▌☴☳

▌**風雷益**풍뢰익 **卦辭**괘사 ▌

益익은 **利有攸往**이유유왕하며 **利涉大川**이섭대천하니라.

익益은 갈 바가 있는 것이 이로우며 큰 내를 건너는 것이 이로우니라.

위를 덜어내어 아래를 더한다는 것은 이롭습니다. 갈 바가 있고 큰 계획이 있다면 불리함이 없으니 그대로 이행하라는 말씀입니다.

上九 ▅▅▅ 莫益之막익지라. 或擊之혹격지리니 立心勿恒입심물항이니
　　　　凶흉하니라

九五 ▅▅▅ 有孚惠心유부혜심이라 勿問물문하여도 元吉원길하니
　　　　有孚유부하여 惠我德혜아덕하리라.

六四 ▅▅ ▅▅ 中行중행이면 告公從고공종하리니 利用爲依이용위의며
　　　　遷國천국이니라.

六三 ▅▅ ▅▅ 益之用凶事익지용흉사엔 无咎무구어니와 有孚中行유부중행이
　　　　라야 告公用圭고공용규리라.

六二 ▅▅ ▅▅ 或益之혹익지면 十朋之십붕지라. 龜귀도 弗克違불극위나
　　　　永貞영정이면 吉길하니 王用享于帝왕용향우제라도
　　　　吉길하리라.

初九 ▅▅▅ 利用爲大作이용위대작이니 元吉원길이라야 无咎무구니라.

▌風雷益卦풍뢰익괘 **上상 九구 爻辭효사 ▌**

莫益之막익지, 或擊之혹격지리니 立心勿恒입심물항이니 凶흉하니라.
더하지 말라. 혹 치리니 마음을 세움이 오래하지 않는다면 흉하다.

더 이상 보태지 말라, 또는 자꾸 쌓지 말라. 혹 다칠 수 있으니 마음을 세우되 오래하지 않으면 흉하리라는 것은 처음 먹은 소박한 마음이 그대로 끝까지 가야 한다는 말씀입니다.

우리 자신이 매우 어려울 때는 백만 원만 받아도 얼마나 좋겠냐며 마음을 소박하게 가지다가 막상 백만 원을 받으면 더 나아가 뇌물도 먹고 공금 횡령도 마다 하지 않고 남의 눈을 피해 어긋나게 하다 결국은 꼬리가 밟혀 벌을 받게 되는 상황을 스스로 불러오게 되는 과욕을 말씀하셨습니다.

상上 구九 효사爻辭까지 왔으니 이제 더 이상 바라면 안 될 때까지 왔습니다. 그러므로 시종일관이란 것은 처음 시작할 때의 그 마음이 변함없이 그대로 유지되는 것을 말합니다. 보통 사람들은 작은 허물 이 정도쯤으로 가볍게 치부하며 넘어가고 넘어가다 크게 불어나 문제가 되고서야 비로소 두려워하게 됩니다.

하찮은 잘못도 자기 자신만을 위한 사욕은 대중들의 분노를 사게 되므로 지나친 욕심은 결과적으로 흉할 수밖에 없습니다.

子曰 乾坤其易之門耶. 乾 陽物也. 坤 陰物也.
자왈   건곤기역지문야   건   양물야   곤   음물야

陰陽合德而剛柔有體 以體天地之撰 以通神明
음양합덕이강유유체   이체천지지찬   이통신명

之德.
지덕

공자께서 말씀하시길 건과 곤은 역으로 들어가는 문이다.

건은 양의 물건이요, 곤은 음의 물건이다.

음과 양은 합하여 덕이 되고 강하고 부드러움은 그 바탕이 됨으로써 천지를

갖추는 근원이 되어 신명의 덕을 통하게 한다.

건乾은 양적인 물건을 대표하고 곤坤은 음적인 물건을 대표합니다.

양적인 물건과 음적인 물건은 서로 합하여 만물을 낳는 덕을 이루고, 양적

인 물건의 강함과 음적인 물건의 부드러움은 만물을 낳는 덕의 바탕이 되어

천지를 갖추는 근원이 되고 우주 만물과 생명의 원천이라 하였습니다.

하늘과 땅의 강함과 부드러움을 안다는 것은 통한 것이요, 통한 이것은 신명의 덕을 얻은 것입니다. 신명이란 하늘과 땅의 신령스런 기운과 신성한 사람의 마음, 정신을 신처럼 밝게 아는 영험을 말합니다.

덕이란 것은 베푸는 것도 덕이요, 받는 것도 덕입니다. 잘 사는 사람이 돈이 많아 베풀고 산다면 베풀 수 있는 여건이 조성된 상태이므로 돈이 있다는 뜻입니다. 베풀 수 있는 돈이 있으려면 얻는 덕이 있었겠죠. 이것은 필자의 생각입니다.

옛사람들은 '덕은 얻는 것〔德者 得也〕'이라고 말씀하셨습니다. 그래서 **이통신명지덕**以通神明之德은 신명의 덕이란 밝은 지혜를 얻을 수 있는 덕을 말하고 있습니다.

其稱名也雜而不越 於稽其類. 其衰世之意邪.
기칭명야잡이불월　　　　　어계기류　　　　기쇠세지의사

천지天地란 따로 떨어지지 않고 모아서 부르는 이름으로서 그 류類는 같다.
천지天地가 쇠한다는 뜻은 세상이 쇠한다는 뜻이 아닌가.

천지란 이름은 언제나 함께 불리어집니다. 따로 떨어져서는 각개의 의미가 제대로 발휘되지 못합니다. 서로의 범위도 절대로 넘어서지 않습니다. 하늘이 땅이 된다거나 땅이 하늘이 되는 일도 절대로 일어나지 않습니다. 그것은 음양의 절대적인 지위이기도 합니다.

그래서 하늘과 땅은 위치가 다르고 역할도 다릅니다만 동등한 부름에서 달리하므로 그 류類가 같다고 하였습니다. 필자가 《계사전》 앞장을 열면서 **天尊地卑**천존지비를 하늘은 높고 땅은 낮아서 賤천하다는 것이 아니라 땅은 낮아서 만물과 친하다는 의미로 풀이한 연유가 되겠습니다. **기칭명야잡이불월**其稱名也雜而不越의 **기**其와 **기쇠세지의사**其衰世之意邪의 **기**其는 지시대명사로 보아 앞 문장의 천지를 가리키고 있다고 봅니다.

그래서 '천지란 따로 떨어지지 않고 모아서 부르는 이름이다' 로 '천지가 쇠하면 세상도 쇠하는 것이 아닌가' 라는 뜻으로 풀이하였습니다.

하늘과 땅이 쇠한다는 것은 하늘과 땅이 그 역할을 다하지 못하고 있다는 말로서 풍요로운 세상이 되지 못하여 사람이 살아가기에 매우 어려운 양상을 불러올 것입니다. 그러므로 천지가 쇠한다는 것은 세상이 바로서지 못하는 바를 의미하고 그것은 바로 음과 양이 바로 서 있지 못함을 말합니다.

夫易彰往而察來 (而) 微顯闡幽. (開而) 當名辨
부역창왕이찰래　　　　이미현천유　　　　개이당명변

物　正言斷辭　則備矣.
물　　정언단사　　즉비의

대저 『주역』은 과거를 밝히며 미래의 득실을 살피고 매우 작은 것은 드러내고 숨은 것은 밝혀낸다. 깨닫도록 마땅한 지칭으로 사물을 가리고 기탄없는 직언으로 결단하는 말씀인 즉 모든 것을 갖추었다.

『주역』의 문장 내용이 매우 알차게 짜여진 것을 격찬하였습니다. 내 눈에 들어 있는 작은 티끌을 선명하게 보여주고 감추어진 속임수는 끄집어내어 밝혔습니다. 〈서괘전〉*에 보여주듯이 괘상에 맞는 이름을 붙이고 나누어서 순서를 매겼습니다. **개이당명변물**開而當名辨物 **정언단사**正言斷辭란 예를

●**서괘전** 『주역』에 나열된 괘상의 순서를 밝힌 전서

들어 보면 누구나 다 아는 죄인이라 할지라도 앞에 두고 무조건 너는 죄인이라고 단도직입적으로 가슴을 찌르며 억압하는 것이 아니라 죄의 경중을 밝혀 발꿈치를 베이는, 또는 귀가 잘리는 식으로 가려서 적확한 지칭을 하여 잘못을 생생하게 재현시키며 부정할 수 없는 반성과 회한의 눈물을 흘리게 하였습니다【p225 참조】. 희미하게 드러나지 않은 상태의 정황을 그대로 드러내 말할 때는 폐부를 찌르는 듯 섬뜩한 용어를 서슴없이 사용하기도 하였습니다.

예를 들면 수뢰둔괘에서 볼 수 있는 다음과 같은 내용입니다.

【例】

■ 水雷屯수뢰둔 卦象괘상 ■

■ 水雷屯수뢰둔 卦辭괘사 ■

屯둔은 元亨원형코 利貞이정하니 勿用有攸往물용유유왕이요
利建侯이건후하니라.

둔屯은 매우 형통하여 바르게 하여야 이로우니 가는 바를 두는 일은 하지 말고
제후를 세움이 이로우니라.

上六 ▬ ▬ 乘馬班如승마반여하여 泣血漣如읍혈연여로다.

九五 ▬▬▬ 屯其膏둔기고니 小貞소정이면 吉길코 大貞대정이면 凶흉하
리라.

六四 ▬ ▬ 乘馬班如승마반여니 求婚媾구혼구하야 往왕하면 吉길하야
无不利무불리하리라.

六三 ▬▬ 卽鹿无虞즉록무우라 惟入于林中유입우림중이니 君子군자 幾기

하야 不如舍불여사니 往왕하면 吝인하리라.

六二 ▬▬ 屯如邅如둔여전여하며 乘馬班如승마반여라니 匪寇비구면

婚媾혼구리니 女子여자 貞정하여 不字부자라가 十年십년에

야 乃字내자로다.

初九 ▬▬ 磐桓반환이니 利居貞이거정하며 利建侯이건후하니라.

둔屯은 바르게 하여야 형통하니 가는 바를 두지 말고 능력 있는 사람을 앞
장세우라는 것입니다.

천지가 열리고 생명을 탄생시켰으니 형통하기 그지없습니다. 그러나 어렵
습니다. 생명은 앞으로 커 나가야 하는 사명을 완수해야 하므로 세상살이가
그리 만만하지 않습니다.

누구나 이러한 대목을 만나면 감동을 받지 않을 수 없고 또 감동받지 않을
사람이 어디 있겠습니까. 『주역』을 읽으면서 공자님도 감동하셨습니다.

자신이 처해 있는 위치가 어디에서 어떻게 있는지, 그리고 앞으로 어떻게
하여야 좋은 것인지를 하나하나 세밀하게 일러주고 있습니다.

『주역』 상경上經 3번째에 오는 수뢰둔괘는 필자가 **개이당명변물**開而當名辨
物 **정언단사**正言斷辭의 의미를 납득하는데 도움이 되도록 하기 위하여 임
의대로 예를 들었습니다. 수뢰둔괘뿐만이 아닙니다. 『주역』 64괘는 말씀해
놓으신 괘사卦辭, 효사爻辭, 단사彖辭를 보면 성인의 궁구한 경지를 잘 알
수 있습니다. 왜냐하면 적절하게 맞는 지칭으로 꼭 필요한 말만 하여 간단
명료하게 채워서 일러주고 있기 때문입니다. 다시 말해 자신의 잘된, 잘못
된 행실을 돌아보게 하였습니다.

▌水雷屯卦수뢰둔괘 上상 六육 爻辭효사 ▌

乘馬班如승기반여하야 泣血漣如읍혈연여로다.

상육上六은 말을 탔다가 피눈물을 줄줄 흘리도다.

올라오는 욕망을 삭일 수는 없고 또한 욕망을 위하여 움직이기도 어려워 할까말까 망설이다 하려고 결정한 뒤 용기 있게 가다가 멈춰 서서 오지도 가지도 못하는 사람의 심정을 피눈물을 줄줄 흘린다고 실감나게 말씀하셨습니다. 도둑이 보아도 보통 사람이 보아도 판사가 보아도 어느 각도에서 보아도 상관없도록 거기에 알맞은 상징적인 말을 사용하여 가볍고 중함에 따라 정확하게 일러주신 것이 『주역』입니다.

둔屯은 어렵습니다. 나눈 사물에 맞는 이름입니다.

어려움에도 여러 가지가 있습니다. 그중에서도 수뢰둔의 어려움은 시작하는 생명 탄생과 창업의 어려움입니다.

눈이 와서 얼어붙은 땅을 햇살로 녹이고 바람으로 녹이면 땅 밑에 움츠려 있던 씨앗은 갖은 힘을 다하여 올라와 세상을 만납니다. 연약한 등줄기가 꼬부라져 있는 것은 어려웠던 땅 밑의 정황을 이야기하듯 애처롭기까지 합니다.

남녀 사이에 태어나는 신생아의 애처로움도 마찬가지일 것입니다.

其稱名也小 其取類也大. 其旨遠 其辭文. 其言曲
기칭명야소　　　기취류야대　　　기지원　　　기사문　　　기언곡

而中 其事肆而隱. 因貳以濟民行 以明失得之報.
이중　　　기사사이은　　　인이이제민행　　　이명실득지보

작은 것은 부르는 이름이요 큰 것은 모아서 나눈 류類이다. 그 깊은 의미는 말과 글에 있다. 자세하게 표현한 말 가운데 핵심이 있으며 흩어져 잠재되어 있는 일을 찍어놓았다.

그래서 백성을 구제하는 일은 밝음을 얻었느냐 잃었느냐 두 가지에서 판가름 난다.

첫머리 글자로 나오는 기其는 앞 문장의 역易을 가리키는 지시대명사로 보았습니다.

통치자와 오늘날의 CEO는 홀로 고독과 외로움에 젖어도 어디 가서 함부로 물을 수 있는 신분이 아닙니다. 그래서 이런 분들에게는 물어서 답을 얻을 수 있는 대인이 꼭 필요할 것입니다만 곁에 없는 경우가 많습니다. 그래서 선견지명이 부족한 정책들을 내놓고 갈팡질팡하고 있는지도 모릅니다.

이럴 경우 『주역』이 대인의 역할을 충분히 할 수 있으므로 통치자나 CEO라면 반드시 『주역』은 알고 있어야 하겠습니다. 어렵고 힘들 때 『주역』에 물어보면 『주역』은 신비하게도 거기에 맞는 답을 제공해 주고 있습니다.

통치자는 백성들이 어려울 때 당연히 구제하고 지켜야 할 주체이므로 모든 사물을 길러내는 것과 같은 밝음을 잃지 않아야 합니다. 그렇다면 모두가 태양처럼 우러러 보며 존경하고 따르지 않을 수 없을 것입니다.

『주역』은 부르는 이름은 작지만 크게 분류하여 취하였습니다.

예를 들어 화수미제괘火水未濟卦라면 미제가 이름이 되겠습니다. 미처 건너지 못한다는 미제, 이름은 작습니다. 그러나 그 작은 이름 속에 인생이나 사물의 미완성된 의미가 완성을 향해 나아가는 오늘과 내일이 포괄적으로 담겨 있습니다. 그러므로 작은 이름이지만 크게 분류하여 모은 결정체가 되는 것입니다.

광범위한 속뜻에 그 이름이 갖고 있는 적절하면서도 알맞은 용어로 표현하여 문장으로 말씀하시며, 자기가 알고자 하는 핵심이 무엇이든 찾을 수 있도록 하였습니다. 어떤 괘는 우회적으로 설명하며 핵심을 가리고 있는 듯하지만 길놈인지 흉凶인지는 그 문장을 읽다 보면 배우고 익히신 분들은 저절로 알 수 있게 됩니다.

백성을 다스리고 구제하려면 물을 수 있는 곳이 있어야 통치자로서의 부족함을 용이하게 보완해 나갈 수 있습니다.

이로써 『주역』은 통치자의 덕목으로써 통치자라면 꼭 소지하고 있어야 하는 필독서必讀書로 자리매김되었습니다.

제7장

易之興也 其於中古乎 作易者其有憂患乎
역지흥야　　　기어중고호　　　작역자기유우환호

역은 왕성하게 일어났다. 중고시대도 그러했을까? 『주역』을 엮은 사람도 걱
정과 근심이 있었구나.

중국 문명의 연대에서 기록을 통해 확인이 가능한 것은 BC 16세기인 은殷
나라의 성립부터입니다. 그러나 최근 고고학적 성과에 의해 전설적인 왕조
라고 여겨지던 하왕조의 연대에 해당되는 성터가 발견되었다고 합니다.

고대시대를 상上고 · 중中고 · 하下고시대로 나눈다면 상上고시대는 건축물
이 없는 시대, 즉 혈거穴居하거나 들이나 나무에 움막을 지어놓고 살았을
때로 구분을 짓고, 가옥을 지어서 살기 시작한 때부터 중고시대로 보고 있
습니다【계사전 上, 제6장 참조】.

『삼황본기三皇本紀』에 의하면 『주역』의 기초가 되는 팔괘는 복희씨가 황하
에서 나온 용마의 그림을 보고 만들었다고 전해지고 있습니다. 전설적으로
는 혈족 단체의 씨족 가운데 포희씨庖犧氏는 사람의 얼굴에 몸은 뱀의 모양

을 한 사람〔蛇身人種〕으로서 하늘의 우주관을 정립하였습니다.

포희(복희)씨는 정성으로 하늘에 제사하여 일월성신의 운행을 보고 땅에 제사하여 산천초목과 새와 짐승들의 상태를 통찰하여 자신의 생활 속에 적용하고 비교하여 백성을 인도하였으며, 그 번창과 행복에 귀감이 되도록 팔괘를 지어 백성의 행복을 위한 지도이념으로 삼았던 것입니다. 포희씨는 감숙성에서 태어난 인물로 수인씨로부터 선양받아 하남에 도읍을 정하였고 여와씨를 맞아들여 인륜 화합을 이루었다고 전해집니다.

포희씨의 뒤를 이어받은 신농씨는 인신우수〔人身牛首—사람의 몸에 소의 머리〕의 모양을 하였고 농기구를 만들어 경작을 가리켰으며 이때부터 쌀을 재배하기 시작했다고 하며 팔괘를 겹쳐 64괘를 만들었다고 합니다. 신농씨의 어머니는 여등女登이었으며 신귀神龜에 감응하여 염제를 낳았으니 화덕火德의 왕으로 전해집니다.

신농씨를 이은 황제는 제후였던 소전小典의 아들로서 성은 공손公孫이고 이름은 헌원軒轅이라 하며 매우 총명하였다고 전해집니다. 황룡黃龍과 토덕土德의 상서로운 조짐이 있어서 황제라 이름하였으며, 제후 가운데 서릉西陵의 여인 나조螺祖를 취하여 정비正妃로 삼아 양잠養蠶을 시작하게 하였습니다. 사계절의 기운에 맞추어 오곡을 재배하였으며 방패와 창을 익혀 덕을 닦았고 목木화火토土금金수水의 기운을 조절했다고 전해집니다. 황제시대부터 집〔가옥〕을 짓고 살기 시작한 것 같다고 전해져 오며 황제의 손자로서 뒤를 이은 전욱顓頊은 남쪽 교지校趾 땅까지 다스렸다고 합니다.

황제시대를 중심으로 집 짓고 살기 이전을 상고시대로 보고, 집 짓고 살기 시작한 때부터를 중고시대로 보는 것이 매우 타당하다고 말하고 있습니다.

요임금 또한 전설상의 인물로 남아 있습니다. 그러나 그 전설에 수반되는 정세에는 시사하는 자료적인 것이 전연 없다고는 할 수 없을 정도로 문헌 곳곳에 노래한 흔적이 남아 있습니다. 2000여 년의 역사를 집약해 놓은 『서경書經』 속의 요임금은 지혜와 덕성을 겸비한 이상적인 군주였던 것 같습니다. 요임금 때에 1년 365일의 행사를 지도하였고 3년마다 윤월閏月을 두어 사계절의 오차를 바로잡았다고 합니다.

요임금은 도당씨陶唐氏이며 100년 동안 재위한 군주로서 덕치를 베풀었고, 뒤를 이은 순舜임금 또한 50년간 재위에 있었다고 합니다. 요·순 시대는 태평성대를 이룬 군주로서 오늘날까지 귀감이 되는 훌륭한 성군이었습니다. 순임금의 선양을 받은 우임금은 재위 8년 만에 아들 계啓에게 양위한 듯합니다. 이때부터 부자父子 상속으로 바뀌어간 것인데, 이로써 하夏나라는 15대 폭군인 걸왕에 의하여 민심을 잃어 은殷나라가 들어설 때까지 440년간 존속하게 됩니다.

동방에 은이라는 큰 이족이 있었지만 하나라의 중흥조라 불리는 소강小康의 시기에 은의 왕 명冥이 사공司空이라는 직함을 얻어 벼슬을 살고 있었는데, 은의 왕가가 점차 황하 유역으로 세력을 미치게 되기에 이르러 하나라와 은나라는 함께 황하 유역에서 왕의 이름으로 십간의 명칭을 붙여 나갔습니다. 소강 이후에 세력이 쇠퇴한 때문인지 공갑孔甲의 무렵에는 정주를 버리고 낙양으로 옮겨 멸망할 때까지 도읍으로 했던 듯합니다.

은나라의 시조는 설偰이며 유융씨有娀氏의 딸이었다고 합니다. 은의 문명은 하나라의 문명을 이어 계승, 발전시켰으며 은 시대의 천자는 한결같이 전기부터 후기에 걸쳐서 이름을 모두 10간干으로 하였습니다.

은나라 주紂왕의 이름도 辛신이었다고 하며 태어난 날이 10간의 어느 날에 해당하였고 하루하루의 의미가 그대로 10간의 의의를 뒷받침하고 있었던 것입니다. 매월 초가 甲갑의 날에 해당하고 10일째가 癸계의 날에 해당되었습니다. 1개월이 30일이라면 1년은 360일이 되어 역법에 있어서 달의 운행과 합치되지 않음을 밝혀낸 것이 정주鄭州로부터 안양安陽에 천도한 무렵인 것 같다고 합니다. 두말할 것 없이 천자는 역법에 대한 조예가 요구되었으며 그것이 천자의 역할이기도 했고 그런 견지에서 천자는 점복술의 최고 지도자가 되지 않을 수 없었다고 합니다. 여기의 내용은 '와다나베 소슈'가 지은『중국 고대 문양사中國 古代 文樣史』에 실려진 내용으로서 독자들의 흥미를 위하여 재미있는 부분이라 여겨져 소개드렸습니다.

상고시대를 기원전 5000년으로 본다면, 중고시대는 황제시대부터 주나라 중기 기원전 2000년 전후로 보고, 하고시대는 주나라 말기에서 걸쳐 공자의 춘추〔기원전 100년〕시대로 보고 있습니다.

易之興也역지흥야 其於中古乎기어중고호 **중고시대에도 역을 활용함이 왕성했구나**라고 말씀하신 것은 몰라서가 아니라 감탄의 뜻으로 말씀하셨다고 생각합니다. 즉, 중고시대〔황제시대-주나라 중기〕에 역이 매우 흥왕했음을 말씀하시고 계십니다. 참고로 말씀드리자면, 상고시대의 복희씨와 중고시대의 문왕·주공, 하고시대의 공자를 거쳐『주역』이 완성되었기 때문에 '시력삼고時歷三古 인경사성人經四聖'이라 합니다.

作易者작역자 其有기유 憂患乎우환호 **역을 엮은 사람도 근심과 걱정이 있었구나**라고 하신 것은 공자님이 모르셔서 말씀하신 것이 아니라 통치자의 근심과 걱정의 아픔을 누구보다도 잘 헤아리고 계신 듯합니다.

백성으로부터 가장 덕망이 높은 주周나라의 문왕은 은나라의 주紂왕으로부터 유리지방에 있는 감옥에 갇혀 백성을 위한 정치를 하지 못했고 자신을 구하러 온 맏아들 백읍이 주紂왕에 죽임을 당한 뒤 그 살로 빚은 만두 먹기를 강요당하며 겪은, 피를 말리는 애간장을 태우며 백성들을 위해 말없이 궁구한 것이 64괘사와 384효사로서 주周의 문왕과 주공에 의하여 체계적으로 정리되었습니다. 여기에 공자가 〈십익十翼〉의 해설전을 붙여 오늘날의『주역전서』로 전해져 옵니다.

분명히 드러나 알 수 있는 것은 역을 엮은 사람은 잠시도 걱정과 근심에서 벗어나지 못했다는 사실입니다. 그러나 일반적으로 걱정과 근심이 많은 사람은 표정이 일그러진 모습이지만 성인은 걱정과 근심 속에서 살아도 찌들지 않은 덕성 군자의 평온한 모습을 간직하였을 것입니다.

是故履 德之基也, 謙 德之柄也. 復 德之本也.
시고리　　덕지기야　　겸　덕지병야　　복　덕지본야

恒 德之固也. 損 德之修也. 益 德之裕也.
항　덕지고야　　손　덕지수야　　익　덕지지야

困 德之辨也. 井 德之地也. 巽 德之制也.
곤　덕지변야　　정　덕지지야　　손　덕지제야

履和而至 謙尊而光, 復小而辨於物 恒雜而不厭.
리화이지　겸존이광　　복소이변어물　　항잡이불염

損先難而後易 益長裕而不設. 困窮而通 井居其
손선난이후역　　익장유이불설　　곤궁이통　　정거기

所而遷. 巽稱而隱.
소이천　손칭이은

履以和行 謙以制禮. 復以自知 恒以一德. 損以
리이화행　겸이제례　　복이자지　항이일덕　　손이

遠害 益以興利. 困以寡怨 井以辨義 巽以行權.
원해   익이흥리   곤이과원   정이변의   손이행권

그런 까닭으로 리履는 덕의 바탕이 되는 것이고 겸謙은 덕의 손잡이다. 복復은 덕의 근본이며 항恒은 덕의 견고함이다. 손損은 닦는 덕이요 익益은 넉넉한 덕이다. 곤困은 분별하는 덕이요 정井은 대지의 덕이며 손巽은 법도의 덕이다.

본받아 따라 밟으면 평화를 얻고 겸손하게 받들면 반짝반짝 빛나고 작아도 다시 회복하면 사물로 쓴다. 섞여도 싫증이 나지 않으면 오래할 것이요 덜어 냄도 먼저는 어렵지만 나중은 바뀐다. 더함은 오래하여야 넉넉해지고 탐하지 않아야 한다. 곤은 궁하면 통하는 것이다. 우물이 있는 곳으로 옮겨서 살고 물러나게 하니 바람이라 부른다.

본받아 밟는다(履)는 것은 화합으로 가게 하고 겸謙이란 것으로 예법을 제정하였다. 다시 회복(復)한다는 것은 스스로 안다는 것이며 오래하는(恒) 것은 덕과 하나이다. 덜면(損) 해로움이 멀어지고 더하면(益) 이로움이 일어난다. 어려워도(困) 원망하지 않으며 우물(井)이란 것은 바르게 가린다는 뜻이 있으며 바람(巽)이란 권도를 행하는 것이다.

천택리, 지산겸, 지뢰복, 뇌풍항, 산택손, 풍뢰익, 택수곤, 수풍정, 중풍손괘를 번갈아 가며 중요한 의미와 덕성을 접목시켜서 요점정리를 하듯 간결하게 설명을 하였습니다.

천택리괘(☰)의 '리履'는 '밟는다'는 것으로 덕의 바탕이 됩니다. 본받아 따라 밟으면 평화에 이르고 본받아 따라가면 화합하게 됩니다.

지산겸괘(䷎)의 '겸謙'은 '겸손하다'는 것으로 덕을 쓰는 손잡이가 되며 겸손하게 받들면 빛나서 자신 또한 돋보이고 예법은 겸손함을 기준으로 만들었습니다.

지뢰복괘(䷗)의 '복復'은 '돌아와 회복한다'는 것으로 덕의 근본이 되며 아무리 작은 허물도 돌아와 회복한다는 것은 스스로 자신을 알고 있습니다.

뇌풍항괘(䷟)의 '항恒'은 '오래하는' 것입니다. 이것은 견고한 덕德을 나타내고 아무리 오래 하여도 싫증내지 않는다는 것은 아름다움이라 말하며 덕이 없으면 유지되지 못하므로 덕과 하나라고 말씀하셨습니다.

세상에서 제일 아름다운 것은 오래도록 함께 하는 것이라 생각합니다. 오래도록 함께 할 수 있다는 것은 서로의 신뢰를 저버리지 않았기 때문이라고 보며 혹여 어긋남이 있어도 서슴없이 용서를 구하고 용서를 하였으니 더욱 견고하여져 오래할 수 있었을 것입니다.

산택손괘(䷨)의 '손損'은 '양보' 하는 덕입니다. 손해를 보아도 양보를 했다고 생각하는 것은 덕을 닦는 생각이요, 어려워도 먼저 덜어내어 이웃을 도우면 나중은 바뀌어 넉넉해질 것이라 하셨습니다.

그렇습니다. 우리에게 도운다는 것은 개인의 삶이 여유로울 때의 이야기입니다만, 어려워 도움을 받아야 살아갈 수 있는 사람도 앞에서는 도움을 받으며 뒤에서는 도움을 주는 삶을 살아갈 때 넉넉한 미래를 약속받을 수 있으리라 생각합니다.

풍뢰익괘(䷩)의 '익益'은 '이로움이 날로 더해지는' 것입니다. 오래하는 덕은 오랜 이익으로 넉넉해져 갈 것이므로 이익이 계속 일어날 것입니다.

풍뢰익의 이익은 고난을 이겨낸 다음의 결실이 되겠습니다. 그러므로 고난을 모르는 이익과는 차별화된다는 것을 알아야 합니다. 왜냐하면 바람과 우레에 단련된 다음 거두어들인 이익이므로 오래도록 유지할 수 있는 지혜로움이 터득된 넉넉함이기 때문입니다.

택수곤괘(䷮)의 '곤困'은 '어렵다'는 것입니다. 어렵다는 것은 길흉하다는 것과 분별되며 계속 어렵지는 않을 것이므로 곤困은 궁窮하면 통하여 열리니 슬퍼하지 말아야 합니다.

수풍정괘(䷯)의 '정井'은 '우물'입니다. 우물은 대지大地의 덕으로서 사람은 물이 없으면 살지 못하므로 물이 있는 곳으로 옮겨서 살게 되며, 물이란 것은 생명수인 만큼 해로운 물질이 들어 있지 않은지 바르게 잘 분별하여 먹어야 합니다.

중풍손괘(䷸)의 '손巽'은 '바람'입니다. 바람의 덕은 규제하는 것이며 물러나게 하는 것으로 권세의 힘을 행하는 것입니다.

감옥에 있을 때에는 생명을 보호받고 있다가 감옥을 나와서 상대의 적으로부터 죽임을 당하는 경우 감옥은 바른 규제로서 물러나게 하여 보호하는 강력한 힘이 됩니다. 모든 사물을 엎드리게 하고 무릎 꿇게 하는 것은 바람의 힘입니다.

제8장

易之爲書也. 不可遠爲道也. 屢遷 變動不居.
역지위서야   불가원위도야   루천   변동불거

周流六虛 上下無常 剛柔相易.
주류육허   상하무상   강유상역

不可爲典要 唯變所適.
불가위전요   유변소적

『주역』이란 역易이 책으로 된 것이다. 도道를 행하려면 멀리 할 수 없다. 빠르게
옮겨가며 변동하니 일정하지 않다. 동, 서, 남, 북, 아래, 위, 허공을 두루 돌아
머물지 않으며 위로 아래로 늘상 같지 않으니 강하고 부드러움이 서로 바뀐다.
바루는* 법전은 될 수 없으니 오직 변하여 가는 바에 맞추어졌을 뿐이다.

*바루다 그릇된 것을 고치다

『주역』을 멀리 하지 말라고 당부하신 까닭은『주역』속에 모든 경우의 변화
가 글로 다 설명되어 있으니 답을 찾고자 하는 사람에겐 원하는 것이 무엇
이든 다 들어 있기 때문입니다. 그러므로 늘 가까이 두고 밝은 스승으로 삼

아 군자의 지침서로 간직하라는 말씀입니다.

늘 변하고 바뀌어 옮겨가는 것은 작은 효이지만 이 조그만 변화에 소성괘가 변하고 더불어 대성괘까지 변화시키므로 우리 삶의 작은 변화가 한 개인의 인생을 바꿔놓고 사회를 변화시키고 나라를 변화시키는 힘을 갖고 있으므로 작은 것이지만 결코 작은 것이 아닙니다. 『주역』은 삶의 도道를 가리키고 있습니다.

효爻의 변동은 일정한 규칙 없이 어떻게 변해 갈지 예측할 수 없습니다. 그 것은 지금 자신이 움직인 동작이 미래를 어떻게 변화시켜 나아갈지 모르는 것과 동일합니다. 오늘날까지 두루 돌아온 자신의 미래가 동, 서, 남, 북, 위, 아래를 막론하여 어디서 누구로부터 어떤 변화가 일어나 어떻게 전개될지 모르는 것처럼 효 또한 두루 돌아 어떻게 나타날지 모르며 또 어떻게 변해 갈지 모릅니다. 그래서 『주역』은 변하는 바에 맞추어져 있으므로 사회 질서를 형벌로 짜맞추어 바로잡는 법전法典은 될 수 없습니다.

其出入以度 外内使知懼. 又明於憂患與故 無有
기출입이도　　　외내사지구　　　　우명어우환여고　　　무유

師保, 如臨父母. 初率其辭而揆其方 既有典常.
사보　　　여임부모　　　초솔기사이규기방　　　기유전상

苟非其人 道不虛行.
구비기인　　　도불허행

법도로 나가고 들어오며 안팎으로 하여금 두려움을 알게 한다. 또 명백하게 걱정과 근심을 같이 하는 고로 스승이 보호할 수 없을 때 부모가 임하는 것과 같다. 앞에 의거한 말씀으로 그 방법을 헤아리니 항상 지켜야 할 도의 이치를 이미 갖추었다. 진실로 사람이 아니다. 도道를 빈틈없이 행하는 사람은.

『주역』은 군자에게 있어서 멀리 해서는 안 되는 동반자적 역할을 말씀하셨습니다. 언제나 『주역』을 가까이 두고 가르침을 받으며 나가고 들어오며 나가서나 들어와서나 위엄으로 바로잡습니다. 이것은 바로 『주역』을 읽고 익혀 쌓인 내공에서 비롯됨을 나타내고 있습니다.

또 스승이 보호하지 못하는 것을 부모가 임하여 보호하듯이 『주역』은 부르면 달려와 힘이 되어 주는 부모와 같다고 하시며 앞서 많은 괘들을 일일이 열거하며 요점을 말씀하신 것처럼 헤아리는 방법은 이미 있었던 괘사나 효사에 모두 들어 있다고 말씀하셨습니다.

지금까지 말씀하신 내용이 우리가 읽어보기에는 쉬운 것 같으나 진실한 도를 행한다는 것은 참으로 쉽지 않습니다. 왜냐하면 진실한 마음으로 사욕을 버린 비어 있는 마음을 가진 사람이 아니라면 길吉한 도를 만날 수 없기 때문입니다.

구비기인苟非其人 **도불허행**道不虛行이란 움직일 때는 변화의 도道를 생각하고 사람을 만날 때는 위엄과 온화함을 갖추고 낮고 높음을 떠나 매사를 함께 하는 군자의 도량에 빈틈없이 행하는 사람이라면 도道를 행하는 사람이라는 말씀입니다. 어떤 사람이든 바로 『주역』을 소지하여 쉼없이 읽고 익히는 사람은 부모와 같은 도움을 받고 따라서 『주역』에 이미 갖추어진 이치대로 헤아리며 살아가는 사람은 이미 빈틈없이 도道를 행하는 사람일 것입니다.

우리가 살아가면서 너무도 잘하고 너무도 정확한 사람을 사람이 아니라 귀신같다고 말하는 것처럼 **구비기인**苟非其人은 그런 말이 아닐런지요.

易之爲書也 原始要終以爲質也. 六爻相雜 唯其
역지위서야　　　원시요종이위질야　　　　　육효상잡　　　유기

時物也. 其初難知 其上易知 本末也. 初辭擬之
시물야　　　기초난지　　　기상이지　　　본말야　　　초사의지

卒成之終.
졸성지종

『주역』은 역易이 책으로 된 것이다. 시작되는 처음이 마침을 이루는 바탕이
된다. 여섯 개의 효는 서로 복잡하게 만나지만 오직 그 당시의 물건이다. 그
처음은 알기 어렵지만 위로 갈수록 알기 쉬워지며 일의 근본과 여줄가리*가
된다. 처음 헤아린 말씀이 마침내 마침을 이룬다.

*여줄가리　주된 몸뚱이나 원줄기에 딸린 물건

『주역』은 무엇보다 음양의 부호로 된 64괘를 우선으로 하고 그다음 각 괘를
풀이한 괘사와 효사를 위주로 길과 흉을 풀어 나갑니다.
음양의 부호로 된 각 괘의 괘상과 괘사는 그 괘의 근원이자 시작이요, 여섯

개의 효를 풀이하는 바탕이 됩니다. 그러므로 각 괘의 큰 틀이 되고 있는 괘상과 괘사를 잘 숙지하고 있어야 하는 것은 두말할 나위가 없습니다.

대성괘를 이루고 있는 여섯 개의 효는 서로서로 복합적 유기적 관계를 맺고 있으며 초효初爻부터 상효上爻까지 각 효에는 말씀이 달려 있습니다. 이를 효사爻辭라고 합니다.

설시를 하여 괘가 나오기까지 18변變의 복잡한 과정을 거치겠지만 어느 효가 동動하느냐 하는 것은 그때 그 시점의 상황을 어김없이 드러내고 있는 의의가 되고 있습니다. 처음은 무슨 말을 하고 있는지 알기가 어렵지만 본괘와 지괘의 괘사, 괘상사, 단사, 효사, 효상사, 문언전 등의 말씀들을 읽어가다 보면 일의 뿌리와 줄기를 쉽게 알 수 있어집니다.

若夫雜物撰德 辨是與非. 則非其中爻不備.
약부잡물찬덕　　　변시여비　　　즉비기중효불비

噫亦要存亡吉凶. 則居可知矣.
희역요존망길흉　　　즉거가지의

知者觀其象辭 則思過半矣.
지자관기단사　　　즉사과반의

만약 덕을 가리는 내용으로 복잡하게 얽혀 있는 잡다한 말들은 해당이 되는 것과 안 되는 것을 구별해야 한다. 즉 갖추지 않은 중효(中爻-2, 5爻)가 아니기를, 하~ 길흉 존망에 역시 중요하구나. 곧 있는 그대로를 알 수 있다.

지혜로운 사람은 단사를 자세히 살필 것인 즉 생각하여 깨닫는 바가 퍽 많을 것이다.

설시를 하고 괘가 나오면 사실 괘와 효에 달린 말씀들이 매우 많습니다. 읽다 보면 상관없는 것 같은 말씀들이 복잡하게 얽히면서 괜히 마음에 걸리는 예가 많이 생깁니다. 정리가 잘 되지 않고 더러는 무슨 말을 하고 있는지 애매모호하여 도무지 이해가 가지 않아 답을 찾기도 어렵습니다.

여기서 공자께서는 역시 가운데 효爻, 즉 下卦하괘의 二爻이효와 上卦상괘의 五爻오효가 정말 중요하더라는 경험을 감동적으로 말씀하셨습니다. 中중에 정正을 얻기를 바란다는 마음이 깃들어 있습니다. 中에 正을 얻었다는 것은 下卦 二爻가 陰(--), 上卦 五爻가 陽(—)일 때를 말합니다.

효위爻位의 관계에서 생기는 중정응비中正應比의 개념은 다음과 같습니다.

- 중효中爻인 가운데 효爻가 길흉존망吉凶存亡에 역시 중요하다는 말씀은 하괘下卦와 상괘上卦 중에서 가운데 효가 되는 이효二爻와 오효五爻를 얻는 것이 매우 중요하다는 말씀입니다. 즉, 이효와 오효를 얻으면 중中을 얻었다고 하여 득중得中이라 말하고, 인간의 덕성은 중용에 있기에 중中을 얻었을 때 길吉하게 해석하고 있습니다.
- 정正을 얻었다고 하는 것은 음의 자리에 음효가 오고 양의 자리에 양효가 오면 바른 자리를 얻었다고 하여 정위正位라고 합니다.
- 응應을 얻었다고 하는 것은 초효 二효 三효는 내괘에서, 四효 五효 상효는 외괘에서〔初爻-四爻, 二爻-五爻, 三爻-上爻〕서로 음양의 관계에 있을 때 상호보완 관계를 이루었다고 하며 정응正應의 관계로 보고 있습니다.
- 비比의 관계는 이웃하는 효의 관계를 말하며, 이 경우에도 이웃하는 효 사이의 음양 관계의 여부로 살펴봅니다. 각 효의 비比의 관계를 정리해 보면 초효의 이웃 효는 二효이며, 二효의 이웃 효는 一·三효, 三효와 이웃하는

효는 二·四효, 四효와 이웃하는 효는 三·五효, 五효와 이웃하는 효는 四·上효, 上효의 이웃 효는 五효가 되겠습니다. 위, 아래 가까이 있는 효를 말합니다.

하지만 중정응비中正應比의 관계가 절대적인 공식으로 작용하는 것은 아닙니다. 괘의 특수적인 관계에 따라 정응正應의 관계가 방해의 양상으로 나타날 수도 있고 중정中正의 관계도 괘에 따라 다르게 판단하는 경우도 있습니다 다만 대체적으로 중中을 얻고 정위正位를 얻은 상태를 가장 이상적으로 풀이하고 있을 뿐입니다.

움직이는 동효를 중요하게 생각하는 이유는 음효가 움직이면 양효가 되고 양효가 움직이면 음효가 되어 길이 흉이 되고 흉이 길로 변하는 계기가 되기 때문에 그렇다고 보시면 됩니다.

또 동하는 효가 중요하다는 것은 사물〔자신 포함〕이 움직이는 경우가 되며 또한 해법도 그 효를 중심으로 찾아야 합니다.

예를 들면 어떤 괘의 二爻이효가 동하였다면 먼저 본괘本卦의 괘사卦辭와 二이 爻辭효사의 말씀을 자세히 보아야 합니다.

다음 二爻이효가 음효면 양효로 변하였을 때 주어지는 지괘之卦의 괘사와 二이 爻辭효사, 양효면 음효로 변했을 때 주어지는 지괘의 괘사와 二이 爻辭효사를 중심으로 하여 初爻초효와 三爻삼효, 그리고 五爻오효를 관심 있게 살펴야 합니다. 왜냐하면 初爻초효와 三爻삼효는 二爻이효의 이웃으로서 二爻이효의 편이 되어 도울 수도 있고 방해자도 될 수 있기 때문입니다. 이러한 관계를 비比의 관계라 말씀드렸으며, 왜 또 五爻오효를 살펴보아야 하느냐면 二爻이효와 응應의 관계에 있기 때문입니다.

二爻이효를 얻었다는 그 자체만으로 중中을 얻었으며 二爻이효가 음효일 때는 정위正位도 얻었습니다.

이러한 경우를 살펴보는 것은 二爻이효와 매우 밀접한 관계에 있는 효爻가 되어 중요한 역할을 하기 때문입니다. 그러면 四爻사효는 三爻삼효와 五爻오효와의 관계, 그리고 上爻상효는 五爻오효와의 관계를 참고하면 될 것입니다. 二爻이효가 동했을 때 왜 初爻초효와 三爻삼효, 그리고 五爻오효를 중요하게 관찰하느냐에 관하여 설명을 드렸습니다. 매우 다양한 경우 중 한 편에 불과한 협소한 설명임을 말씀드립니다. 독자님들께서 『주역』을 배우실 때 설명을 잘 들으시고 많은 경험으로 터득하시기를 부탁 드립니다.

인간이 살아가는 데 잘사느냐 못사느냐의 관건은 역시 길흉 존망에 있으므로 우리가 『주역』을 배우고 설시를 하여 괘를 내고 괘사와 효사를 연구하고 분석하는 것은 길흉 존망을 알고자 하는 데 있습니다. 괘상과 괘사, 효사, 그리고 움직이는 동효에서 현재, 미래가 그대로 드러난다면 참으로 경이롭고 신비롭다고 아니할 수가 없습니다.

공자님께서는 길흉존망을 살피는 데 64괘의 각 괘사를 확실시하게 풀이한 단사를 중요하게 생각하셨으며, 단사를 꼭 챙겨보는 것이 결단을 내리는 데 도움이 된다고 말씀하셨습니다. 그 이유는 단사에 내포되어 있는 의미로 인해 몰랐던 사실까지 깨닫게 하는 지혜로움이 들어 있기 때문인 것 같습니다. 앞에서 설명드린 중정응비中正應比와 도전괘, 배합괘, 착종괘, 호괘, 지괘 【p148 참조】 등의 내용을 참고하여 괘의 판단은 어디까지나 종합적으로 해야 정확한 예측을 할 수 있습니다.

二與四同功而異位 其善不同. 二多譽 四多懼
이여사동공이이위　　　　　기선부동　　　이다예　　사다구

近也, 柔之爲道不利遠者. 其要無咎 其用柔中也.
근야　　유지위도불리원자　　　기요무구　　기용유중야

三與五同功而異位. 三多凶 五多功. 貴賤之等也.
삼여오동공이이위　　　삼다흉　오다공　귀천지등야

其柔危 其剛勝邪.
기유위　기강승사

이효와 사효는 공로는 같지만 자리가 다르므로 그 다스림이 같지 않다.
이효가 명예로움이 많다면 사효는 가까이 있어 두려움이 많다. 불리함이 멀
다는 것은 부드러운 도가 된다. 그러므로 허물이 없다는 것이 중요하고 그
쓰임은 부드러움에 맞추어져 있다.
삼효와 오효는 공로는 같지만 자리가 다르다. 삼효는 흉이 많고 오효는 공로
가 많다. 귀하고 낮음의 등급이 있다. 부드러우면 위험하고 강하게 이기면 도
리에 어긋난다.

정응正應의 관계는 初爻초효와 四爻사효, 二爻이효와 五爻오효, 三爻삼효와 上
爻상효가 됩니다. 그러나 여기서는 정응의 관계를 말씀하신 것이 아니고 서
로 비슷하면서 다른 자리의 효를 비교하여 풀이되는 바를 소개하였습니다.
먼저 二爻이효와 四爻사효는 공로는 하나지만 자리가 다르므로 다스림이 같
지 않다는 말은 사회적 지위가 각기 다르다는 말씀입니다. 공로라는 말은
다름아닌 백성을 다스리는 역할을 말한다고 봅니다.
백성을 다스리는 二爻이효, 四爻사효의 충성됨은 하나이지만 사회적 지위로
보았을 때는 하급관리와 공경대신입니다.

初爻초효	二爻이효	三爻삼효	四爻사효	五爻오효	上爻상효
백성	하급관리	지방장관	공경대신	천자	상왕, 국사

初爻초효는 백성, 二爻이효는 하급관리, 三爻삼효는 지방장관, 四爻사효는 공경대신, 五爻오효는 천자, 上爻상효는 상왕이나 국사의 자리로 분류합니다.

공로가 같다는 의미는 똑같은 천자의 신하로서 백성을 다스리는 일은 같다는 말씀입니다. 일반적으로 우리는 관직이 높을수록 명예롭고 두려움도 없을 것이라 생각하지만 실상은 그렇지 않음을 『주역』은 여실히 일러주고 있습니다.

二爻이효인 하급관리는 왜 명예로우며 四爻사효인 공경대신은 왜 두려운가 하면, 二爻이효는 천자와 멀리 떨어져서 다스리며 항상 백성과 가까이 하며 덕을 베풀 수 있어 칭송이 자자할 것이고 四爻사효는 백성과는 멀리 떨어지고 천자 가까이에서 다스리니 백성들은 얼굴도 모르고 알아주지도 않은 채 무서운 천자 밑에서 혹여 잘못되어 목이 달아날까 하는 두려움으로 언제나 안절부절 못하는 곳이 공경대신의 자리라 말씀하셨습니다.

어쩌면 멀리 있는 二爻이효가 이롭지 못하다고 할 수 있지만 멀리 있으나 가까이 있으나 그 쓰임은 천자에게 복종한다는 것이므로 허물이 될 수 없고 오히려 천자의 자비로움을 백성에게 가장 많이 체득하게 하는 중요한 소임을 맡은 관리가 二爻이효 하급관리로서 명예로울 일들이 많다는 말씀입니다.

어떤 사회이든 천자와 하급관리가 부패하지 않는다면 백성들의 미래가 어둡지 않다는 것을 실녕하고 있기노 합니다.

작금昨今의 정치 현황도 『주역』의 내용과 다를 바가 없습니다. 대통령 권좌 주위의 고급 관료들은 백성들이 이름도 잘 모르고 수시로 추풍낙엽처럼 떨어지고 바뀌지만 동장님이나 면장님은 언제나 서민들과 고락을 함께 하며 늘 곁에서 찾아주기 때문에 좋아하는 칭송이 주민으로부터 끊어지지 않는 경우가 많습니다.

三爻삼효와 五爻오효의 관계도 공로는 하나이지만 다스리는 자리가 다르다는 말은, 백성을 다스리는 공로는 같지만 三爻삼효는 지방장관의 지위에서 다스리고 五爻오효는 천자의 자리에서 다스리므로 높고 낮음의 지위가 다르다는 뜻입니다.

三爻삼효에 흉이 많다는 것은 천자가 아니면서 지방에서는 천자처럼 다스리는 착각을 불러오는 예가 많기 때문입니다. 도지사와 같은 직책에 해당할 것이며 실제로 이분들은 경상북도지사라면 경상북도에서 천자처럼 군림할 수 있는 위험성을 갖고 있습니다. 역사적으로도 지방장관들의 반란이 많은 것을 볼 수 있습니다.

五爻오효에 공로가 많다는 말은 모든 영광을 천자에게 돌리는 까닭입니다. 그러므로 천자의 자리 五爻오효는 귀한 지위이며 三爻삼효의 자리는 위태로운 자리가 됩니다. 부드러우면 위험하고 강하게 이기면 어긋나는 자리가 바로 三·五爻의 자리입니다.

과학 철학자 칼 포퍼도 좋은 이론이란 원칙적으로 관찰에 의해서 반증되거나 오류가 지적될 수 있는 예측을 할 수 있다는 사실로 특정지어진다고 강조하면서 새로운 실험결과가 예측과 일치할 때마다 그 이론은 존속된다고 하였습니다. _스티븐 호킹의 『시간의 역사』 중에서

자리에 따른 효사의 의미는 칼 포퍼가 말하는 좋은 이론에 부합되어 『주역』이 몇 천년의 세월을 넘어 지금까지 존속되어 온 것이 아닌가 생각합니다.

易之爲書也 廣大悉備. 有天道焉 有人道焉
역인지위서야　　　광대실비　　　유천도언　　　유인도언

有地道焉. 兼三才而兩之故六 六者非他也 三才
유지도언　　　겸삼재이양지고육　　　육자비타야　　　삼재

之道也.
지도야

道有變動 故曰爻. 爻有等 故曰物 物相雜
도유변동　　　고왈효　　　효유등　　　고왈물　　　물상잡

故曰文. 文不當 故吉凶生焉.
고왈문　　　문부당　　　고길흉생언

『주역』이란 책은 광대하여 없는 것이 없이 모두 갖추어져 있다.

하늘의 도를 담고 있고 사람의 도를 담고 있고 땅에서의 도도 담고 있다.

천, 인, 지 삼재가 두 개씩 겸비하고 있는 고로 효가 여섯 개인 것이다. 여섯 개의 효라는 것은 다른 것이 아니라 천, 인, 지 삼재의 도이다.

움직이면 변하는 도가 생겨니는 것을 일러 효라고 말한다. 요에서 생겨난 차등을 일러 물건이라 말하고 물건이 서로 복잡하게 만나는 것을 일러 문文이라 말한다. 다른 것들이 어울린 것이 문文인 고로 길흉이 나타나는 것이다.

『주역』이라는 책 안의 내용에는 없는 것이 없습니다. 하늘에서 일어나는 모든 정황들과 사람에게서 생겨나는 모든 도리와 땅에서 이루어지는 모든 법칙들이 그대로 들어 있습니다.

겸삼재이양지고육兼三才而兩之故六이란 상효上爻와 오효五爻는 천도天道를, 사효四爻와 삼효三爻는 인도人道를, 이효二爻와 초효初爻는 지도地道를 나타내는 여섯 개의 효를 말하고 있습니다.

책에는 없지만 필자가 깨달은 바에 의하면 시간과 공간의 의미를 담고 있다고 보고 있습니다. 그래서 하늘의 시간과 공간, 사람에게 있어서의 시간과 공간, 땅에서의 시간과 공간이 변화를 주도해 나가는 것을 효가 보여주고 있다고 생각합니다.

즉, 여섯 개의 효는 천天·인人·지地 삼재의 도를 나타내는데, 삼재의 도라는 것은 변화의 도로서 天·人·地가 시간과 공간 사이에서 움직여 변해 가는 양상을 나타내 주는 것이 효라는 것입니다.

효의 위치에 따라 차등 있게 생겨나는 것을 물物이라 하였습니다.

물건이라는 것은 복잡하게 서로 얽혀 만나는 것인데 복잡하게 얽힌 만남을 文(무늬 문)이라고 말한다는 것은 ㅗ + ノ(삐친 별) + ㇏(파임 불)이 만나서 이루어지는 문文이라는 글자 자체도 되겠지만 모든 문자는 서로 어긋남의 만남을 취하고 있습니다.

문부당文不當은 문자文字처럼 맞지 않은 복잡한 만남을 말하며 그 속에서 길도 흉도 생겨나는 실상은 삶을 살아가는 사람이라면 모두 알고 있는 사실입니다.

易之興也 其當殷之末世 周之盛德邪. 當文王與
역지흥야　　　　기당은지말세　　　　주지성덕사　　　　당문왕여

紂之事耶. 是故其辭危 危者使平 易者使傾.
주지사야　　　　시고기사위　　　　위자사평　　　　역자사경

其道甚大 百物不廢. 懼以終始 其要無咎.
기도심대　　　　백물불폐　　　　구이종시　　　　기요무구

此之謂易之道也.
차지위역지도야

역은 매우 왕성하게 일어났다. 은나라 말기에 해당한다 하여 주나라가 이룬
덕이라 하면 어긋나는 것인가?

당시 문文왕과 주紂왕 사이의 일이단란 그런 말은 위태로운 말이다. 평화를
이룬 사명을 위태롭다 하면 『주역』을 바르게 활용하지 못한다.

역의 도는 매우 커서 모든 만물을 그치게 하지 않는다. 처음부터 끝까지 두
껍게 히어도 허물 없음에 맞추있다.

이러한 것을 역의 도라 말한다.

역지흥야易之興也에서 興興이라는 글자가 '일어날 흥'이라 하여 일어난 또는 생겨난 시점으로 본다면 크나큰 착오가 생겨나게 됩니다. 왜냐하면 역이 발달해 온 과정을 앞에서 살펴본 바와 같이 기원전 5천년도 더 넘어 복희씨가 다스릴 때 황하에서 나온 용마龍馬의 그림을 보고 그린 용마하도부터 생겨났다고 알려져 있기 때문입니다.

은나라 말기라 하면 기원전 1500년 전으로 말하고 있으므로 용마하도가 생겨난 지 3500년 정도 지난 후의 은나라 말기에는 역이 책으로 엮어지진 않았지만 통치자들 사이에서는 많이 연구되어 발전된 역을 알고 있었고 활용하였다 함이 옳을 것입니다. 역은 복희씨 시대부터 전해내려 왔고 신농씨 시대를 지나면서 64괘가 연역되어 졌고 하나라 때 연산역, 은나라 때는 귀장역이 있었다고 전해져 오고 있는 것처럼 은나라 말기까지에는 매우 흥왕하였지만 책으로 엮어지진 않았습니다.●

주나라를 세운 문왕은 이를 체계적으로 연구하여 괘사를 짓고 죽간竹簡으로 엮었으며, 아들인 주공은 효사를 지었다고 보면 문헌이 없어 연구하기 어려운 시대를 맞추어 보는데 억지는 아닐 것입니다.

주나라를 세운 문왕이 역을 연구한 과정에 있어서 은나라 폭군인 주왕의 폭정을 빼놓을 수가 없는데, 문왕은 유리지방의 감옥에 갇혀 옥고의 고통을 감내하며 맏아들인 백읍의 죽음을 가슴에 묻었습니다.

문왕이 서백(西伯－서쪽지방 장관)으로 있을 때 백성들을 다스리다 주紂왕의 감옥에 갇히자 백성들이 문왕의 선정을 학수고대하는 가운데 감옥에서 괘

● 『삼황본기』에 신농씨는 재위 125년 동안 있었고, 『예기』에서는 여산씨의 천하를 보유하였다고도 전해지며 충복의 딸 청족을 비로 삼았다고 한다. 오현의 비파를 만들었고, 팔괘를 겹쳐 64괘를 만들었다고도 한다고 와타나베 소슈는 자신의 저서인 『고대 중국 문양사』에서 밝혔다.

사를 지은 것은 문왕의 공덕입니다. 그러므로 은나라 말기라 하여 주周나라의 문文왕이 이루어놓은 덕이라 하지 않고 은나라 주紂왕의 공덕이라 말한다면 위험에 빠지는 말이 됩니다.

그리고 또 문왕이 은나라 주왕의 폭정으로 도탄에 빠진 백성을 구제한 것을 은나라의 주왕과 주나라의 문왕 사이에서 일어난 사사로운 감정 싸움이라 한다면 그야말로 잘못된 위태로운 생각이라고 말씀하셨습니다.

이것은 백성을 굶주림으로부터 구하였으므로 공적公的인 일이지 결코 사욕을 채우기 위해 유치하게 개인 감정을 앞세운 사사로운 시비가 아닙니다.

이렇듯 역은 많은 고통을 잉태한 가운데 연구되고 발전되어 왔으며 대표적인 역이 『주역』인 만큼 특히 주나라 문왕의 공덕은 지대하다고 보아야 할 것입니다.

역의 도가 매우 크다는 것은 모든 생물을 살리고자 하는 데에 있기 때문입니다.

바다를 보십시오. 얼마나 두렵습니까! 거대한 물이 한번 움직이면 섬도 삼켜버립니다. 그러나 그 안에 살고 있는 수많은 생물들에게는 삶의 터전이 되고 있습니다.

산을 보십시오. 얼마나 두렵습니까! 하늘을 찌르는 듯 솟아 있는 바위는 인간을 반가워하지 않게 보일 수도 있습니다만 그러나 그 안에 살고 있는 수많은 생물들에게는 삶의 터전이 되고 있습니다.

태양을 보십시오. 얼마나 두렵습니까! 조금만 가까이 가도 뜨거워 녹아버릴 것 같지만 그러나 모든 만물은 맑은 태양의 따뜻한 온기에 의지하여 모든 만물이 길러지고 있습니다.

보이는 몸집은 거대하여 두렵게 하지만 모든 생명체를 그치게 하는 것이 아니라 살리고 번성시키고자 하는 데에 모든 것을 아낌없이 주고 있으므로 두렵게 하여도 허물이 없습니다.

음양陰陽의 부호와 문文으로 나타낸 『주역』의 심대한 도道는 물건을 그치게 하지 않습니다. 시종일관 두렵게 하지만 허물이 없음에 맞추었습니다. 이것이 바로 **백물불폐**百物不廢 **구이종시**懼以終始이며 **기요무구**其要無咎로 말씀하신 것이라 생각합니다.

스티븐 호킹이 쓴 『시간의 역사』에서 "오늘날 많은 학설 이론들을 종합하여 완전하고 모순되지 않은 하나의 통일이론을 찾아 나서는 것은 단지 첫걸음에 불과하다. 우리의 목표는 우리 주위에서 벌어지는 사건들과 우리 자신의 존재를 완전히 이해하는 것이다."라고 하면서 좋은 이론이란 두 가지 요건을 모두 만족시키는 이론이라 하였습니다. 하나는 소수의 임의적인 요소들만을 포함하는 모형을 기반으로 해서 일련의 수많은 관찰들을 정확하게 기술할 수 있어야 하고 두 번째는 미래의 관찰 결과에 대해서도 명확한 예측을 할 수 있어야 한다고 했습니다.

첫 번째에 속하는 소수의 임의적인 요소들만을 포함하는 모형을 기반으로 한 것은 바로 팔괘와 팔괘에 따른 의미(괘상, 물상, 사람, 동물, 성정 등)일 것이며 두 번째에 속하는 미래에 대한 명확한 예측은 괘사, 효사, 중정응비, 문언전, 단사 등으로서 『주역』은 좋은 이론의 모든 조건을 갖추고 있다고 말할 수 있을 것입니다.

夫乾天下之至建也　德行恒易以知險. 夫坤天下
부건천하지지건야　　　　　덕행항이이지험　　　부곤천하

之至順也 德行恒簡以知阻.
지지순야　덕행항간이지조

能說諸心　能研諸候之慮. 定天下之吉凶　成天下
능설제심　　능연제후지려　　　정천하지길흉　　　성천하

之亹亹者.
지미미자

대저 건은 천하의 규율을 바로 세워 언제나 쉽게 두려움을 알게 하는 덕행이

있다. 무릇 곤은 천하에서 지극히 순하여 언제나 간단하게 믿음을 알게 하는

덕행이 있다.

모든 사람의 마음을 능하게 잘 설명하였고 모든 제후의 근심을 자세히 밝혀

놓았다. 천하의 길흉을 정하여 천하를 아름답고 훌륭한 것으로 이루게 하였다.

건괘(☰)의 덕행을 말씀하셨습니다. 그리고 곤괘(☷)의 덕행을 말씀하셨습

니다.

건괘(䷀)의 지극히 강건하고 굳센 덕행은 언제나 두려움을 쉽게 알게 하여 위험에 빠지지 않도록 합니다. 번개가 치고 천둥이 치면 죄가 있는 사람이든 없는 사람이든 모두가 두려워 떨게 합니다. 거센 바람이 산천을 휩쓸면 누구도 자유롭지 못합니다. '하늘이 두렵지 않느냐'는 이 한마디는 천하를 바로 세우는 엄한 규율이 되어 만물을 떨게 합니다.

곤괘(䷁)는 건괘의 아주 좋은 짝이 되어 어렵고 힘들 땐 언제나 간단하게 의지하며 살아가게 하는 덕행이 있습니다. 인간 사회에서 버림받은 사람이라 할지라도 자연인으로 돌아갈 때 대지는 한마디 나무라지 않습니다. 어머니 품속처럼 부드럽고 편안하게 언제나 받아줍니다. 우리가 믿고 의지하는 마지막 보금자리는 坤土곤토의 위대한 덕행입니다.

『주역』에는 모든 사람들의 마음을 잘 알아서 말씀해 놓으셨습니다. 열 길 물 속은 알아도 한 길 사람 속은 모른다고 할 만큼 사람의 마음은 알기 어렵습니다. 순간 순간 변하기 쉬운 야릇한 것이 사람 마음이 아니겠습니까.

그렇게 이렇다고 딱 꼬집어 말할 수 없는 어떤 지경에서 읽어도 감응을 느끼고 또 스스로 인정하지 않을 수 없도록 만드는 힘을 갖고 있습니다.

그러므로 『주역』은 백성을 위하는 제후의 근심을 전율이 일어나도록 너무 실감나게 나타내었습니다. 『주역』은 천하의 길흉을 정하여 놓아 천하를 어지럽히는 짓은 못하게 하였으니 천하를 아름답고 훌륭하게 이루도록 하였습니다.

是故變化云爲 吉事有祥. 象事知器 占事知來天
시고변화운위 　　　　길사유상 　　　상사지기 　　　점사지래천

地設位 聖人成能. 人謀鬼謀 百姓與能. 八卦以
지설위 　　성인성능 　　　인모귀모 　　　백성여능 　　　팔괘이

象告 爻象以情言. 剛柔雜居而吉凶可見矣.
상고 　　효단이정언 　　　강유잡거이길흉가견의

이런 까닭으로 말하는 것과 행동하는 것이 변하여 되는 좋은 일에는 상서로
움이 있다. 되어 가는 일의 모양을 보아 틀을 알고 하늘과 땅 사이 자리를 세
워 미래를 아는 점을 쳐서 성인의 능력을 이룬다.

사람의 꾀와 귀신의 꾀 그리고 백성의 능력을 더불어 갖추었다. 팔괘가 알리
는 조짐을 효사와 단사로 성심껏 말하였다. 강하고 부드러움이 뒤섞여 같이
있지만 좋고 나쁨은 알아볼 수 있다.

우리는 살아가면서 사람들의 행동을 보면 미래를 알 수 있습니다.

"나는 네가 정말 성공할 줄 알았다."고 말을 할 때 평소에 그 사람의 성실함
을 보아왔을 때 하는 말입니다.

어떤 사람은 같은 말도 창이나 칼로 사람을 찌르고 베듯이 심사를 아프게
합니다. 그럴 때 우리는 그런 사람의 미래를 좋게 볼 수는 결코 없을 뿐더러
잘 되게 기도를 한다 해도 잘 될지 확신이 서지 않습니다.

우리가 늘 말을 잘해야 하고 행동을 예의바르게 해야 한다는 것은 그냥 그
렇게 하면 좋다는 것보다 길과 흉으로 바로 연결되기 때문에 삶에 있어서
매우 중요한 조건에 속한다고 보는 것이 옳은 것은 말과 행동이 미래의 씨
가 되기 때문입니다.

그래서 어떤 사람이 자신의 점을 칠 때는 자신의 됨됨이를 염두에 두고 알

고자 하는 목적을 가슴에 품고 간절한 마음으로 하늘과 땅 사이 정결한 곳을 택하여 마음과 몸을 단정히 한 곳으로 모은 뒤 미래를 물어봅니다.

긴박하게 돌아가는 전쟁시에는 선조들은 더 자주 점을 치며 괘상卦象에 물어보았습니다. 간단하게 점대를 골라 들어보는가 하면 복잡한 십팔변十八變 주책도 시행하였습니다【p135 참조】.

이렇게 점을 친다는 것은 인간 이성으로 판단이 불가능할 때 하는 행사로서 설시를 통한 예측 판단은 실로 신비스러움을 그대로 볼 수 있게 합니다.

그래서 역을 공부하는 사람은 설시를 통해 수신修身을 합니다.

길이 흉이 되고 흉이 길이 되는, 즉 변화의 도를 아는 사람을 성인이라 부른다고 앞에서 말씀하셨습니다. 그러므로 성인은 사람의 마음을 알고 귀신의 마음을 알고 백성의 마음까지 더불어 안다고 하셨습니다.

사람이 살고 있는 이곳은 양의 세계요 음귀가 살고 있는 저곳은 음의 세계이므로, 즉 성인은 양의 세계와 음의 세계를 두루 알 수 있는 능력을 갖추고 있으므로 백성을 잘 가르치고 다스릴 수 있는 것입니다.

성인은 역을 가까이 하고 항상 궁구하고 있으므로 설시를 통하여 얻은 괘의 괘사를 알고 한 개의 괘를 이루고 있는 여섯 개의 효에 매겨진 효사와 결단하여 정리한 단사를 보아서 좋고 나쁨을 헤아릴 수 있습니다.

강하고 부드러움은 음과 양으로 나타나 뒤섞이고 복잡하게 나열되어 있지만 성인은 그것을 풀어 밝혀 길과 흉을 나눌 수 있으니 그래서 『역경』은 제왕帝王의 영도학領導學이 될 수 있는 것입니다.

變動以利言 吉凶以情遷. 是故愛惡相攻而吉凶
변동이리언　　　　길흉이정천　　　　　시고애악상공이길흉

生. 遠近相取而悔吝生 情僞相感而利害生.
생　　원근상취이회린생　　　　　정위상감이리해생

凡易之情, 近而不相得, 則凶, 或害之, 悔且吝.
범역지정　　　　근이불상득　　　즉흉　　　혹해지　　　회차인

움직여 변한다는 것은 예리한 말로서 길흉으로 옮겨진다는 뜻이 있다. 이런
까닭으로 사랑과 미움이 서로 공격하여 길과 흉이 생겨난다.

멀고 가까움을 가려서 취하니 뉘우침과 인색함이 생겨나고 진실과 거짓을
가려서 느끼니 이로움과 해로움이 생겨난다.

무릇 역의 진상에는 가까이 있으면서 마음이 맞지 않는 즉 흉함과 혹 해로움
도 있기에 뉘우침이 있고 또 인색함도 있다.

한 개의 괘 안에서 동효動爻를 잘 살펴보아야 합니다. 이 동효가 길과 흉을
불러옵니다.

동효라는 것은 움직이는 효란 의미인 만큼 어떤 변화든 불러오는 핵심이 되
는 효입니다. 그래서 움직임을 살피는 것이 바로 길흉을 살피는 포인트인데
움직임에도 다양한 움직임이 있습니다.

예를 들면 미워하고 사랑하는 사람 마음의 움직임과 다리를 옮기며 걸어다
니는 행동의 움직임, 동전이 굴러 누구 앞에서 멈출 것인지 모르는 사물의
움직임, 그리고 새가 누구의 가슴에 날아들 것인지 모르는 생물의 움직임
능 여러 가지의 움직임이 우리의 길흉을 결정짓게 만드는 요인으로 작용합
니다.

어떤 것이 길이 될지 흉이 될지 모르는 상황에서 우리는 진실한 뉘우침이

있을 때야말로 이로움이 생겨나는 득을 얻을 수가 있습니다.

『주역』의 뜻에는 가까이 있는 것도 얻을 수 없는, 즉 흉함도 있고 혹여 해로움도 있고 후회하고 가슴을 치는 인색함도 들어 있습니다.

將叛者其辭慙　中心疑者其辭枝.　吉人之辭寡
장반자기사참　　　　중심의자기사지　　　　　길인지사과

躁人之辭多.　誣善之人其辭游
조인지사다　　　　무선지인기사유

失其守者其辭屈
실기수자기사굴

장차 배반할 사람은 그 말이 부끄럽고 마음 가운데 의심이 있는 사람은 말이 흩어진다.

훌륭한 사람은 말이 적고 침착하지 못하고 조급한 사람은 말이 많다.

선함으로 가장한 사람은 그 말이 떠돌고 지켜야 할 것을 잃어버린 사람은 그 말이 움츠러든다.

이 내용은 《계사전》 마지막 내용입니다만, 앞선 내용들과는 매우 달리하고 있습니다. 그래서 후대의 어느 시점에 누군가 삽입했다고 하며, 『역전易傳』의 원문이 아니라고 말씀하시는 분도 계십니다.

『주역』의 경문은 십익(十翼) 중 육익에 해당하는 〈대상전〉과 〈소상전〉 그리고 〈단전〉, 〈서괘전〉, 〈문언전(乾·坤)〉으로 이루어져 있다.

필자는 이를 〈내전〉으로 분류하고 〈외전〉에 속하는 〈계사전(上·下)〉과 〈설괘전〉, 〈잡괘전〉 사익(四翼)을 함께 실어 독자의 편익을 위하여 소개하고자 한다.

說卦傳
설괘전

昔者聖人之作易也.　幽贊於神明而生著　參天兩地而倚
석자성인지작역야　　　유찬어신명이생시　　　삼천양지이의

數　觀變於陰陽而立卦
수　　관변어음양이립괘

發揮於剛柔而生爻　和順於道德而理於義　窮理盡性
발휘어강유이생효　　화순어도덕이리어의　　궁리진성

以至於命
이지어명

옛적에 성인께서 易역을 지으셨다. 시초에서 드러난 신명은 그윽하게 숨어서 도우

는 것을…… 기이한 삼천양지의 수로 음양의 괘를 세워 그 변화를 자세히 살핀다.

강함과 부드러움을 발휘하여 일어난 효의 화순함과 도덕 그리고 이치와 뜻은 천

지 자연의 이법과 사람의 성정을 궁구한 명에 이른다.

●參天兩地삼천양지　參天之數：1, 3, 5　☞　1+3+5＝9　陽
　　　　　　　　　　　兩地之數：2, 4　　☞　　2+4＝6　陰

제2장

昔者聖人之作易也　將以順性命之理　是以立天之道曰
석자성인지작역야　　장이순성명지리　　시이립천지도왈

陰與陽　立地之道曰柔與剛　立人之道曰仁與義
음여양　입지지도왈유여강　　입인지도왈인여의

兼三才而兩之　故易六畫而成卦　分陰分陽　迭用柔剛
겸삼재이양지　　고역육획이성괘　　분음분양　질용유강

故易六位而成章
고역육위이성장

옛적에 성인이 易역을 지으셨다. 장차 순성명의 이치가 되는 하늘의 도를 세워 말
하길 음과 양이었고, 땅의 도를 세워 이르길 강함과 부드러움이었고, 사람의 도를
세워 가로되 인과 의이었다. 삼재는 획을 두 개씩 갖춘 고로 역은 여섯 개의 획으
로써 괘를 이룬다. 음이 나누어지고 양이 나누어지며 번갈아 강유로 쓰이는 연유
로 역易은 여섯 개의 자리마다 글을 갖추었다.

三才兩之		
立天之道	立地之道	立人之道
陰과 陽	柔와 剛	仁과 義

제3장

天地正位山澤通氣　雷風相撲　水火不相射　八卦相錯.
천지정위산택통기　　　　　뢰풍상박　　수화불상사　　팔괘상착

數往者順　知來者逆　是故易逆數也
수왕자순　　지래자역　　시고역역수야

하늘[天:乾]과 땅[地:坤]의 자리가 바르니 산[山:艮]과 못[澤:兌]의 기운이
통하고 우레[雷:震]와 바람[風:巽]이 서로 부딪치고 서로 침범하지 않는 물[水:
坎]과 불[火:離]의 팔괘가 서로 섞인다. 헤아린 뒤 이르는 것 순서대로 맞아들여
사전에 올 것을 안다. 그런 고로 역은 미래의 운명을 미리 깨닫게 한다.

● 逆數역수　미래의 운명을 미리 깨달음

天 ↔ 地	山 ↔ 澤	雷 ↔ 風	水 ↔ 火
乾 ↔ 坤	艮 ↔ 兌	震 ↔ 巽	坎 ↔ 離

제4장

雷以動之 風以散之 雨以潤之 日以烜之 艮以止之
뢰이동지　　풍이산지　　우이윤지　　　일이훤지　　　간이지지

兌以說之 乾以君之 坤以藏之
태이설지　　건이군지　　곤이장지

우레는 움직이는 것이고 바람은 흩어지는 것이고 비는 윤택하게 하는 것이고 태양은 훤하게 비추는 것이고 산山은 그치게 하는 것이고 태兌는 말하는 것이고 건乾은 군주이고 곤坤은 품고 있는 것이다.

팔괘八卦의 성정을 말하고 있습니다.

雷	風	水(雨)	火(日)	山(艮)	兌	乾	坤
動	散	潤	烜	止	說	君	藏

帝出乎震　齊乎巽　相見乎離　致役乎坤　說言乎兌
제출호진　　제호손　　상견호리　　치역호곤　　설언호태

戰乎乾　勞乎坎　成言乎艮.
전호건　　노호감　　성언호간

萬物出乎震　震東方也.　齊乎巽　巽東南也.　齊也者
만물출호진　　진동방야　　제호손　　손동남야　　제야자

言萬物之潔齊也.
언만물지결제야

離也者明也.　萬物皆相見　南方之卦也.　聖人南面而
이야자명야　　만물개상견　　남방지괘야　　성인남면이

聽天下　嚮明而治　蓋取諸此也.
청천하　　향명이치　　개취제차야

坤也者地也.　萬物皆致養焉　故曰致役乎坤.
곤야자지야　　만물개치양언　　고왈치역호곤

兌正秋也.　萬物之所說也.　故曰說言乎兌　戰乎乾
태정추야　　만물지소설야　　고왈설언호태　　전호건

乾西北之卦也.　言陰陽相撲也.
건서북지괘야　　언음양상박야

坎者水也　正北方之卦也　勞卦也.　萬物之所歸也.
감자수야　　정북방지괘야　　노괘야　　만물지소귀야

故曰勞乎坎.
고왈노호감

艮東北之卦也　萬物之所成終而所成始也　故曰成言乎艮.
간동북지괘야　　만물지소성종이소성시야　　고왈성언호간

군주가 진震에서 나와 손巽에서 반듯한 모습을 갖추고 이離에서 서로 만나 곤坤에서 힘써 일한다. 태兌에서는 배운 도리를 끊임없이 설명하고 가리키며 건乾에서는 경쟁한다. 감坎에서 쉼 없이 노력하니 간艮은 이룸을 말한다.

만물이 진震에서 나온다 함은 진震은 동방이다. 손巽에서 모습을 갖춘다고 말하는 것은 손巽은 동남방이다. 모습을 갖춘다는 것은 만물이 가지런한 제모습으로 깨끗하게 정돈된 것을 말한다. 이離라는 것은 밝은 것이다. 만물이 모두 서로 만나는 남방의 괘이다.

성인이 남쪽을 향해 천하의 소리를 듣고 밝게 다스리는 것은 모두 여기에 맞추어 취하였다. 곤坤이란 것은 땅이다. 만물을 모두 길러 도달하게 하는 고로 곤坤을 일러 일을 한다 말하는구나.

태兌는 가을의 한가운데이다. 만물이 결실을 맺는 바를 말한다. 고로 가로되 기쁘다고 말하는구나. 건乾은 싸우는구나. 건乾은 서북방의 괘이다. 음과 양이 서로 거칠게 마찰하는 것을 말한다. 감坎이란 것은 수水이다. 정북방의 괘이고 쉼이 없는 괘이다. 모든 만물이 있던 그곳으로 돌아간다. 고로 가로되 감坎을 노勞라 말하는구나.

간艮은 동북방의 괘이다. 만물의 마침을 이루는 곳이고 시작이 이루어지는 곳이기도 하다. 고로 가로되 간艮은 이룸을 말하는구나.

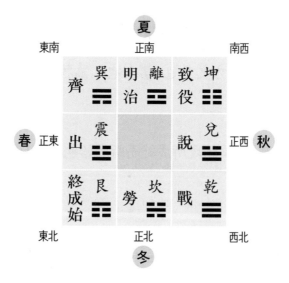

神也者 妙萬物而爲言者也. 動萬物者 莫疾乎雷.
신야자　묘만물이위언자야　　　동만물자　막질호뢰

撓萬物者 莫疾乎風. 燥萬物者 莫熯乎火.
요만물자　막질호풍　조만물자　막한호화

說萬物者 莫說乎澤. 潤萬物者 莫潤乎水. 終萬物始
설만물자　막설호택　윤만물자　막윤호수　종만물시

萬物者 莫盛乎艮. 故水火相逮
만물자　막성호간　고수화상체

雷風不相悖, 山澤通氣然後 能變化 旣成萬物也.
뇌풍불상패　산택통기연후　능변화　기성만물야

신神이다 라는 것은 만물을 묘하게 하는 것을 말한다.

만물을 진동시키는 것은 빠른 우레만한 것이 없고 만물을 구부러지게 하는 것은 빠른 바람만한 것이 없다.

만물을 말리는 것은 불만큼 말리는 것이 없고 만물이 기뻐하는 것은 못만큼 기뻐하는 것이 없다.

만물을 윤택하게 하는 것은 물만큼 윤택하게 하는 것이 없고 만물이 시작하고 만물이 끝나는 것은 산만큼 담고 있는 것이 없다.

고로 물과 불은 서로 편안하게 안화安和하고 우레와 바람은 서로 어그러지지 않는다. 산에 못의 기운이 통한 연후에야 능히 변화를 이루니 만물은 이미 이루어질 수 있었던 것이다.

天·地 하늘과 땅 사이	雷	不相悖 불상패	風	山	通氣 통기	澤	水	相逮 상체	火	旣成萬 기 성 만 物也 물 야
	神		神	神		神	神		神	
	動 움직임		撓 구부림	盛 담음		說 기쁨	潤 윤택함		燥 말림	

제7장

乾建也　坤順也　震動也　巽入也　坎陷也　離麗也
건건야　　곤순야　　진동야　　손입야　　감함야　　이려야

艮止也　兌說也
간지야　　태열야

건乾은 강건한 것이요 곤坤은 순한 것이요 진震은 움직이는 것이요

손巽은 들어가는 것이다. 감坎은 빠지는 것이요 이離는 화려한 것이요

간艮은 그치는 것이요 태兌는 기뻐하는 것이다.

乾	坤	震	巽	坎	離	艮	兌
建강건	順순함	動움직임	入들어감	陷빠짐	麗화려함	止그침	說기쁨

제8장

乾爲馬 坤爲牛 震爲龍 巽爲鷄 坎爲豕 離爲雉
건위마 　곤위우 　진위룡 　손위계 　감위시 　이위치

艮爲狗 兌爲羊
간위구 　태위양

건乾은 말이요 곤坤은 소요 진震은 용이요 손巽은 닭이요

감坎은 돼지요 이離는 꿩이요 간艮은 개요 태兌는 양이다.

乾	坤	震	巽	坎	離	艮	兌
馬마	牛우	龍룡	鷄계	豕시	雉치	狗구	羊양

乾爲首　坤爲腹　震爲足　巽爲股　坎爲耳　離爲目
　건위수　　　곤위복　　　진위족　　　손위고　　　감위이　　　이위목

艮爲手　兌爲口
　간위수　　　태위구

건乾은 머리요 곤坤은 배요 진震은 발이요 손巽은 다리요

감坎은 귀요 이離는 눈이요 간艮은 손이요 태兌는 입이다.

乾	坤	震	巽	坎	離	艮	兌
首수	腹복	足족	股고	耳이	目목	手수	口구

제10장

乾天也　故稱乎父　坤地也　故稱乎母　震一索而得男
건천야　고칭호부　곤지야　고칭호보　진일소이득남

故謂之長男　巽一索而得女　故謂長女
고위지장남　손일소이득녀　고위장녀

坎再索而得男　故謂之中男　離再索而得女　故謂之中女
감재소이득남　고위지중남　이재소이득녀　고위지중녀

艮三索而得男　故謂之小男
간삼소이득남　고위지소남

兌三索而得女　故謂之少女
태삼소이득녀　고위지소녀

◉ 索　동아줄 삭　찾을 색　구할, 원할, 바랄 소

건乾은 하늘이다. 부父라 부르는구나. 곤坤은 땅이다. 모母라 부르는구나.

진震에서 첫아들을 얻은 고로 장남이라 이르고 손巽에서 첫딸을 얻은 고로 장녀
라 이른다.

감坎에서 둘째아들을 얻으니 중남이라 이르고 이離에서 둘째딸을 얻은 고로 중녀
라 이른다.

간艮에서 셋째아들을 얻으니 소남이라 이르고 태兌에서 셋째딸을 얻은 고로 소녀
라 이른다.

도표로 나타내면 다음과 같습니다.

乾	坤	震	巽	坎	離	艮	兌
父	母	長男	長女	中男	中女	小男	小女

_4장~10장까지의 내용(6장은 제외)

동남방	남방	남서방
손(巽) ☴ 갖춤, 들어감, 風, 흩어짐, 장녀, 다리, 닭	이(離) ☲ 만남과 화려함, 火, 중녀, 걸림, 눈, 꿩	곤(坤) ☷ 일함, 地, 숨김, 母, 순함, 배, 소
동방 진(震) ☳ 일어남, 雷, 움직임, 장남 발, 용		**서방** 태(兌) ☱ 결실과 기쁨, 澤, 소녀, 입, 양
동북방 간(艮) ☶ 마침과 시작, 山, 그침, 소남, 손, 개	**북방** 감(坎) ☵ 노력, 빠짐, 水, 윤택함, 중남, 귀, 돼지	**서북방** 건(乾) ☰ 경쟁과 싸움, 天君, 강건, 父, 머리, 말

제11장

乾爲天 爲圓 爲君 爲父 爲玉 爲金 爲寒 爲氷
건위천 위원 위군 위부 위옥 위금 위한 위빙

爲大赤 爲良馬 爲老馬 爲瘠馬 爲駁馬 爲木果
위대적 위량마 위노마 위척마 위박마 위목과

坤爲地 爲母 爲布 爲釜 爲吝嗇 爲均 爲子母牛
곤위지 위모 위포 위부 위인색 위균 위자모우

爲大輿 爲文 爲衆 爲柄 其於地也 爲黑
위대여 위문 위중 위병 기어지야 위흑

震爲雷 爲龍 爲玄黃 爲專 爲大塗 爲長子 爲決躁
진위뢰 위룡 위현황 위포 위대도 위장자 위결조

爲蒼筤竹 爲萑葦 其於馬也 爲善鳴 爲馵足
위창랑죽 위환위 기어마야 위선명 위주족

爲作足 爲的顙 其於稼也 爲反生 其究 爲健 爲蕃鮮
위작족 위적상 기어가야 위반생 기구 위건 위번선

巽爲木 爲風 爲長女 爲繩直 爲工 爲白 爲長 爲高
손위목 위풍 위장녀 위승직 위공 위백 위장 위고

爲進退 爲不果 爲臭 其於人也 爲寡髮
위진퇴 위불과 위취 기어인야 위과발

爲廣顙 爲多白眼 爲近利市三倍 其究爲躁卦
위광상 위다백안 위근리시삼배 기구위조괘

坎爲水 爲溝瀆 爲隱伏 爲矯輮 爲弓輪 其於人也
감위수 위구독 위은복 위교유 위궁륜 기어인야

爲加憂 爲心病 爲耳痛 爲血卦 爲赤 其於馬也
위가우 위심병 위이통 위혈괘 위적 기어마야

爲美脊 爲亟心 爲下首 爲薄蹄 爲曳 其於輿也
위미척 위극심 위하수 위박제 위예 기어여야

爲多眚 爲通 爲月 爲盜 其於木也 爲堅多心
위다생 위통 위월 위도 기어목야 위견다심

離爲火 爲日 爲電 爲中女 爲甲冑 爲戈兵 其於人也
이위화 위일 위전 위중녀 위갑주 위과병 기어인야

爲大腹　爲乾卦　爲鱉　爲蟹　爲蠃　爲蚌　爲龜
위대복　위건괘　위별　위해　위라　위방　위구

其於木也　爲科上橋
기어목야　위과상교

艮爲山　爲徑路　爲小石　爲門闕　爲果蓏　爲閽寺　爲指
간위산　위경로　위소석　위문궐　위과라　위혼시　위지

爲狗　爲鼠　爲黔喙之屬　其於木也　爲堅多節.
위구　위서　위검훼지속　기어목야　위견다절

兌爲澤　爲小女　爲巫　爲口舌　爲毀折　爲附決　其於
태위택　위소녀　위무　위구설　위훼절　위부결　기어

地也　爲剛鹵　爲妾　爲羊
지야　위강로　위첩　위양

건乾은 하늘이라 하니 둥근 것이요 임금이요 아버지요 옥이요 금이요 추운 것이요 얼음이요 크게 붉은 것이요 잘 길러진 좋은 말이요 늙은 말이요 수척하게 여윈 말이요 얼룩말이요 열매를 여는 나무이다.

곤坤이란 땅이라 하니 어머니요 몸을 감싸는, 베요 가마솥이요 인색한 것이요 고른 것이요 새끼 딸린 어미 소요 큰 수레요 문채요 무리요 자루요 땅에 관한 것이요 검다.

진震은 우레라 하니 용이요 하늘〔玄〕과 땅〔黃〕에서 일어나는 빛이요 두루 퍼지는 것이요 넓은 진흙땅이요 장자이며 틈 사이로 동요하는 것이요 푸르고 창창한 대나무 숲이요 물 억새 우거진 벌판이요 말과 관련된 것은 발분하여 진동하는 울음이 되는 것이요 발이 흰 말 발이요 발이 된다. 이마에 흰털의 점이 박힌 말이요 심는 것과 관련된 것이요 다시 회복하는 것이요 다하여 궁구하는 것이요 세우는 것이요 흔하지 않게 번성하는 것이다.

손巽은 나무가 된다. 바람이요 장녀요 바르게 그려 나간 먹줄이요 장인이요 하얀 것이요 오랜 것이요 높은 것이요 나아가고 물러나는 것이요 열매를 맺지 못하는 나무요 냄새요 사람과 관련된 것은 수량이 적은 머리털이요 넓은 이마요 흰자위가 많은 눈이요 거래할 때 세 배 가까운 이익을 취할 사람이요 연구해 보면 마르고 성급한 괘이다.

감坎은 물이라 하고 붓 도랑이라 하고 엎드려 숨은 것이라 하고 바로잡은 바퀴 테요 탄탄한 활이요 사람이 관련된 것은 근심이 더하는 것이요 마음의 병이요 귀의 질병이요 피와 관계한 괘로서 붉은 것이요 말〔馬〕과 관련된 것이다. 등뼈가 아름다운 것이요 다하는 마음이요 머리 아래요 보잘 것 없이 작은 동물의 발굽이요 길게 늘어진 것이요 수레와 관련된 것이다. 많은 재앙이요 통하는 것이요 달이요 달아나는 것이요 나무가 의지하는 것이요 고집이 세고 생각이 많은 것이다.

이離는 불이라 하며 태양이요 번개요 중녀요 갑옷과 투구요 창과 병사요 사람과 관련된 것은 커다란 뱃심이요 건乾괘가 된다. 자라요 게요 벌이요 조개요 거북이요 나무와 관련된 것은 위로 높이 솟은 나무가 된다.

간艮은 산이 되며 작은 길이며 작은 돌이며 대궐의 문이요 과일이며 문지기이며 가리키는 것이요 개요 쥐요 검은 부리의 족속이며 나무와 관련된 것은 견고하고 마디가 많은 나무이다.

태兌는 못이라 하니 소녀요 무녀요 구설이요 부러지고 훼손되는 것이요 잘리어 나가는 것이요 땅과 관련된 것은 굳은 소금이요 첩이요 양이다.

도표로 나타내면 다음과 같습니다.

건(乾) ☰ 天_천	둥금(圓), 임금(君), 아버지(父), 옥(玉), 금(金), 추움(寒), 얼음(氷), 붉음(大赤), 좋은 말(良馬), 늙은 말(老馬), 여윈 말(瘠馬), 얼룩말(駁馬), 열매 맺는 나무(木果)
곤(坤) ☷ 地_지	땅(地), 어머니(母), 베(布), 가마솥(釜), 인색(吝嗇), 고름(均), 암소(母牛), 큰 수레(大輿), 문채(文), 무리(衆), 자루(柄), 땅에 해당하는 것(其於地), 검음(黑)
진(震) ☳ 雷_뢰	우레(雷), 용(龍), 하늘과 땅의 빛깔(玄黃), 퍼짐(敷), 넓은 진흙땅(大塗), 장자(長子), 틈 사이로 올라옴(決躁), 푸르고 울창한 대나무 숲(蒼筤竹), 물억새 무성한 벌판(萑葦), 말과 관련 있는 것(其於馬), 우렁차고 힘 있는 소리(善鳴), 발 흰말 발(馵足), 발(足), 이마에 흰점 박힌 말(的顙), 심음(稼), 다시 회복함(反生), 궁구(究), 세움(建), 아름답게 우거진 모양(蕃鮮)
손(巽) ☴ 木_목	나무(木), 바람(風), 장녀(長女), 바른 먹줄(繩直), 장인(工), 흰(白), 오래함(長), 높음(高), 나아가고 물러남(進退), 열매가 없음(不果), 냄새(臭), 사람과 관련된 것(其於人), 부족한 털(寡髮), 넓은 이마(廣顙), 흰자위가 많은 눈(多白眼), 욕심(近利市三倍), 성급함(躁)
감(坎) ☵ 水_수	물(水), 붓도랑(溝瀆), 숨어 엎드림(隱伏), 바로잡힌 바퀴(矯輮), 탄탄한 활(弓輪), 사람이 의지하는 것(其於人), 걱정이 쌓임(加憂), 마음의 병(心病), 귀의 병(耳痛), 피 흘리는 괘(血卦), 붉음(赤), 말과 관련 있는 것(其於馬), 아름다운 등(美脊), 다하는 마음(亟心), 머리 아래(下首), 가녀린 발굽(薄蹄), 길게 늘어짐(曳), 수레와 관련 있는 것(其於輿), 많은 재앙(多眚), 통달(通), 달(月), 달아남(盜), 나무와 관련된 것(其於木), 고집이 세고 의심이 많음(堅多心)

이(離) ☲ 火_화	불(火), 태양(日), 번개(電), 중녀(中女), 갑옷과 투구(甲冑), 창과 병사(戈兵), 사람과 관련된 것(其於人), 큰 뱃심(大腹), 건괘(乾卦), 자라(鱉), 게(蟹), 벌(蠃), 조개(蚌), 거북이(龜), 나무와 관련된 것(其於木), 높이 자라는 나무(科上橋)
간(艮) ☶ 山_산	산(山), 골짜기 길(徑路), 작은 돌(小石), 대궐 문(門闕), 열매(果蓏), 환관·문지기(閽寺), 지적(指), 개(狗), 쥐(鼠), 검은 부리의 족속(黔喙之屬), 나무와 관련된 것(其於木), 단단하고 마디가 많은 나무(堅多節)
태(兌) ☱ 澤_택	못(澤), 소녀(小女), 무녀(巫), 말(口舌), 헐리고 부러짐(毀折), 잘림(附決), 땅과 관련된 것(其於地), 단단한 소금(剛鹵), 첩(妾), 양(羊)

※ 간괘의 閽寺를 자전에 찾아보면 혼사가 아니라 혼시로 나와 있습니다

※ 혼시(閽寺)-환관, 궁궐 문지기

雜卦傳
잡괘전

乾剛坤柔　比樂師憂　臨觀之義　或與或求　屯見而不
건강곤유　비락사우　임관지의　혹여혹구　둔견이부

失其居　蒙雜而著
실기거　몽잡이저

震起也　艮止也　損益盛衰之始也　大畜時也　无妄災也
진기야　간지야　손익성쇠지시야　대축시야　무망재야

萃聚而升不來也
췌취이승불래야

謙輕而豫怠也　噬嗑食也　賁无色也　兌見而巽伏也
겸경이예태야　서합식야　비무색야　태견이손복야

隨无故也　蠱則飭也　剝爛也　復反也
수무고야　고즉칙야　박난야　복반야

晉晝也　明夷誅也　井通而困相遇也　咸速也　恒久也
진주야　명이주야　정통이곤상우야　함속야　항구야

渙離也　節止也　解緩也　蹇難也
환이야　절지야　해완야　건난야

睽外也　家人内也　否泰反其類也　大壯則止　遯則退也
규외야　가인내야　비태반기류야　대장즉지　둔즉퇴야

大有眾也　同人親也
대유중야　동인친야

革去故也　鼎取新也　小過過也　中孚信也　豐多故
혁거고야　정취신야　소과과야　중부신야　풍다고

親寡旅也　離上而坎下也
친과여야　이상이감하야

小畜寡也　履不處也　需不進也　訟不親也　大過顛也
소축과야　이불처야　수불진야　송불친야　대과전야

姤遇也　柔遇剛也　漸女歸待男行也
구우야　유우강야　점녀귀대남행야

頤養正也　旣濟定也　歸妹女之終也　未濟男之窮也
이양정야　기제정야　귀매녀지종야　미제남지궁야

夬決也　剛決柔也　君子道長　小人道憂也
쾌결야　강결유야　군자도장　소인도우야

건乾은 강건하고 곤坤은 부드럽고 비比는 즐겁고 사師는 근심이다.

임臨과 관觀은 더러 함께 하거나 때로 서로 구한다.

둔屯은 만나야 살아가는 곳을 잃어버리지 않을 것이요 몽蒙은 섞인 것을 분명하게 잡아주고 진震은 일어나는 것이다. 간艮은 그치는 것이다.

손損과 익益은 성함과 쇠함의 시작이요 대축大畜은 때를 말한다.

무망无妄은 재난이다. 췌萃는 취하는 것이고 승升은 이르지 않은 것이다.

겸謙은 홀가분한 것이고 예豫는 즐거움이다.

서합噬嗑은 먹는 것이다. 비賁는 아무 빛깔이 없다. 태兌는 만나는 것이고 손巽은 낮게 엎드린 것이다.

수隨는 까닭이 없으며 고蠱는 단단히 다지는 힘이요 박剝은 문드러지는 것이다.

복復은 돌아오는 것이요 진晉은 밝은 대낮이다. 명이明夷는 베는 것이요 정井은 통하는 것이요 곤困은 때를 만나야 한다. 함咸은 빠른 것이요 항恒은 오래하는 것이다.

환渙은 떠나는 것이요 절節은 그만 두는 것이다.

해解는 누구러지는 것이요 건蹇은 어려운 것이요 규睽는 바깥의 일이요 가인家人은 안에서의 일이다.

비否와 태泰는 반대 의미로 나누어지고 대장大壯인 즉 멈추어야 하고 둔遯인 즉 물러나야 한다. 대유大有는 무리를 이룬 많은 것이다.

동인同人은 친밀한 것이요 혁革은 물리쳐야 하는 이유가 있다. 정鼎은 새로운 것을 취하는 것이요 소과小過는 지나친 것이다. 중부中孚는 믿음이요 풍豊은 탈이 많고 화목할 수 없는 것이 려旅이다. 이離는 위를 향하고 감坎은 아래를 향한다.

소축小畜은 적은 것이요 리履는 머물 수 없는 것이요 수需는 나아가지 못하는 것이요 송訟은 사이가 나쁜 것이요 대과大過는 넘어지는 것이다.

구姤는 우연히 만나는 것으로 부드러운 것이 강한 것을 만난다.

점漸은 돌아가 기다리는 여인을 남자가 찾아 가는 것이다.

이頤는 바르게 길러지는 것이요 기제旣濟는 모든 것이 정해져 있다.

귀매歸妹는 여자의 마침이요 미제未濟는 남자의 다함이요 쾌夬는 결단하는 것

으로 강한 것이 부드러운 것을 자르는 것이다.

군자의 도는 크고 오래갈 것이지만 소인의 도가 행해진다면 걱정이다.

卦괘	義의	卦괘	義의	卦괘	義의	卦괘	義의
乾 건	剛 강	謙 겸	輕 경	渙 환	離 리	豊 풍	多故 다고
坤 곤	柔 유	豫 예	怠 태	節 절	止 지	旅 려	親寡 친과
比 비	樂 락	噬嗑 서합	食 식	解 해	緩 완	離 리	上 상
師 사	憂 우	賁 비	无色 무색	蹇 건	難 난	坎 감	下 하
臨 임	或與或求 혹여혹구	兌 태	見 견	睽 규	外 외	小畜 소축	寡 과
觀 관	或與或求 혹여혹구	巽 손	伏 복	家人 가인	內 내	履 리	不處 불처
屯 둔	不失其居 불실기거	隨 수	无故 무고	否 비	反其類 반기류	需 수	不進 부진
蒙 몽	雜而著 잡이저	蠱 고	筋 근	泰 태	反其類 반기류	訟 송	不親 불친
震 진	起 기	剝 박	爛 란	大壯 대장	止 지	大過 대과	顚 전
艮 간	止 지	復 복	反 반	遯 둔	退 퇴	姤 구	遇 우
損 손	成衰之始 성쇠지시	晉 진	晝 주	大有 대유	衆 중	漸 점	女歸待男行 여귀대남행
益 익	成衰之始 성쇠지시	明夷 명이	誅 주	同人 동인	親 친	頤 이	養正 양정
大畜 대축	時 시	井 정	通 통	革 혁	去故 거고	既濟 기제	定 정
无妄 무망	災 재	困 곤	相遇 상우	鼎 정	取新 취신	歸妹 귀매	女之終 여지종
萃 췌	聚 취	咸 함	速 속	小過 소과	過 과	未濟 미제	男之窮 남지궁
升 승	不來 불래	恒 항	久 구	中孚 중부	信 신	夬 쾌	決결 (剛決柔강결유)

명대(明代) 공자포의상(孔子布衣像)

정결하게 생활하라. 싸우지 말라. 질병에 걸리지 말라.
『논어 7-12』

인간이 즐거움에 오래 처한다는 것은
결국 도덕적 가치를 끊임없이 창출할 때만 가능한 것이다.

도올 김용옥

필자는 공자의 화려한 행사적면 뒤에 가려진 완전하지 않은 인간의 모습을 보고 싶었습니다. 고독과 외로움을 언제나 천명으로 대변하고 있는 것 같은 각이 진 그런 모양이 아니라 속이 썩고 썩어 넓어지지 않으면 도저히 살아갈 수 없었던 그런 군상을 대면하고 싶었습니다.

그렇다고 필자가 성인의 생애를 흠집 내어 별것 아니라는 뜻으로 한다고 오해는 말아 주십시오. 독자 여러분, 필자는 단지 그냥 완벽하지 못한 인간적인 고뇌로 덮혀 있는 공자를 여러분에게 보여드리고 싶은 심정 그 이상도 이하도 아니라는 것을 염두에 두시고 읽어주시길 부탁드립니다.

우리가 생각하기에 성인이라 하면 마찰과 아쉬움을 뛰어넘은 별천지의 삶을 살다 간 사람들 또는 고리타분한 말로 우리와는 호흡이 맞지 않아 숨

막히게 하는 그런 위상들이라는 역사적 사실 앞에 주눅이 들어 피하고 싶어 하는 부류들로서 특히 오늘날의 우리들에게 더욱 마음밖 따로 놓인 계열로 구별되어 있습니다.

그래서 멋있는 학문적인 말씀이 아니라 그동안 모르고 있었던 뒤안길의 자취를 도올 김용옥 선생의 『논어 한글 역주』에 실려 있는 공자의 울부짖던 모습을 상기해 보며, 공자가 왜 『주역』을 〈위편삼절〉하고 〈십익+翼〉을 써서 『주역』에 날개를 달아 오늘날까지 전해지도록 했는지 그 시절 공자로 돌아가 여러분들과 함께 진심으로 느끼고 싶었습니다.

공자가 살았던 춘추시대 역시 어쩌면 오늘날보다 더 심하게 신·구세대가 교차하는 역사적인 패러다임이 바뀌는 시기였을지도 모릅니다. 그런 혼란스런 틈바구니에서 지극히 상식적인 삶을 살다 간 공자는 고대인들의 삶을 예찬하였고 금인今人들의 경박한 삶을 경계하였습니다.

누군가 어떤 사람이 선생께서는 왜 정계로 나가지 않느냐고 묻자 부모에게 효순하고 형제끼리 우애하는 효도야 말로 이것 또한 정치가 아니고 무엇이냐며 대답하였다고 전해지는 말은 外적으로 팽배해져 가는 우리의 빈가슴을 안으로 채워가는 전환점이 되었습니다.

여러분…….

공자의 어두운 생애를 정리한 의미를 말씀드린다면 우리와 똑같이 겪을 것을 겪으면서 살아온 삶이었지만, 어려운 순간순간을 생각 없이 그냥 넘기지 않고 일련의 조각들을 진리로 비추어 어쩌면 그렇게 가슴 뭉클하게 만드는 말씀만 하셨는지 필자로서는 그 깊은 심중을 감히 헤아리기조차 어려웠습니다. 시간과 공간을 뛰어넘어 인간 공자의 가능한 심상 구조적인 면과 인간적인 교감으로 마주한다면 외로운 분들께 더없는 위로가 될 수 있으리라는 생각도 해봅니다.

공자의 어머니

여러 설화를 종합해 보면 이러한 이야기가 내려온다. 공자의 어머니 성씨는 안씨顔氏이며 곡부성내에 살고 있던 안영顔襄의 셋째 딸로서 이름은 징재徵在라고 하였다. 그러나 지금은 이름이 없는 顔氏안씨녀로 내려온다고 공자세가에는 전해진다.

아버지 안영은 그 시대에 문자를 아는 선비로서 그 고을의 정신적 훌륭한 지주였던 것 같다.

공자의 어머니 안씨녀가 남편 숙량흘을 맞아 니구산 자락에 살림을 차리고 공자를 낳자 남편은 공자가 세 살 때 저승으로 떠나고 난 뒤 혼자서 공자를 키웠다. 안씨녀가 35세 정도가 되어 이승을 떠날 때까지 살았던 니구산 자락은 우리나라의 무당골과 같은 무속인이 찾아와 굿을 하거나 기도를 하던 장소였거나 아니면 무녀들이 모여 사는 마을이었을 것으로 전해진다.

공자는 어린 시절 어머니와 같이 살면서 무속인들이 하는 굿이나 제사를 보고 또 그런 소꿉놀이를 하면서 자랐으리라 쉽게 연상되며 나아가 안씨녀역시 무녀였다는 이야기도 있다. 오늘날 전해지는 공자의 초상화를 보면 참으로 특이한 것을 볼 수 있는데 은殷의 계열인 화려하면서도 엄숙하게 차려 입은 독특한 복장인 것이다.

무당굿은 항상 음악과 춤으로 시삭하여 음악과 춤으로 매듭지어지는 종합예술로 보존되는 문화유산이라 하듯 공자 시대에도 그러한 굿의 과정이 훗날 공자를 예禮와 음악의 달인으로 완성시키는 지대한 바탕이 되었다.

이로써 공자는 아버지 없는 편모의 아들로 자라 소년이 되었을 때 엄마를 졸라 니구산에서 내려와 노성 내 곡부 궐리에서 자라게 된다. 이때부터 공자가 학문에 뜻을 세우는 시기가 되는 것이다. 비록 천한 신분으로 자랐지만 끊임없는 물음으로 박학다능博學多能한 귀재였음은 분명하다. 공자의 박학다능은 저절로 이루어진 특혜가 아니라 하늘로부터 부여받은 불행과 자기탐구 그리고 끊임없는 인내의 소산물에 불과한 것이라 볼 수밖에 없다.

공자가 17세 때 어머니 안씨顔氏마저 세상을 떠난다.

공자의 아버지

공자의 아버지 이름은 숙량흘叔梁紇이다. 숙량흘이란 이름과 성이 숙량흘이 아니라 자가 숙량이고 흘이 이름이다. 공자세가에는 공자의 아버지는 성씨가 전해지지 않는다고 하였다.

공孔씨라는 성씨를 쓰게 된 계기는 공자의 증조부가 노나라 장손씨의 채읍인 방읍의 읍재를 함으로써 송宋나라에서 몰락한 귀족이지만 노魯나라에 망명하여 와서 평민화된 지위를 떨쳐버리고 귀족 신분을 회복하였을 때 사람들은 방숙防叔이라 부르며 앞에 공孔이라는 애칭을 덧붙였다.

그때 붙여진 공孔이 성씨가 되어 공자가 유명해졌을 때 명실상부 성씨姓氏의 지위를 얻게 되었다고 한다.

숙량흘은 매우 맷집이 좋은 거구의 체구를 가진 무사로서 힘이 장사였다고 전해진다.

이야기에 의하면, B.C. 564년 공자가 태어나기 12년 전 노양공 10년 봄에 진晉나라가 세력을 확장하기 위하여 노魯 조曹 주邾의 삼국과 연합하여 지금의 산동성 조장시에 자리 잡고 있던 핍양이라는 작은 나라를 침공한 적이 있었다. 이때 숙량흘은 맹헌자 막하의 진근보, 적사미 두 장수와 함께 출전하여 핍양성의 북문을 공타하였지만 좀처럼 함락되지 않은 가운데 핍양군의 술책에 말려들게 된다. 핍양군은 북문을 공략하러 온 적군을 성내로 유인하여 몰살시키려는 계책으로서 성내로 들어 온 것을 확인한 다음 닫으려는 순간 계책임을 알게 된 숙량흘은 갑문閘門으로 된 거대한 성문을 두 어깨로 받쳐 닫지 못하도록 해놓고 군사들을 퇴각시킨 장수라고 전해진다.

2m가 넘는 거한巨漢의 덩치를 한 공자의 모습은 아마도 아버지인 숙량흘에서 유전되었다고 생각해도 무리는 아닐 것이다.

조상과 성씨의 유래는 불분명하다고 하지만 생긴 모습의 특징은 공자의 모습으로 상기해 보았을 때 명백한 사실임을 알 수 있다.

공자의 아버지는 공자의 어머니가 초혼이 아니었다. 첫째부인 시씨施氏는 딸만 아홉을 낳아 9공주의 어머니였다. 숙량흘은 아들을 너무도 원했던지 둘째부인을 얻어 아들을 얻었는데 불행하게도 장애아를 낳았던 모양이다. 그 불행한 장애아의 이름은 맹피孟皮라 불리어졌고 그래서 공자에겐 배다른 장애아 형이 있었다고 전해진다. 孟맹은 맏 맹으로 맏이, 즉 큰아들에게 붙여지는 이름글자이다. 이어서 숙량흘은 아들을 도저히 포기할 수 없었던지 셋째부인을 맞이하는데 그녀가 공자의 어머니인 안씨녀이다.

남성들은 64세가 양기의 한계점에 달하는 나이라고 하지만 70이 되어도 꺼질 줄 모르는 정력을 유지한 숙량흘은 안씨녀의 아버지를 찾아가 딸을 달라고 부닥했는네 첫째·둘째딸은 거설하였지만 가장 나이 어린 16세의 셋째딸이 승낙하여 만나면서 니구산 자락에 살림을 차려놓고 왔다갔다하며 공자를 가진 것 같았다.

신랑은 사모관대를 쓰고 신부는 족두리 얹고 비녀 꽂으며 예식을 올리는 정식 혼인 절차를 거치지 않고 그때 그 시절 남녀가 니구산 자락에서 만나 함께 하였다는 이야기이다.

공자라는 이름은 공자가 유명해진 이후에 붙여진 이름인데 태어났을 때의 이름 중 애명은 구丘였고 자字는 중니仲尼였다.

그 뜻을 풀어보면 니구산에서 낳았다고 해서 애명을 구라 하였고, 둘째아들이라는 뜻으로 중이라 한 것이다.

니구산의 원명은 니구였지만 후에 구가 성인의 이름으로 휘諱가 되었을 때 그곳 사람들은 구를 빼고 니산이라 부르게 하였다고 전해진다.

●諱휘 돌아가신 높은 어른의 이름

첫째부인과 둘째부인이 있는 나이 많은 노인과 꽃봉오리 같은 아리따운 처녀의 합침은 인정받을 수 없었던 외혼으로서 공자의 어머니는 불우한 여인이었고 갓 태어난 아들과 젊은 아내를 바라보는 숙량흘은 마음만 가득한 노인네에 불과하였다.

공자가 세 살 때 숙량흘은 저승의 객으로 이승을 하직하고 말았다.

공자의 후손들

공자는 송나라 사람으로 노나라에서 살았고 한평생 주周나라를 동경하면서 주공을 사모하고 그리워하며 주周나라의 도道를 회복하고자 평생을 애쓰고 노력한 사람이다. 공자는 아들 잉어(鯉–백어)를 낳은 병관씨幷官氏와 이혼하였다. 이혼한 부인 병관씨가 죽었을 때 일 년이 넘도록 잉어(字는 伯魚라고 한다)가 슬피 울어 공구는 화가 나서 심하다고 소리를 지르자 잉어는 울음을 뚝 그쳤다고 한다.

잉어도 자라서 결혼을 했지만 자사를 낳고 그 부인과 이혼하였다.

잉어의 전부인인 자사의 엄마는 위衛나라로 가서 서씨庶氏에게 시집을 갔지만 얼마 되지 않아 죽었다.

〈중용〉을 지은 자사가 비록 자신을 두고 다른 집안에 시집을 간 엄마이지만 죽었다는 소식을 접하자 공씨의 사당에서 소리 내어 슬피 울었다.

그러니까 자사의 문인들이, '서씨의 엄마가 죽었는데 공씨의 사당에서 웬 울음소리가 나느냐'고 하자 자사는 자신이 잘못했다며 다른 곳으로 가서 슬피 울었다는 얘기가 있다.

자사도 아들 자상을 낳은 부인과 이혼하였다고 한다. 이혼한 엄마가 죽었을 때 자상은 복상服喪하지 않았다. 이유인 즉, 나간 엄마는 엄마도 아니며 아버지인 자사가 입지 못하게 했기 때문이다. 이로써 공씨 가문에서 출모에게는 喪상을 입지 않는 전통이 시작되었다고 한다.

공자가 14년 동안의 길고 긴 방황을 끝내고 돌아온 지 얼마 되지 않아 아들 잉어[백어-伯魚]는 아버지인 공자보다 먼저 이승을 하직하였고 다음으로 제자인 안연은 31세의 젊은 나이에 요절하고 만다[도올 선생은 『논어 한글 역주』에서 41세라 말하였다].

『예기』 단궁의 기록에 전해지는 삼대에 걸쳐 이혼한 공씨 가문의 불행한 이야기는 사실인지 아닌지 확인할 길은 없다. 우스갯소리로 재미있으라고 만든 이야기인지 아니면 공자를 음심 내기 위해서 포함하려고 날조한 이야기인지는 모르지만 아무튼 그러한 이야기가 전해져오고 있다고 도올 선생의 『논어 한글 역주 1』에서 소개하고 있다.

공자와 제자들

공자가 유명해진 까닭에는 제자들의 역할이 크게 작용하고 있다. 석가모니 부처님도 십대제자요, 예수님도 십이제자이다. 공자 학단의 제자들은 무수히 많았지만 책을 통해서 많이 접하는 이름은 안회와 자로와 자공이다.

그 외에도 사과십철에 끼인 사람들도 있지만 이들 세 사람은 공자가 죽을 때까지의 과정에서 빼놓을 수 없는 중요 인물에 속한다.

> ◦四科十哲**사과십철**　공문십철이라고도 하며
> 德行, 言語, 政事, 文學에 뛰어난 열 사람의 제자

먼저 **안회**를 만나본다.

안회는 이름이 회요 자는 자연이며 안연顔淵이라고도 한다.

안연과 공자의 인연은 안연의 아버지 안로로부터 시작되었다고 한다.

안로는 공자의 어머니 안씨녀와 같은 곡부성내의 이웃으로 매우 빈천하고 우둔하며 무능한 사람이었지만 안회는 공자에게 일찍부터 학문을 배우러 다닌 학동學童이었다.

어려서부터 학문을 좋아하고 스승인 공자를 좋아하며 예의바르게 따르는 아이였던 안회는 공자의 특별한 사랑을 정말로 독차지하였을 것이다.

성격 자체도 잔잔하고 소극적인 면을 간직한 참신한 모습과 가난이 묻은 겸손함이 우러나오는 가운데 학문에 밝은 아이를 어느 누군들 좋아하지 않겠는가.

공자 역시 아들보다 소중하게 간직하고픈 보석과 같은 존재였음을 쉽게 알 수 있다. 안연은 공자가 14년 동안 거친 세월을 살며 방황하고 주유하는 동안 한시도 곁을 떠난 적이 없었던 충실한 길잡이였다.

오늘날에 의하면 안연은 영양실조로 병을 얻어 죽었다는 말이 나돌 만큼 못 먹어 허약한 몸을 소유하고 있었고 자신의 의견을 관철시키기 위한 고집도 없었던 듯싶다. 꼭 하고 싶은 말이 생길 때는 바로 받아치는 것이 아니라 슬그머니 피해 있다가 하고 싶은 말을 할 때가 되었을 때 비로소 자신의 생각을 하는 그러한 차분한 성정의 소유자로서 느린 사람이든 급한 사람이든 누구나 안회를 향해 흠집을 낼 수 있는 여지를 갖고 있지 않았던 그런 온순함이 완벽하게 나타나는 사람이었다.

필자는 알아본다는 것, 그것을 말하고 싶은데 공자는 안회를 알아보았다. 제자들 중 3개월 이상 인仁을 실천할 수 있는 최고의 덕성 인으로 꼽힌 사람으로서 도가道家에서도 현인으로 추대되어 석전제에서 받들어지고 있다.

공자와 안회 그리고 자로가 기나긴 방황을 그치고 노나라로 돌아온 지 얼마 되지 않아 아들 백어가 죽고 안회가 죽었다.

그런 슬픔을 안은 채 공자 학단은 계속 번성하여 삼천여 명의 제자와 그 가운데 뛰어난 72명의 제자가 있었고 또 그 가운데 네 개의 분야에서 가장 뛰어난 열 명의 제자도 있었다.

우리는 이를 사과십철四科十哲 또는 공문십철孔門十哲이라 부른다.

사과십철

1 **덕행**(德行) — 안연(顔淵), 민자건(閔子騫), 염백우(冉伯牛), 염중궁(冉仲弓 — 옹)

2 **언어**(言語) — 재아(宰我), 자공(子貢)

3 **정사**(政事) — 계로(季路 — 자로), 염유(冉有)

4 **문학**(文學) — 자유(子游), 자하(子夏)

자로

안회가 문인이었다면 자로는 무인이었다. 『중니제자열전』에는 공자와 자로가 처음 만나던 순간을 이렇게 적어 놓았다.

子路性鄙 好勇力 志伉直. 冠雄雞 佩豭豚 陵暴孔子.
자로성비　호용력　지항직　관웅계　패가돈　릉폭공자

孔子設禮稍誘子路 子路後儒服委質 因門人請爲弟子
공자설례초유자로　자로후유복위질　인문인청위제자

자로는 거친 힘쓰기를 좋아하고 도량이 좁아 속된 성품으로 뜻만 높고 굳센 사람이었다.

모자에는 수탉 꼬리를 꽂고 수퇘지 가죽을 허리에 차고 공자를 향해 능멸하며 난폭하게 대들었다. 공자는 자로에게 예를 다하며 조금씩 달래니 자로는 그 후에 선비의 옷을 입고 순종하는 바탕으로 변화되어 문인으로 하여금 제자로 받아 주기를 부탁하였다.

자로는 노魯나라와 위衛나라 사이에 있는 변卞 땅의 사람으로서 야인野人이었다. 우리말로 깡패에다 도〔盜-도적 도〕였고 질서와 규칙을 지키지 않는 무지막지한 방외인方外人이었다.

그러나 한번 제자가 되기를 무릎 꿇고 청한 후에는 14년 유랑길을 안회와 함께 하며 죽을 때까지 공자를 곁에서 지킨 사람이기도 하다. 그래서 공자가 고백하기를 "自吾得由자오득유 惡言不聞於耳악언불문어이"라, 그 뜻은 "내가 자로를 얻은 뒤로 말미암아 내 귀에 험담이 들리지 않았다"고 말했는데, 즉 자로가 죽기까지 공자는 자로의 보호 속에서 살았다는 말이다.

공자가 자로에게 무엇을 좋아하는지 묻자 자로는 긴 칼을 좋아한다고 답하였다. 공자는 긴 칼을 좋아한다는 대답을 듣고 "자네의 능한 바에다 학문을 얻는다면 누구도 그대를 따를 바 없을 것"이라는 것을 말해 주었다.

그러자 자로가 "학문이라는 것이 도무지 어디에 쓸 데가 있겠는가"라고 말하자 공자는 "배움을 얻고 물음을 중요시하는 사람이 된다면 그 이상 바랄 것이 무엇이 있겠으며 인仁한 사람을 미워하면 사회와 마찰을 일으켜 감방 신세를 면하기 어려우니 사나이라면 학문을 하지 않을 수 없다"라고 하였다.

"남산에 푸른 대나무는 휘어잡지 않아도 스스로 곧아 그것을 잘라 화살로 쓰면 가죽 과녁을 능히 뚫거늘 또 뭘 배울 것이 있다고 하는가"라고 자로가 반문하자 공자는 "대나무 밑둥이를 잘 다듬어 깃털을 달고 그 앞머리는 쇠촉을 달아 날카롭게 연마한다면 그 가죽을 뚫는 것이 더 깊지 않겠는가"라며 살살 달래었다.

드디어 자로가 무릎 꿇고 두 번 절하며 가르침을 청하면서부터 공자와 자로는 선배와 후배처럼, 형님과 아우처럼, 스승과 제자 사이가 피붙이보다 더 막역한 사이로 공자 학단의 중심인물로 남게 되었다.

자로의 마지막 죽음을 살펴보면 실로 처절하리만큼 비장한 순간을 맞이한다. 자로는 공자와의 유랑생활을 마치고 공자는 노나라로 돌아가고 자로는 위衛나라로 들어가 재상인 공회의 읍재로 있었다.

이 당시 위나라는 영공이 왕좌에 있다가 죽으면서 손자에게 왕위를 물려줌으로 부자간의 왕위다툼이 시작된 시기였다. 영공의 아들인 괴외는 이때 음녀淫女인 엄마를 죽이려고 하다가 발각되어 송나라로 도망쳤다가 진나라로 들어가던 사이 본국에 있던 자신의 아들 첩(출공의 이름)이 왕이 되었다는 소식을 전해 듣는다.

그 후 왕이 된 첩은 아버지의 귀국을 원하지 않았지만 12년 동안 변국으로 떠돌던 괴외는 집요하게 복위를 하려고 힘쓰던 찰나 자로가 섬기는 공회의 엄마 백희〔위령공의 딸로서 괴외의 누나〕를 끌어들여 일을 꾀하게 된다.

모전 여전인가, 엄마가 음녀이더니 그녀의 딸인 백희도 노비와 통정하는 음녀였다.

공회의 아버지 공문자가 죽자 엄마 백희는 잘생긴 훤칠한 노비 혼양부와 정을 통하고 있음을 안 괴외는 누이인 백희를 꼬드겨 혼양부까지 자신의 편으로 끌어들였지만 외삼촌의 복위를 긍정적으로 받아들이지 않았던 공회는 노비를 연인으로 둔 엄마 편도 들지 않았다.

이로써 공회는 원하지 않은 외갓집 왕위다툼에 휘말려들게 되어 급기야 가신인 자로까지 죽음으로 몰아가는 계기가 된다. 드디어 괴외는 누나인 백희의 도움을 받아 조카인 공회 집으로 들어와 공회를 누각 위에 붙잡아 놓고 협박하고 있을 때 이를 본 공회의 가신인 자로가 분노를 삼키지 못하고 괴외를 향해 공회를 풀어주라는 소리를 지르자 괴외의 검객이 자로를 향하여 감행한 기습을 피하지 못했다.

순식간에 얼굴에 피가 낭자하게 흐르고 갓 끈이 끊어지며 갓이 땅에 떨어져 뒹굴자 자로 왈 君子死군자사, 冠不免관불면-군자는 죽어도 관을 벗지 않는다-을 외치며 갓을 주워 단정하게 쓰고 정좌한 채 검객의 칼을 맞은 자로의 주검은 토막이 나서 소금에 절여졌다.

부자간의 기나긴 왕위 다툼은 결국 왕위에 올랐던 아들인 출공〔첩〕이 노나라로 도망가고 이어서 아버지 괴외가 왕위에 올랐다. 역사는 이를 장공莊公이라 부른다.

자로의 충격적인 죽음을 전해 들은 공자는 어쩔 줄 몰라 하며 뜰에 내려와 서성거리며 눈물을 흘렸다. 집안에 있는 절임독을 모두 엎어버리라고 절규하며 쓰러진 공자는 1, 2년 정도 시름시름 앓다가 73세의 나이에 자로 곁으로 갔다.

자로는 공자의 제자들 중에 가장 나이가 많은 사람으로 공자보다 아홉 살 아래였고, 삶의 태도는 일면적이며 직선적으로 강렬한 열정과 우직한 실천력의 소유자로서 가르침을 듣고 미처 실행하지 못했으면 행여 또 다른 가르침을 들을까 두려워한 사람이었다고 한다.

도盜로 시작된 자로의 삶은 공자를 만나면서부터 선비가 되었고 죽을 때까지 선비의 모습을 간직하고 죽은 장렬한 선비로 기억되고 있다.

어쩌면 현시대에서는 찾아보기 힘든 향수를 불러일으키는 그런 스타일로서 모든 사람들이 그리워하고 사랑하고픈 일편단심의 인물이 자로이다.

태백泰伯

부자간의 왕권 다툼은 세월이 아무리 흘러도 바람직한 모습으로 비춰지지 않는다. 영공 후손들과 같은 혼란스런 와중에 아름다운 이야기로 남아 전해지는 주周 왕실이 세워지기 전의 선조 이야기를 소개하면 다음과 같다.

주나라 왕조의 선조들은 은 왕조의 다스림 아래에서 섬서성 서부 일제후〔주의 책임관리〕로서 조용하게 살고 있었다. 이때의 군주가 고공단보로서 후직后稷의 12대 손이라 한다.

고공단보에게 아들이 셋 있었는데 상남이 태백, 중남이 중옹, 삼남이 계력이었다. 막내인 삼남 계력에게 어진 부인이 있어 아들을 낳았는데 그 아들 이름이 창昌이다. 창으로 말하면, 어려서부터 상서로운 길조가 생기고 인물 됨됨이가 평범함을 뛰어넘어 고공단보는 하는 수 없이 삼남인 계력에게 군주의 자리를 계승시켜야만 했다. 그런데 큰아들과 둘째아들이 있어 그는 심중이 편안할 리가 없었다.

아버지의 의중을 알아차린 큰아들 태백과 둘째아들 중옹은 형만으로 도망가서 몸에 문신을 새기고 머리카락을 자르며 자신들은 이어받지 않겠다는 의사 표시를 확실하게 함으로써 막내가 계승하도록 하였다.

계력의 아들 창이 자라 주나라의 문왕〔무왕이 주 왕실을 세우면서 추존함〕이 되고 그의 아들이 은殷을 멸하고 주周왕조를 세운 무武왕이다.

태백은 형만에서 오나라를 세워 다스렸고, 태백이 죽자 동생 중옹이 물려받아 이들이 오나라의 시조가 되었다. 오나라는 공자가 죽은 지 6년 후 월왕 구천에 의하여 부차는 자살하고 멸망되면서 오나라의 역사는 자취를 감춘다.

자로를 죽게 한 부자간의 왕위 다툼으로 얼룩진 괴외와 첩에 비유하고자 셋째동생에게 왕위를 물려주고 싶어하는 아버지의 의중을 알아차린 태백〔사과십철에는 속하지 않지만〕의 아름다운 주周나라 선조 이야기를 소개하였다.

자공

자공은 위나라 사람으로 공자보다 31세 연하로 기록되고 있다.

안회와 자공은 같은 또래로서 공자의 초기 제자에 속한다.

사과십철에서 언어에 뛰어난 사람으로 손꼽힐 만큼 탁월한 지략가임과 동시에 능변가였음이 분명하다.

자공의 관심은 사회의 구원에 있었다. 제자들 중 가장 유복한 환경 속에서 살았던 자공은 공자의 물주가 되어 기나긴 유랑 기간을 무사히 마칠 수 있게 하였다. 사실상 벼슬도 변변히 하지 못했던 공자가 먹고 살 수 있었던 것은 자공의 후원 덕분이었다고 한다.

가난했던 안회에 비해 그리고 용기 충천한 다혈질이었던 자로에 비해 자공은 외교적 현실감각을 지닌 호상豪商으로서 처세술에 뛰어난 인물이었다고 전해진다.

복잡한 춘추시대의 국제정세를 풀어나가는 교묘한 외교술은 자공의 언어에 의하여 좌우되었다고 사마천은 『사기열전』에 기록하고 있다.

子貢出, 存魯, 亂齊, 破吳, 彊晋而霸越
자공출　　　존노　　　난제　　　파오　　　강진이패월

자공이 나서면 노나라를 구하고 제나라를 어지럽게 하고 오나라를 깨뜨리고
진나라를 강하게 하고 월나라를 패권국으로 만들었다고 했다.

그 당시 국제적인 무역상으로 돈의 흐름을 읽고 있었던 자공은 대단한 호상豪商으로서 정치적 사회적 소용돌이 가운데서 정세를 정확하게 읽어내는 판단력의 소유자였던 것 같다. 사私적으로 또는 공公적인 사정으로 학단을 들락거렸던 자공은 안회나 자로처럼 공자 곁을 굳건히 지킨 제자는 아니었지만 초기의 제자로서 안회나 자로나 아들 백어보다 오래 살았던 자공은 노쇠한 몸으로 외로움에 젖은 공자의 하나뿐인 의지처가 되어 주었다.

공자의 마지막 임종까지 지켜본 자공은 3년상을 치른 후에도 3년을 더 시묘살이하며 공자 곁을 떠나지 않았다. 사실 『논어』에는 자공의 공보가 전편에 깔려 있다고 평가하는 분도 계실만큼 그는 학문도 게을리 하지 않았으며 경제의 큰 손으로 사심 없는 헌신이 오늘의 공자를 있게 한 장본인이라 일

컫는다.

공자가 삶을 다한 뒤 자공이 제후국의 군주를 만나러 갈 때면 선물을 바리바리 준비하여 만남으로써 공자가 천하에 골고루 알려져 세상에 드러나게 한 공로자로 공자의 학문이 새로이 부활하여 오늘이 있게 한 핵심인물이다.

『논어』〈공야장 5-3〉에는 공자가 자공을 호련瑚璉으로 평가한 장면이 나온다. '호련'이란 '찬란한 옥그릇'이란 뜻으로 진귀한 보석으로 만들어진 귀한 그릇으로 평가한 것이다.

자공은 제나라에서 생애를 다하였다.

염백우冉伯牛

염백우는 성이 염冉씨이고 이름은 경耕이며 자字가 백우이다.

사과십철 중 덕행으로 알려진 인물로서 매우 근실한 사람이었다. 그런데 이러한 훌륭한 인물이 불행하게도 문둥병에 걸렸다.

공자보다 일곱 살 아래이고 자로보다 두 살 위의 염백우는 공문에서는 중후한 나이에 속하는 사람이었다.

자신의 흉측한 고름 투성이의 모습을 보이고 싶지 않은 염백우는 공자의 문병을 실제로 탐탁하게 생각지 않았다.

서로가 얼마나 가슴 아픈 장면이 아닐 수 없음을 잘 아는 당사자들이니 그 정을 이루 다 말로 할 수 없었을 것이다.

공자가 생각하기에도 이러한 훌륭한 인물이 그런 몹쓸 병에 걸려야 하는 것이 있을 수 없는 사태로서 참으로 하늘도 무심하지 않을 수 없었던 것이다. 신도, 하느님도 어찌지 못하는 인간의 운명이야 말로 천명天命이라는 것을 공자 자신도 받아들이지 않을 수 없었다. 덕행의 유무도 소용없고 확실한 이유도 없이 목숨이 다해 쓰러져 가는 제자의 운명을 보면서 통절하게 애석해 했던 공자는 움직일 수 없는 자연의 섭리를 천명이라 말하였던 것이다.

민자건

민손閔損은 노나라 사람으로 자가 자건이다. 사과십철 중 덕행으로 이름이 높다. 『논어』 속에서 子자로 존칭된 네 사람〔증자, 유자, 염자, 민자〕 중 한 사람으로서 공자보다 열다섯 살 아래이며 효성으로 칭찬받았다.

민자건에게 전해오는 효행의 이야기는 이러하다.

엄마를 잃고 계모가 들어왔는데 구박이 심하였다. 그러자 아버지가 그 계모를 내쫓으려 하였지만 구박은 자건 자신이 받지만 그런 계모마저 없다면 동생들이 밥을 굶을까 두렵다며 한사코 말렸다고 한다.

또 하나는 그 시절의 세도가인 계씨가 본인을 부르러 오면 문수汶水가에 있다고 전해달라는 이야기도 있는데, 그것은 본인이 계씨와 같은 오만불손한 자의 밑에서 벼슬살이는 하지 않겠다는 의지를 나타낸 말이라 한다.

계강자가 다스리는 성읍 중 비읍은 말썽이 많아 골치가 아픈 성읍이었다. 계씨의 재상이 된 자로가 비읍의 읍성 성벽을 허물려고 하였는데 당시 비읍의 성주 공손불뉴가 완강하게 거부하자 전투까지 하여 공산불뉴는 제나라로 도망쳤다. 결국 삼환〔맹손·숙손·계손씨〕의 무장해제가 실패로 돌아가자 공자는 자신의 이상정치를 실현할 수 있는 군주를 찾아 유랑길에 오르게 되는 결정적인 계기가 되었다.

이러한 혼란스런 문제점들을 계강자는 민자건에게 맡겨 해결해 보겠다는 생각으로 그를 오라고 요청했지만 문수 가에 있다면서 거절하였던 것이다.

문수란 강 이름을 말하며, 더 이상 강요하여 부르면 물에 빠져 죽겠다는 간접적인 위협을 나타내었다. 민자건은 본시 정치에는 관심이 없었다고 전해진다. 그러자 계강자는 염유를 불렀다고 한다.

재아

재아는 노나라 사람으로 자字를 자아子我라고 한다. 말재주로 이름을 얻어 사과십철 중 자공과 함께 언어에 뛰어난 사람으로 알려져 있지만 공자로부터 심한 꾸지람을 들었던 제자이기도 하다.

재아는 영리한 만큼 나태한 면을 가졌던 것 같으며 질문을 해도 삐딱하게 하는 재아를 바라본 공자는 비판적인 실망감을 떨쳐버리지 못하였다.

하지만 재아는 나중에 제나라의 수도 임치臨菑에서 대부 지위를 지낸다.

그때 제나라에는 막강한 권력을 휘둘러 군주의 자리를 빼앗으려 하는 전상이 있었다. 재아는 전상을 도와 간공을 시해하는 결정적인 실수로 말미암아 멸족의 화禍를 당하고 말았다.

이로써 공자는 재아를 치욕스럽게 여기게 되었다는 말도 있고, 재아가 간공을 도우는 바람에 간공도 전상에게 살해당하고 재아도 전상에 의해 살해당했다는 설도 있다.

어느 이야기가 맞는지는 모르지만, 3년상을 둘러싸고 벌인 공자와의 논쟁은 유명하다. 공자의 생각은 인간답게 하는 예에 근거를 두었고 아마도 재아는 3년이라는 세월은 너무 비효율적으로서 1년만 해도 목적에 맞는 가치가 충분히 살아난다고 생각하여 주장하였던 것 같다.

염중궁

중궁은 염옹의 자字이며 이름은 옹이다. 공자보다 스물아홉 살 연하로 추정되는 염옹은 사과십철의 덕행인으로 들어 있다. 〈제자해〉에 나와 있는 염옹의 아버지는 불초지부였다는 것이다.

불초지부란 지위가 낮은 부류로서 비천한 업종에 종사하는 사람 그리고 교양이 없는 사람, 질적으로 나쁜 사람이란 의미를 갖고 있는 아버지이다.

염옹은 부족한 아버지 밑에서 자란 소생이지만 의외로 훌륭한 인품의 공자 제자가 되었다. 부모 복이 없이 혼자 열심히 공부하고 노력하는 모습이 공자와 비슷한 경우를 발견할 수 있다.

그런 연유에서 공자의 가슴은 중궁 염옹을 보면서 자신의 처지를 보고 있는 것 같아 별다른 연민의 정을 가지고 지켜보았음이 틀림없다. 공자는 『논어』 〈옹야편〉에서 중궁을 남면할 만하다고 극찬하였다. '남면'이란 북을 등지고 앉아 중신들을 대하는 인군의 자리이다.

중궁은 『논어』 전편에 걸쳐 네 번 나오는데, 간簡에 대하여 경敬이라는 새로운 덕목을 부가하였다. 너무 형식에 매인다면 겉치레가 되어 사람의 내면이 비게 된다. 그렇다고 하여 너무 간소簡疏하게만 한다면 경敬이 사라지게 된다는 것이다.

간은 대범하고 소탈하여 방종해질 수 있다면 경은 자세하고 치밀하여 구속하는 것이 된다. 백성은 간소하게 하여 편하게 하도록 하지만 선비는 예에 입각한 공경심을 잃어버리지 않아야 한다는 견지에서 간簡과 경敬을 함께 취힘이 옳다고 하였다.

염유

〈선진 제11장〉에 나오는 염유는 자로와 함께 정치를 잘 아는 화락한 모습을 가진 사람이었다.

"바른 도리를 들으면 바로 실행해야 합니까?"라는 염유의 질문에 공자는 바로 실행해야 한다고 대답하였다. 옆에서 듣던 공서화가 이상하여 똑같은 질문을 자로가 물었을 때는 바른 도리를 들었다고 어찌 바로 실행할 수 있겠느냐고 대답하시더니 염유가 물었을 때는 바로 실행하라 하시니 당혹감을 감출 수 없었다.

공자가 자로와 염유에게 다르게 대답을 한 것은, 염유는 평소에 물러나기만 하는 성격이라 앞으로 나아가게 한 것이요 자로는 평소 사람을 앞질러 나아가기만 하는 성격이라 한 발 뒤로 물러나게 위함이었던 것이다.

미래의 포부에 대하여 공자가 물었을 때 염유는 이렇게 답하였다.

"사방 6, 70리 정도나 5, 60리 정도 되는 작은 나라를 제가 다스린다면 3년이 흐르는 세월 안에 백성들의 경제를 넉넉하게 만들 것이며 예악을 아름답게 하여 저보다 나은 군자를 모셔오겠습니다"라고…….

자유

자유는 오吳나라 사람으로 자하와 함께 문학에 뛰어났다. 성은 언름이며 이름도 언偃, 자가 자유이다.

무성에서 읍재 노릇을 하였고 공자 사후에도 학파의 번성을 위하여 노력하였고 맹자에게도 깊은 영향을 끼쳤다. 자유는 예악의 교육을 대중적으로 실현하는데 성공하였고 공자의 문화적 핵심을 사회로 넓혀 나가는 데 혼신의 힘을 다하였다.

도올 김용옥의 『논어 한글 역주 3 P. 502』에 공자와 자유 사이에 오고간 재미있는 대화가 실려 있는데, 소개하면 다음과 같다.

공자는 자유가 읍재로 있는 무성으로 둘러보러 갔더니 동리 방방곡곡에서 아름다운 악기 소리와 노래 소리가 들려오기에 공자가 빙그레 웃으며 어찌하여 닭을 잡는 데 소 잡는 칼을 쓰느냐며 나무라듯 말하였다.

이에 자유는 공자의 말에 한층 더 과감하게 예전에 스승님께서 군자가 도를 배우면 사람을 사랑하고 소인이 도를 배우면 부리기 쉬운 교양인이 된다고 하신 것처럼 닭을 잡으나 소를 잡으나 칼을 쓰는 것은 다르지 않다는 것을 서슴없이 말하여 공자를 흐뭇하게 한 장면이 나온다.

자하

자하의 성은 복卜씨이며 이름은 상商으로 공자보다 마흔한 살 아래로 기록되어 있다.

성이 복씨라는 것을 보면 조상이 무속과 관계가 깊은 것임을 알 수 있고 사과십철에서 자유子游와 함께 문학文學으로 꼽힌다. 그의 학문에 관해서는 『시서詩序』, 『역전易傳』을 저술했다고 하며 禮에 관해서는 『예지禮志』, 『의례상복儀禮喪服』을 저술했다고 전해진다.

자하는 진晉나라 온국 또는 위魏, 위衛나라 사람이라고 다양하게 알려져 있어 출신 나라는 알기가 어렵다. 확실한 것은 노나라 출신이 아니라는 것이다.

〈가어〉에 전하는 재미있는 이야기는 다음과 같다.

자하는 어릴 때부터 보아온 고향〔衛나라〕 사람들에게 특별한 관심을 받지 못했다. 어느 날 고향에 다니러 왔다가 사지〔史志－역사기록〕를 읽고 있는 사람의 오독誤讀을 지적하였다.

晋師伐秦진사벌진 三豕渡河삼시도하를 진晋나라의 군대가 진秦나라를 칠 때 세 마리의 돼지가 황하를 건넜다고 읽고 있는 것을 발견한 자하는 三豕삼시란 己亥기해를 잘못 적었다는 것을 일러주었다. 그것을 읽고 있던 사람이 진晋나라 사관에게 의뢰하여 알아본 결과 己亥가 맞았다는 것을 안 고향 사람들은 그 일이 있은 이후 자사를 성인처럼 떠받들어 모시게 되었다.

자하는 말이 없는 고매한 인격의 소유자로 공자가 죽은 후 서하〔魏나라〕로 가서 학단을 형성하였다.

위나라를 건립한 문후〔魏文侯〕는 자하의 문하생이 되어 학문을 배우고 국정의 자문도 구하여 위나라를 크게 번성시켰다. 이극, 단간목, 오기, 서문표, 인인, 전자방 등 위나라의 재상들이 자하의 문하생들이었다.

공자의 고뇌

산이 높으면 골짜기도 깊다고 했던가.

BC 551－552년 노나라 양공 21－22년으로 출생 시기를 추론하고 있다. 공자가 태어난 시대는 춘추시대로 주나라가 망하고 분열되는 혼란시기였다.

공자를 보기 위하여 사마천의 『공자세가』나 『중니제자열전』을 말할 수도 있지만 무엇보다 공자가 세상을 떠난 후 그 제자 또는 재전再傳의 제자가 공자의 언행록을 기록한 『논어』에서 만나는 공자가 가장 생생하게 살아 있음을 알 수 있다.

『논어』에 나오는 공자의 말씀은 14년의 대장정을 끝내고 돌아온 68세부터 73세까지 4, 5년에 걸친 말년의 생각이 뼈대와 줄기를 이루고 있다. 먼 미래보다는 과거를 조명한 현재 그리고 죽음의 세계보다는 미래를 위한 현재, 지금과 여기(Hear and now)를 매우 중요시했었다는 것을 알 수 있다.

자로가 귀신에 대해서 묻는 장면이 나오는 『논어 11-11』을 소개하면 다음과 같다.

季路問事鬼神. 子曰 未能事人, 焉能事鬼?
계로문사귀신   자왈   미능사인   언능사귀

曰 敢問死. 曰 未知生. 焉知死?
왈 감문사   왈 미지생   언지사

자로는 곧 계로이다. 계로가 귀신에 관해서 물었다. 공자가 말씀하시길 사람의 일을 모르는데 어찌 귀신에 관해 알겠느뇨? 다시 죽음에 관해서 여쭙겠다고 자로가 말하자 공자께서 말씀하시길 삶도 모르는데 어찌 죽음을 알 수 있으랴?

이러한 사실을 미루어 짐작해 보건대 공자는 어떻게 살면 현재로서 가장 잘 살아가는 것인가를 집중적으로 고뇌한 분이라는 것을 알 수 있다.

공자는 앞에서 서술한 바와 같이 송나라 사람으로 노나라에 살았으며 주나라를 그리워하였지만 정작 죽을 때는 은나라의 후예임을 인식하며 죽었다.

주나라를 그토록 동경하고 그리워했던 이유를 든다면 주나라는 하나라와 은나라의 장단점을 창조적으로 변용하여 새로운 문명으로 계승했다고 생각했던 것이다.

특히 주나라 문왕의 아들 주공은 우리나라의 세조에 비유뇌어 유생틀의 존경을 한몸에 받았고 더불어 세조를 조카의 왕위를 찬탈한 왕조로 더욱 미움을 사게 하였던 이유도 된다. 왜냐하면 세조와 같은 경우에서 주공은 형인 무왕이 남겨놓은 조카를 자신의 아들과 같이 키우면서 성왕의 자리에 올려놓은 주인공이기 때문이다.

조카가 잘못을 저질렀을 땐 차마 매질을 할 수 없어 자신의 아들을 매질하면서 가르쳤다는 이야기는 매우 유명하다.

이로서 詩시와 禮예와 樂악의 달인이었던 공자는 얼굴도 모르는 600년 전의 주공을 짝사랑한 연모의 정이 깊고 깊은 나머지 꿈속에서도 못잊어 그리워하였다. 주역을 위편삼절韋編三絕한 감동으로 더욱더 周주를 사랑하고 주공을 그리워하게 되지 않았나 생각한다〔周주나라의 문왕과 주공이 64괘사와 384효사를 지었다고 전해진다〕.

공자는 주공의 주례周禮를 재현하고 싶었던 만큼 주공은 공자의 이상형이었다. 몸이 노쇠해 가면서도 사모의 정은 변함이 없건만 주공의 환영마저도 만날 기력이 사라져 가고 있는 안타까운 마음을 금할 수가 없었음은『논어』〈술이 제7편-5〉에 나온다.

『논어』〈위령공편 제15-10〉에는 안연이 나라를 다스리는 데 대하여 공자에게 여쭈었을 때 공자는 "하夏나라의 역법曆法을 행하고 은殷나라의 수레를 타며 주나라의 관(冠)을 쓰며……"라는 내용이 나온다. 이것은 비록 주나라를 흠모하고 주공을 사랑하였지만 공자는 궁극적으로 고대 문명의 다양한 전승을 종합하려는 폭넓은 자세를 취하며 살아온 사람이라는 것을 알 수 있다.

아버지는 70세, 어머니는 16세에 만나 낳은 천한 신분의 사생아였다. 그마저 3세 때 아버지를 잃고 17세에 어머니를 잃었지만 죽음 앞에서는 냉철하게 음전했던 공자의 가슴도 여염집 아이들처럼 투정을 부리고 싶었을 때도 있었겠지만 그럴 수 없었던 만큼 부모의 손을 잡고 가족이 함께 가는 모습을 볼 때는 무척 부러워도 했을 성싶다.

어머니와 함께 살던 니구산 중턱에서 전통적 무당의 삶이 주장하는 죽음의 예식을 보면서 시작된 공자 삶의 출발은 禮예가 지침이 되었고 음악이 풍요롭게 해주었다.

『논어』〈술이 제7-19, 29〉에는 이렇게 나와 있다.

자신은 태어나면서부터 아는 자가 아니라 옛것을 좋아하고 민첩하게 구하여 아는 자라고 스스로 말하였고, 仁인은 멀리 있는 것이 아니라 원하면 언제나 바로 곁에 있는 것이라 하였다.

또한 공자가 평소에 품고 있었던 뜻은 늙은이로부터는 편안하게 느껴질 수 있으며 친구로부터는 믿음직스럽게 여겨지며 젊은이로부터는 그리움의 대상이 되는 그런 인간이 되고 싶다는 말이 『논어 5-25장』에 나오고 있다.

인간미 흐르는 믿음직스런 이웃집 아저씨 같은 분위기가 물씬 풍기어 공자의 소박함이 엿보이는 평범함 속의 삶이 바로 여기에 있는 것이다.

공자의 성정은 잘 속고 쉽게 동정하는 면으로 보아 단순하였다고 말을 한다. 제자들이 의심하며 만나지 못하게 한 사람도 몸가짐을 정결하게 하여 선의로 찾아온 사람은 누구의 반대에도 만류하고 만나주었고, 제자들이 스승을 의심하여 다그치는 상황이 왔을 때는 서운해 하거나 노하지 않고 제자들의 의심을 풀어주려고 성심 성의를 다하였다.

따사로우면서도 엄격하셨지 사납지는 않으셨다. 공손하면서 편안한 공자의 모습은 광채나는 봄날의 햇살과 같으셨다.

공자의 죽음 2년 전 당시 71세 때 병에 걸려 위중한 상태가 되었다.

자로가 하느님께 기도라도 올려보자고 청하였지만 공자는 이미 하느님께 기도하며 살아온 지가 오래 되었다며 거부하였다. 결과적으로 그 당시 공자는 기도드리지 않고 병석에서 일어났다.

　이는 건강은 자신의 책임이요 따라서 유한한 생명의 한계성을 인식하기를 바라는 공자의 고뇌는 매우 이성적이요, 지성적인 가르침으로서 인생에 대해 생기는 모든 의문을 종교로부터 벗어나 인문으로 풀어나가게 되는 길을 열어놓았다.

　진정 지혜롭다는 것이 무엇인지 번지가 질문하였다. 이에 공자는, 귀신에게 예는 다하지만 멀리할 줄 안다면 가히 지혜로운 사람이라 말할 수 있다고 대답하였다. 『논어 6-20』

『논어』 《위정·편해 2-4》

子曰 吾十有五而志于學 三十而立 四十而不惑
자왈　오십유오이지우학　　　　삼십이립　　사십이불혹

五十而知天命 六十而耳順 七十而從心所欲 不踰矩
오십이지천명　　육십이이순　　칠십이종심소욕　　불유구

공자가 말씀하시길 나는 십오 세에 학문에 뜻을 두었고 삼십 세에 이루었다.
사십 세에는 미혹됨이 없었고 오십 세에는 천명을 알았다. 육십 세에는 귀가
순해졌고 칠십 세에는 마음이 원하는 바를 하여도 법도를 넘지 않았다.

　공자의 고뇌가 결실을 맺었다. 사람의 한평생에 관한 과정이 자신을 거울삼아 밝힌 회고담은 몇 천년이 지난 오늘날에도 전혀 어색하지 않다.

　그때의 사람들이 살아가는 삶의 모습이나 오늘이나 미래에나 근본 바탕은 달라지지 않는 것임을 말해 주고 있다.

　거듭하여 공자는 인仁한 사람은 어떠한 사람인가를 설명하고 인仁을 주장하며 안인安仁과 이인利仁을 말하였다.

인仁하지 못한 사람은 곤경에서 오랫동안 이겨내지 못하고 즐거움도 오랫동안 유지하지 못한다. 인仁한 사람은 인仁에서 편안할 줄 알고 지자知者는 인仁에서 이로움을 취할 줄 안다고 『논어 4-2편』에 나와 있다.

『논어』의 마지막은 다음과 같은 구절로 끝을 맺는다.

子曰 不知命, 無以爲君子也. 不知禮, 無以立也.
자왈   부지명   무이위군자야   부지예   무이입야

不知言, 無以知人也.
부지언   무이지인야

공자가 말씀하시길 명命을 알지 못하면 군자가 될 수 없고 예禮를 알지 못하면 바로 설 수 없고 언어(言)를 분별하지 못하면 사람들의 됨됨이를 알 수 없다.

애공哀公 16년 임술년壬戌年 4월 18일 기축己丑일 일흔셋에 생애를 마쳤으며 노나라 도성의 북쪽 사수에 묻혔다.

공자와 계씨일가

우리나라 조선 말기 나는 새도 떨어뜨린다는 세도정치 시대처럼 군주보다 중신의 권력이 센 시대에 존재했던 노나라의 계씨가문이다.

공자의 14년간에 걸친 유랑은 계씨에 대한 반항에서 시작하여 계씨의 굴복으로 끝난 사건이라 말할 수 있지만 이 유랑의 세월을 통해 공자는 진정한 자유인으로 비상飛翔할 수 있었던 것이다.

노나라를 떠났다가 다시 노나라로 돌아왔을 땐 더 이상 정치에 미련은 없었다. 하지만 정치에 대한 여망을 접자 만인의 스승이 되어 있었던 것이다.

『세가』에 기록되어 있는 공자의 청년 시절 계씨 문전에서의 굴욕적인 일화는 빼놓을 수 없는 이야기이다.

"季氏饗士계씨향사, 非敢饗子也비감향자야 - 계씨는 선비를 대접하려 하는데 어찌 감히 너 따위가 대접받으려 하느냐"며 양호라는 선비가 호통치며 내쫓은 사건은 세월을 넘어 회자되어 온다.

공자가 모친상을 당하여 상복을 입고 계씨집 잔치에 나타났을 때 당한 봉변이다.

공자가 17세 때 어머니가 돌아가셨으니 그 당시 천한 신분을 벗지 못했던 때였으나 얼마나 노력하였길래 52세 때는 선비의 최고 지위인 대사구까지 올라갈 수 있었는지 숨은 노력을 보진 못했지만 공자의 절차탁마切磋琢磨를 가히 짐작할 만하다.

양호〔상복을 입은 공자를 내쫓은 사람〕는 계씨의 권력을 등에 업고 권세를 전횡하던 대부였다. BC 505년 공자가 48세 때 양호가 반란을 일으켜 공자의 참여를 여러 번 권하였지만 공자는 참석하지 않았다.

공자가 노나라를 떠나게 된 경위부터 찾아 들어가 보면 이러하다.

정공 14년 공자의 나이 52세 때 대사구로서 노나라 최고 정승의 일을 섭행할 때였다. 얼마 후 공자는 소정묘를 주살하고 국정에 참여한 지 3개월 정도 지나면서 노나라에 질서가 잡히기 시작하자 제나라에서 여인과 악단을 보내어 기강을 흩뜨리고자 하였다. 공자는 그 속임수를 알고 반대하였지만 계환자가 이를 받아들였고 또 교제를 지내고도 제사 지낸 고기를 대부들에게 나누어주지도 않고 의례를 갖추지 않자 노나라를 떠나버린다.

공자의 생애에서 정치적 이유로 노나라를 떠났다가 돌아온 것은 두 번이었다. 첫 번째의 망명은 정공 9년 정도로 추론하고 있으며, 돌아와 두 번째로 노나라를 떠나던 시기의 이야기는 민자건 편에서 소개해 놓았다. 먼저 자로의 누나가 있는 위나라로 갔지만 참소를 당하자 진나라로 향한다. 가는 도중 광 땅에서 공자를 양호로 착각하여 구류시키는 사건이 일어난다.

밝혀져 풀려나자 떠났던 위나라로 다시 돌아와 거백옥의 집에서 머물다 남자를 만나는 사건이 일어난다. 다시 위나라를 떠나 송나라로 갔지만 사마인 환퇴가 공자를 죽이려 하자 정나라를 거쳐 진陳나라로 간다. 진나라에서는 사성정자의 집에서 3년을 머물다 또다시 위나라로 돌아온다. 위나라에서도 등용되지 못하자 서쪽 진晉나라로 향하다 여의치 못하여 포기하고 위나라로 돌아와 또다시 대부인 거백옥의 집에서 머물게 된다.

위령공의 군대 병법에 관한 터무니없는 질문에 대답하지 않고 진陳나라로 간다

노나라 계환자가 죽고 그 뒤를 이은 사람은 계강자로서 애공 3년 가을, BC 492년 공자 나이 60세 때의 일이다. 아들 계강자에게 이르길, 반드시 공자를 불러 중용하라 하였다. 계강자는 아버지의 유언대로 공자를 불러 실행하려 하였으나 신하들이 반대하여 할 수 없었다. 그러자 계강자는 대신 공자의 제자 염구를 불러 등용하였다.

공자는 발길을 돌려 채蔡나라로 갔다가 초楚나라 땅으로 들어갔다. 초나라에서도 영윤인 자서가 소왕의 뜻을 저지하여 벼슬을 하지 못하고 다시 위나라로 돌아왔지만 그때는 영공이 죽고 없었다.

앞서 자로편에서 이야기한 위나라 군주인 첩輒이 공자를 불러늘이려 하였으나 공자의 제자 염구가 계씨의 장수가 되어 노나라를 위하여 싸워 전공을 올리니 14년의 유랑을 끝내고 노나라로 돌아오게 되었다.

정리를 해보면 다음과 같다.

$$노魯 \rightarrow 위衛 \rightarrow 진陳 \rightarrow 위衛 \rightarrow 송宋 \rightarrow 정鄭 \rightarrow 진陳$$
$$위衛 \leftarrow 초楚 \leftarrow 채菜 \leftarrow 진陳 \leftarrow 위衛 \leftarrow 진晉 \leftarrow 위衛$$

그때가 애공 11년 공자의 나이 68세였다. 공자는 끝내 관직으로 나아가지 못하였지만 돌아올 때는 이미 관직에 대한 여망에서 초탈해 있었다.

계강자는 대부 계씨가문의 7대 영주로서 이름은 비肥, 강康은 추증된 이름이다. 염구의 주선으로 14년 유랑을 끝내고 공자를 노나라로 돌아오게 만든 주인공이기도 하다.[1]

『논어』〈위정편 2-20〉에 계강자가 공자에게 어떻게 하면 백성으로 하여금 경건하고 충직하게 스스로 권면한 삶을 살 수 있게 할 수 있는지 물었다. 공자는 백성의 삶은 바로 위정자가 모범이 되어 덕성을 보이고 공명정대하게 능력 있는 자를 등용하고 능력이 부족한 사람은 잘 가리켜 나아가면 될 것이라며 백성의 문제는 다스리는 사람에 달려 있다고 가르쳤다.

6대 계환자의 아버지 계평자 시절의 이야기로서 계씨 가문의 참월에 대하여 공자가 비판하는 대목이 『논어 3-1』에 나온다. 즉, 공자는 계씨의 도덕성을 나무라는 것이라고 한다.

전통적 주석에 의하면, 8×8=64명이 춤을 추는 팔일무八佾舞 행사는 천자만이 행할 수 있다. 6×6=36명이 춤을 추는 육일무는 제후에게 허락된 행사 규모이다. 4×4=16명이 춤을 추는 사일무는 대부에게 허락된 규모이고, 2×2=4명이 춤을 추는 이일무는 사士에게 허락된 규모이다.

그런데 계씨는 대부의 신분으로 천자만이 행할 수 있는 64명이 춤을 추는 팔일무를 행하였다. 일개의 대부로서 천자의 권한을 행하였다는 것은 본질적으로 참을 수 없는 참월 행위로 간주하였을 때 할 수 없는 짓이 없을 무서운 계씨가문으로 인한 혼돈스런 노나라를 걱정하고 있는 것이다.

그 당시 노나라에 실권을 잡고 있는 세 가문〔三家〕은 맹손·숙손·계손씨였다.

공자와 애공

애공은 말 그대로 슬픈 노나라의 마지막 군주이다. 아버지 정공이 죽고 나서 왕위를 계승한 해가 BC 49년 공자의 나이 58세 때의 일이며 그때 애공은 열 살 전후에 속한다. 애공 제위 16년에 공자가 운명을 달리하였다.

애공은 세도를 부리는 삼환三桓의 횡포를 제거하려고 무던히도 애를 썼지만 결국 자신이 위나라로, 추나라로, 월나라로 망명하며 힘든 세월을 보내다가 고국 노나라로 돌아와서 얼마 되지 않아 유산씨有山氏의 저邸에서 세상을 뜨고 말았다. 삼환이란 맹손, 숙손, 계손씨의 대부들을 말한다.

애공은 『논어』에서 공자와 공자의 제자들에게 질문자로 등장한다. 공자 말년 애공이 공자에게 어떻게 하면 백성들을 따르게 할 수 있는지 물었다.

굽은 사람을 들어 곧은 사람 위에 놓으면 백성들이 따르지 않을 것이지만 곧은 사람을 들어 굽은 사람 위에 놓으면 백성들이 따를 것이라고 공자가 답하는 대목이 『논어 2-19』에 나온다.

공자의 스캔들

공자가 했던지 안 했던지 아는 사람은 아무도 없지만 공자도 별 수 없이 제자인 자로 앞에서 자신의 청렴함을 맹세해야 했던 적이 있었다.

子見南子, 子路不說. 夫子矢之曰 予所否者,
자견남자   자로불설   부자시지왈   여소부자

天厭之! 天厭之!
천염지   천염지

공자가 남자를 만난 후로 자로가 말을 하지 않았다. 공자께서 바로 말하길
내가 남자와 만난 자리에서 하면 안 되는 짓을 했다면 하늘이 나를 용납하지
않을 것이다! 하늘이 나를 용납하지 않을 것이다!

사연은 이러하다.

앞에서 다루었던 자로편에서 영공의 아들 괴외와 괴외의 아들 첩[輒−이
름] 사이에 일어났던 부자간의 왕권 다툼을 이야기한 적이 있다. 즉, 자로
가 섬긴 공회의 외가 왕실에서 일어났던 사건이었다. 남자는 위령공의 부인
이자 공회의 외할머니인데 이 여인이 천하의 음녀였던 것이다. 아들인 괴외
도 어머니인 남자의 음란한 횡포를 보다 못하여 죽이려다 발각되어 송나라
로 도망간 사실을 자로편에서 기술하였다.

그런 음란한 남자가 공자를 초대하여 만났다. 사마천의『공자세가』에는
그 시절의 스캔들로서는 큰 사건으로 기록하고 있다.

역시 공자가 남자를 찾아 만난 것은 아니다. 남자가 공자를 불러 초대하
였지만 사양하고 또 사양한 바 부득이 만나지 않을 수 없어 공자가 방문하
여 내당 안방에서 만났다고 하였다.

하늘거리는 가리게가 침실의 분위기를 더욱 고조시키는 은밀한 곳에서의
남자와 공자의 만남이었다면 제자를 비롯하여 아는 모든 사람들의 숨죽이

며 쏘아대는 뜨거운 관심이 집중되었을 것이다.

그제나 이제나 남녀간의 통념은 누구에게나 요상한 상상과 함께 사람을 우습게 만들기 십상이다. 공자도 의심하여 경계하는 제자들의 눈치를 살피지 않을 수 없었으며 세상에 음녀와의 관계가 알려지면 신상에 좋을 게 아무것도 없을 것은 뻔한 일이다.

공자 개인의 이미지뿐 아니라 학단에서 공부하고 있는 문하생들까지 부끄러워 얼굴을 들고 다니지 못할 지경이 되기에 모두가 신경을 곤두세우고 의심하고 있는데 특히 거기에 대한 반감의 대표자로서 자로가 앞장서서 스승의 결백을 확인하고 나선 것이다.

공자와 남자가 만나서 오고간 이야기는 전해지지 않지만 공자 스스로 아무 일 없었음을 하늘에 맹세하며 결백을 주장하였다. 이쯤 되면 스승도 제자를 두려워함이 옳은 것이다.

증자

노나라 남무성에서 태어난 증자는 노나라에서 살다가 죽었다. 공자보다 46세 아래로 공자 말년에 학단에 들어온 어린 제자였다. 공자가 죽은 후 공자 학단을 증자가 이끌어 왔다는 사실로 증자 계열의 학파에서는 공자교단의 적통이라 말하고 있다.

증자의 자字는 자여子與이고 이름은 삼參이다. 증자는 효孝와 충忠을 상징하는 인물로서 『효경』을 지었다고 한다.

맹자도 증자의 계열에서 배출된 사상가임은 그 계보에서 확인뇌고 있나.
(요-순-우-탕-문왕·무-주공-공자-안자-증자-자사-맹자-주회)
증석은 증자의 아버지이며, 증원은 증자의 아들이다.

다음과 같은 증자의 효 이야기가 전해진다.

『공자가어』〈72제자해〉에 제나라가 증자를 초빙하여 경卿을 삼으려 하였지만 거절했다고 하는데 이유인 즉 다음과 같이 말했다고 한다.

吾父母老 食人之祿 則憂人之事 故吾不忍遠親而爲人役
오부모노　　식인지록　　즉우인지사　　　고오불인원친이위인역

나의 부모님이 늙으셨는데 남의 록으로 먹고 살면 남의 일을 걱정해야 하는
고로 나는 차마 부모님을 멀리 두고 다른 사람 부림을 이겨내지 못하겠다.

또한 증자에게 심지가 고약한 계모가 있었던 모양인데, 계모의 구박에도
불구하고 계모를 극진히 모셨다는 이야기도 있다.

《태백편 제8-3》 曾子有疾증자유질

召門弟子曰 啓予足 啓予手 詩云 戰戰兢兢 如臨深淵
소문제자왈　　계여족　　계여수　　시운　　전전긍긍　　　여임심연

如履薄氷 而今而後 吾知免夫 小子
여리박빙　　이금이후　　오지면부소자

증자가 병이 깊었다.

제자들을 불러 말하길, 내 발을 열어 보라. 내 손을 열어 보아라.

시에 이르길, 해이解弛해지지 않은 모습을 지키기 위해 노심초사하며 살았
구나, 깊은 못에 있는 것처럼, 살얼음을 밟은 것처럼…… 이 순간이 지나면
나는 장부로서의 근심에서 벗어날 것이다, 어린 그대들이여……

살아 있는 사람으로서의 도리를 다한다는 그 책임이 얼마나 막중한가를
잘 말해 주고 있다.

본문에서 말하는 戰戰兢兢전전궁궁이란 대학자가 안절부절하지 못하는 일면을 나타내는 것이 아니라, 한시도 긴장의 끈을 놓지 않은 군자로서 스승으로서 학자로서 죽음으로 돌아가는 이제야 홀가분해지는 가벼움을 느낄 수 있다는 것을 말하고 있다. 군자는 정신과 더불어 부모로부터 물려받은 몸 또한 살아생전 단정하고 정결하게 갖추는 것도 자손된 도리에 맞는 책임이라는 것을 말한다.

대학단을 이끌어온 리더로서 부족하지 않도록 철저히 자신을 관리해 온 사람으로서 죽음을 두려워하지 않는 의연한 모습을 어린 사람들에게 보여주는 대목이다.

때로는 『효경』에 나오는 身體髮膚신체발부 受之父母수지부모 不敢毁傷불감훼상 孝之始也효지시야의 내용에 접목시켜 효를 설명하기도 한다. 부모로부터 받은 신체를 한 점 상하지 않게 잘 유지하며 살아온 자식으로서의 다한 효를 제자들을 불러 보여주는 대목이라고 말씀하시는 분도 계신다.

자사

성誠을 말한 〈중용〉은 자사가 지었다. 자사는 공자의 손자이자 백어의 아들이다. 공자가 노나라에서 돌아왔을 때 자사는 9세 정도였고 10세 때 아버지 백어가 죽었다. 아들이 죽자 공자는 손자인 자사를 애지중지 가리키며 키웠을 것이다.

자사가 14세 되던 해에 공자마저 죽자, 그때 공자 학단에서 공부하던 증자가 자사를 가르치지 않았을까 하고 후세의 사람들은 쉽게 추론하기도 하지만 기실 14세가 되면 공부를 어떻게 해야 하는지 스스로 체득해 나갈 수 있는 바탕이 닦여져 있었을 것이라고 보는 사람도 있다.

『사서』에서는 〈대학〉을 맨 먼저 읽어 유학의 틀을 잡고 다음 〈논어〉를 읽어 유학의 근본을 알고 다음으로 〈맹자〉를 읽어 〈논어〉의 주제가 발전되어 가는 과정을 분석하고 마지막으로 〈중용〉을 읽어 사유의 세계를 추구해 들어가야 된다고 한다.

즉, 다른 것을 뛰어넘어 바로 〈중용〉을 배우면 이해하기 어려워 무슨 말을 하는지 〈중용〉의 압축된 심오한 이치를 깨닫기가 어렵다는 것이다.

〈중용〉을 공부하고 나서 다음으로 무엇을 읽느냐 하면 그때서야 비로소 『주역』을 공부해야 별 어려움 없이 이해하고 수용할 수 있다고 말을 한다. 그래서 〈중용〉을 소주역이라고도 한다.

〈중용〉은 유학의 인간적 형이하적인 부분에 형이상적인 천지에다 말로 형용할 수 없는 귀신鬼神의 의미를 부여함으로써 분별을 초월한 우주론을 출발시켰다.

『주역』과 매우 관련이 깊은 《계사전》은 〈중용〉과도 그 맥이 같이 간다고 볼 수 있다.

〈중용〉의 핵심내용을 몇 자 소개하면 다음과 같다.

- ◉ **천명**(天命 – 태어났을 때부터 천부적으로 품부 받은 생명력)
- ◉ **신독**(愼獨 – 홀로 있을 때도 삼간다)
- ◉ **시중**(時中 – 때에 맞춘다)
- ◉ **화이불류**(和而不流 – 편협하게 치우치지 않는 것이 和이다)
- ◉ **신**(神 – 살아 있는 생명체로서 존재하게 하는 만물에 내재된 에너지를 말한다)

공자와 역

공자와 『주역』의 관계를 인정하든 하지 않든 알게 모르게 상당한 연관성이 있다고 보고 해석하는 사람이 많다. 왜냐하면 오늘날 전해지는 『주역』에 날개를 달은 〈십익〉을 공자가 지었다고 전해져 오고 있기 때문이다.

다음에 소개되는 내용은 그 한 예이다.

『논어』 《7-16》

子曰 加我數年 五十以學易 可以無大過矣
자왈　가아수년　　오십이학역　　가이무대과의

내가 몇 년 더 공부할 수 있는 50살이라면 『주역』을 공부하여 큰 과오를 저지르지 않을 것이다.

실제로 공자의 학문은 매우 높다. 하지만 공자가 필사적으로 공부한 분야는 시詩, 서書, 예禮, 악樂이다. 공부하고 연구하고 살아가면서 직접 체험한 기간을 다 합한 기간이 얼마나 될까 생각해 보면 애공 11~12년〔유랑에서 돌아온 (68~69세)〕까지로 볼 수 있다. 돌아온 후에는 정치적 꿈을 접고 오직 문화에 대한 집념만이 남아 있어 전통적으로 이어지는 문헌정리 사업에 여생을 바쳤다.

오늘날처럼 학위를 받으러 공부하러 간다는 의미처럼 떠날 때 어떤 목적의식을 가지지 않는다면 여행으로 인하여 세상 넓은 것은 체험할 수 있겠지만 여행하면서 함께 전문적인 공부를 하기란 참으로 힘들다. 그렇다고 깨닫는 바는 없지 않겠지만 그동안 공부한 바탕에 의하여 느끼고 깨닫고 연구하고 하는 것이지 새로운 공부의 기초를 닦는 것은 우리의 학창 시절을 돌아

보아도 되지 않는다는 것을 알 수 있다.

그런 견지에서 보면 네 개〔詩 書 禮 樂〕의 과목이 경지에 올라 달인이 되도록 학습한다면 다른 분야에 눈을 돌릴 새가 없었을 것이다.

그다음은 제자들을 양성하는 데 많은 시간을 할애하였을 것으로 본다. 더구나 54세쯤 유랑길에 올랐으니 『주역』을 공부할 시간적 여유를 가지지 못했다. 또 공부란 한 살이라도 젊었을 때 해야지 언제든 한다고 해서 되는 게 아니다. 그래서 공자는 공부를 더 할 수 있는 지금 나이가 50만 되어도 『주역』을 하나 더 공부하고픈 소망을 갖고 있었고, 어쩌면 『주역』을 일찍이 알았지만 현실에 밀려 살아오다 보니 어느덧 세월이 흘러 70의 나이가 가까워 『주역』을 공부하지 못한 아쉬움을 말했는지도 모른다.

공자는 15세에 학문에 뜻을 세우고 30세에 스스로 독립할 수 있었고 40세에는 어떤 달콤한 유혹적인 말도 바르게 판단할 수 있었고 50세에는 이 땅에 태어난 사명이 무엇인지 천명을 알 수 있었다.

더구나 『주역』이라는 분야는 어리거나 젊어서 하면 흡입력이 약하다. 그래서 『주역』은 50이 넘어서 해야 별 탈 없이 받아들이고 이해할 수 있는 만혼晩婚의 공부로 알려져 있다.

왜냐하면 50이라는 나이는 그동안의 지나온 다양한 경험적 삶에서 천명이라는 것을 수용할 수 있는 나이이기 때문이다. 〈십익十翼〉을 살펴보면 공자가 『주역』을 공부하고 싶다 해서 『주역』을 전혀 몰라서가 아니라 대단한 경지에 오르신 분이다. 단지 지금까지의 분투적 노력에 더욱 힘써 『주역』을 통달하고 싶은 여망을 실현하지 못한 아쉬움을 갖고 있었음을 알 수 있다.

십익(十翼)을 춘추시대의 작품으로 보지 않고 전국시대부터 한대에 걸쳐서 점차 형성된 것으로 보는 사람도 있다. 이분들의 말이 맞다면 그러면 왜 공자의 作이라 내려오는가? 파스칼 대백과사전에는 이들 경전이 과거 중국에서 권위를 가졌던 만큼 무리없이 받들어 이어가게 하기 위하여 대성인인 공자와 관련시킨 것이라 말하였다.

참고문헌

- 『주역강의 上 下』 아산선생 강론
- 『주역전의 上 下』 성백효, 전통문화연구회
- 『주역 철학사』 심경호 옮김, 예문서원
- 『황극경세』 소강절 지음, 노영균 옮김
- 『주역통해』 신성수
- 『도올 논어 1, 2, 3』
- 『도올 중용』
- 『대산 중용』
- 『주역억해』 장태상
- 『주역으로 보는 도덕경』 김석진, 신성수
- 『현대 주역학 개론』 신성수

- 『주역강의』 남회근 지음, 신원봉 옮김, 문예출판사
- 『제자백가의 다양한 철학 흐름』 송영배, 신정근, 다수인
- 『중국 역사 1 - 5권』 陳舜臣 외 다수, 정성환 편역
- 『중국 문양의 역사』
- 『중국인의 논리학』 加地伸行 지음, 윤무학 옮김, 법인문화사
- 『원전으로 읽는 주역』 최영진
- 『서경집전』 성백온 역주
- 『역경잡설』 남회근
- 『역의 절학』 -수익 세사선-
- 『파스칼 세계 대백과사전』 동서문화사
- 『국어 대사전』 이희승, 민중서림
- 『천부경』 조명래, 박창원 지음, 집문당

周易 계사전

1판 1쇄 인쇄 | 2014년 8월 19일
1판 1쇄 발행 | 2014년 8월 26일

지은이 | 공자 · **편역자** | 최인영
펴낸이 | 문해성
펴낸곳 | 상원문화사
주소 | 서울시 은평구 신사1동 32-9호 대일빌딩 2층(122-882)
전화 | 02)354-8646 · **팩시밀리** | 02)384-8644
이메일 | mjs1044@naver.com
출판등록 | 1996년 7월 2일 제8-190호

책임편집 | 김영철
표지 및 본문디자인 | 개미집

ISBN 979-11-85179-06-3 (03140)

이 도서의 국립중앙도서관 출판예정도서목록(CIP)은 서지정보유통지원시스템 홈페이지(http://seoji.nl.go.kr)와 국가자료공동목록시스템(http://www.nl.go.kr/kolisnet)에서 이용하실 수 있습니다.(CIP제어번호: CIP2014023456)